Ute Steffens

Mit Kindern durch die Trennung

– ein therapeutisches Lesebuch

Copyright © 2022 Ute Steffens/edition claus
Zeichungen: Rena Ueth
Lektorat: Ulrike Abraham
Cover: Jenny Malz/polar 1 GmbH unter Verwendung
einer Grafik von © www.freepik.com | rawpixel.com
Grafiken: Jenny Malz/polar 1 GmbH
Layout: Annegret Heine nach einem Entwurf von Jenny Malz

ISBN: 978-3-98226-434-9
2. Auflage November 2023

Verlag:
edition claus • Zum Lindenhof 9 • 09212 Limbach-Oberfrohna • Deutschland
www.edition-claus.de • claus-verlag.de • www.facebook.com/buechermittragweite
www.instagram.com/editionclaus/ • twitter.com/clausverlag

Druck:
Dardedze holográfija SIA • Rencēnu iela 10A • Riga • LV-1073

Der Abdruck einer Passage aus Erich Kästners „Das doppelte Lottchen"
auf den Seiten 70 und 71 erfolgt mit freundlicher Genehmigung der Atrium Verlag AG.

Der Abdruck einer Passage aus Kirsten Boies „Kein Tag für Juli"
auf der Seite 135 erfolgt mit freundlicher Genehmigung der Autorin.

Der Abdruck einer Passage aus Bertolt Brechts „Der kaukasische Kreidekreis"
auf den Seiten 194 und 195 erfolgt mit freundlicher Genehmigung der Suhrkamp Verlag AG.

Ute Steffens

Mit Kindern durch die Tren nung

– ein therapeutisches Lesebuch

edition claus

Die Autorin

Foto: privat

Als Erziehungswissenschaftlerin gilt das Interesse von **Ute Steffens** seit jeher den Bedingungen einer gesunden kindlichen Entwicklung. Vor diesem Hintergrund hat sie viele Jahre in der Erziehungsberatung von Trennungseltern und in der Ausbildung von ErzieherInnen gearbeitet.

Sie lebt als freie Autorin an der Nordsee zwischen Deichen und Schafen, wo sie sich dem Schreiben und dem Engagement für Trennungskinder widmet.

Sie selbst ist verheiratet, verwitwet, geschieden, Mutter und stolze Großmutter.

In regelmäßigen Beiträgen auf trennungskinder.blog greift die Autorin Anregungen und Fragen ihrer LeserInnen auf. Dort hat sie eine Plattform für Betroffene und interessierte Fachleute geschaffen, zu der auch die LeserInnen dieses Buches herzlich eingeladen sind.

Inhalt

Liebe Leserinnen und Leser,

eine Trennung ist eine Krise. Sie verändert die Atmosphäre in der Familie, auch wenn Konflikte nicht offen angesprochen werden. In den vielen Jahren, in denen ich in Beratungsstellen mit Trennungseltern gearbeitet habe, hörte ich immer wieder Sätze wie: „Wir versuchen, unsere Probleme und Konflikte so weit wie möglich von unseren Kindern fernzuhalten." Oder: „Ich glaube, unsere Kinder haben eigentlich von unseren Problemen gar nichts mitbekommen." In der Regel ist das Gegenteil der Fall, denn Kinder haben ein feines Gespür dafür, was in ihrer Umgebung gerade passiert.

Mit diesem Buch können Sie einem professionell begleiteten Trennungsprozess folgen. Anhand des verfremdeten Beispiels einer Klientin, die ich im Buch „Anna" nenne, zeichne ich in 19 verdichteten therapeutischen Sitzungen den typischen Verlauf einer Elterntrennung mit charakteristischen Konflikten, Fragen und Problemen nach. Sie bekommen entwicklungspsychologische Informationen über das kindliche Erleben und Anstöße, sich mit sich selbst auseinanderzusetzen. Das mag besonders am Anfang mühsam und schmerzlich sein, doch wie ich am Beispiel von Anna zeige, liegt in diesem Prozess auch ein großer Gewinn.

Stellvertretend für viele Eltern setzt sich Anna mit ihren Gefühlen, Motiven, Ängsten, Enttäuschungen, Wünschen und Verletzungen auseinander, damit diese nicht unbemerkt den Kontakt zu ihren beiden Kindern beeinflussen, sie verunsichern oder überfordern. Am Ende stellt sie fest, dass diese Arbeit nicht nur die Beziehung zu ihren Kindern in besonderer Weise gefestigt und bereichert, sondern auch sie selbst in ihrer persönlichen Entwicklung enorm vorangebracht hat.

Je besser Eltern es schaffen, für sich selbst zu sorgen, ihre Bedürfnisse, Gefühle und Bedürfnisse in den Blick zu nehmen, sich ihrer selbst bewusst und authentisch zu sein, je klarer und in ihrer Mitte sie sind, desto besser gelingt Elternschaft. Das gilt gerade für eine so schwierige Situation wie eine Trennung. Dieses Buch soll Sie ganz konkret mit vielen Beispielen unterstützen, begleiten und zu Lösungen anregen.

Erziehung geschieht in Beziehung. Kinder orientieren sich daran, wie Eltern ihnen begegnen sowie an deren Umgang miteinander. Die besonderen Bedürfnisse von Trennungskindern sind stark altersabhängig. Jede Entwicklungsphase birgt typische Entwicklungsaufgaben, Glaubenssätze und Konflikte, die beeinflussen, wie ein Kind eine Trennung erlebt und was es braucht, um diese Krise gesund verarbeiten zu können. Grundsätzlich gilt: Trennungskinder brauchen in besonderem Maße Sicherheit und Stabilität, und die vermitteln Eltern im alltäglichen Kontakt. Eine Trennung verlangt mit Blick auf das Kindeswohl von Eltern also immer die Bereitschaft, ihr eigenes Verhalten sowohl im Umgang miteinander als auch mit den Kindern intensiv zu hinterfragen, um ihren Kindern Sicherheit und Stabilität glaubwürdig vermitteln zu können.

Beim Schreiben habe ich mich von dem aus der Gruppentherapie bekannten therapeutischen Prinzip des „Sharings" leiten lassen. Sharing heißt teilen. Es entfaltet seine heilende Kraft, indem jeder zuhört, wenn ein anderer von sich erzählt und sich dann mit einer Erfahrung zu Wort meldet, die bei ihm ganz ähnliche Gefühle oder Konflikte ausgelöst hat. Man teilt Gemeinsamkeiten, die man dann mit Hilfe mit Hilfe von TherapeutInnen im Hinblick auf angemessene Lösungen auswertet. Entsprechend berichten hier betroffene Eltern, Kinder sowie Anna von ihren Gefühlen und Erfahrungen zu typischen Fragen und Themen einer Elterntrennung, um sie dann mit mir zusammen mit Blick auf das Kindeswohl auszuwerten.

Ich möchte meine LeserInnen einladen, sich gedanklich zu uns in den Kreis zu setzen. Ich empfehle, eigene Gefühle, Gedanken und Erfahrungen zu einzelnen Themen und Sitzungen in einem besonderen Heft zu notieren, um sich so zu eigenen, stimmigen Lösungen anregen zu lassen.

Eine Trennung ist eine gewaltige Herausforderung, so dass es sicher sinnvoll und keineswegs ein Zeichen von Schwäche ist, wenn sich Eltern dafür professionelle Unterstützung in einer Beratungsstelle oder bei TherapeutInnen suchen. Auch dieses Buch kann, soll und will den Kontakt zu professionellen TherapeutInnen nicht ersetzen. Oft reichen wenige Gespräche aus, um eine sichere Orientierung zu bekommen, manchmal ergibt sich auch der Wunsch nach einer intensiveren Arbeit. Auch hier gilt: Alles kann, nichts muss.

Für Fragen und Rückmeldungen können Sie jederzeit gerne über meinen Blog www.trennungskinder.blog Kontakt zu mir aufnehmen.

Ihre

Ute Steffens

Nordstrand, März 2022

Vorwort zur zweiten Auflage von „Mit Kindern durch die Trennung – ein therapeutisches Lesebuch“

Liebe Leserinnen und Leser,

gerade mal 18 Monate sind vergangen, seit dieses Buch zum ersten Mal in den Handel kam.

Jetzt gehen wir schon in die zweite Auflage.

18 Monate, in denen mich viele Zuschriften über meine schon seit vielen Jahren rege genutzte Webseite www.trennungskinder.blog, viele persönliche Anfragen und Rückmeldungen von Trennungseltern und Fachleuten erreicht haben, die allesamt die Aktualität der hier beschriebenen Konflikte und Gesetzmäßigkeiten bestätigen.

Mein Wunsch, mit diesem etwas anderen Ratgeber Grundlagen zu beschreiben, die viele Trennungsfamilien in ihrer individuellen Situation anwenden können und daraus sogar Anregungen zur Lösung ihrer persönlichen Konflikte entnehmen, scheint sich immer wieder zu erfüllen.

Das macht mich sehr froh! Und ich möchte allen meinen Leserinnen und Lesern dafür danken.

Wir sollten nie vergessen, dass es sich bei einer Elterntrennung um die gesellschaftliche Normalität eines vorübergehenden, individuellen Ausnahmezustands handelt, einer temporären Lebenskrise der Erwachsenen, die zugleich unglaubliche Chancen für persönliches Wachstum und eine tragfähige, vertrauensvolle Beziehung beider Eltern zu ihren Kindern beinhaltet.

Die Voraussetzungen sind denkbar einfach und gleichzeitig phasenweise so schwer umzusetzen:

- ständige Reflexion eigener Gefühle und Motive im Umgang mit den Kindern

- Einhalten der Elternrolle

- verantwortungsvolle Authentizität im Umgang mit den Kindern

- akzeptieren, dass Kinder beide Eltern brauchen –
  wenn auch auf ganz unterschiedliche Weise.

Es ist großartig, mitzuerleben, wenn Trennungsfamilien auf diese Weise Lösungen finden, die alle bereichern. Danke auch dafür.

Ihre

Ute Steffens

Nordstrand, Oktober 2023

Gestrandet

„Kaum hatte ich beim ersten Mal Platz genommen, treffender müsste es wohl heißen: Kaum war ich in dem bequemen Riesensessel, der mich mit Geborgenheit geradezu verschwenderisch umfing, versunken, fühlte ich mich so sicher wie in Abrahams Schoß. Da brach zu meiner eigenen Verwunderung unter den mitfühlenden Augen dieser fremden Frau all das aus mir heraus, was sich seit Markus' Fortgang in mir aufgestaut hatte."

Ich weiß nicht mehr, wann genau meine heile Familienwelt den ersten Riss bekam, diesen fiesen, feinen Haarriss, von dem aus meine Katastrophe ihren Ausgang nahm. Waren es die einsamen Abende zu Hause, wenn die Kinder im Bett waren? Waren es die immer häufiger werdenden Dienstreisen? Waren es die kurzfristig abgesagten Familienurlaube? Oder waren es meine Erwartungen, die zu Hagelkörnern gefroren, sobald sie Markus' Aura erreichten? Hagelkörner, die sofort an ihm abprallten, um in meine Richtung zu beschleunigen und dann Wunden, fein wie Nadelstiche, in meine Seelenhaut zu reißen, sobald ich ihm nur etwas zu nahe kam? Oder waren es die stetig seltener werdenden Familienwochenenden, an denen ich diesen Riss hätte bemerken müssen? Warum habe ich selbst den Kindern weiszumachen versucht, es sei alles in bester Ordnung? Immer dann, wenn sie fragten, ob Papa denn nicht mit in den Urlaub käme, oder ob er am Wochenende arbeiten müsse.

Ich wohne in einem wunderschönen Eigenheim am Stadtrand mit bodentiefen Fenstern und einem Blick über Felder und Pferdekoppeln. Es ist ein Zuhause, das mir auch nach Jahren noch zuraunt, dass mein Glück unübertroffen und meine Unzufriedenheit Jammern auf höchstem Niveau sei.

Maya und Jakob sind unsere Wunschkinder. Bis auch Jakob sich endlich zu uns gesellte, brauchten wir viel Geduld und die Kraft, Enttäuschungen auszuhalten. Eigentlich sollte der Altersabstand zwischen den beiden zwei Jahre betragen. Daraus sind schließlich fast vier geworden. Wir sind also nicht zufällig zweifache Eltern geworden, sondern haben uns ganz bewusst dafür entschieden. Jakob ist im Sommer vier geworden, Maya hat im Januar ihren achten Geburtstag gefeiert.

Vor zwei Monaten habe ich dann von den beiden erfahren, dass ihr Papa ein neues Baby bekommt. Mit Katrin, einer Angestellten aus seiner Firma. Und ich dachte, so etwas gäbe es nur in richtig schlechten Filmen.

Als ich diese unglaubliche Horrornachricht an diesem Abend aufklären wollte, holte Markus tief Luft, faltete seine Hände im Schoß und antwortete mit einem Frosch im Hals: „Gut, dass du endlich mal bereit bist, zuzuhören. Gut, dass du das ansprichst, ich wollte auch schon seit langem mit dir reden."

Dann begann er eine Beichte, bei der ich den Boden unter meinen Füßen verlor: Während seiner angeblichen Dienstreisen und Arbeitsverpflichtungen hatte er sich eine neue Beziehung aufgebaut. Alle meine Zweifel, Ängste und Fragen, die ich während des vergangenen Jahres so mühsam verdrängt hatte, wurden nun schrecklichste Gewissheit. Er eröffnete mir, dass ich vorerst in unserem Haus wohnen bleiben könne, da es sicher nicht klug sei, die Kinder in dieser Situation auch noch aus der vertrauten Umgebung herauszureißen. Er selbst wolle am Wochenende zu Katrin ziehen – im Wortlaut klang das so: „Ich komme am Wochenende noch einmal vorbei und hole ein paar Sachen …"

Markus Supermann hatte an alles gedacht und vieles geregelt. Sogar den Kindern hatte er bereits kompetent, fürsorglich und pädagogisch vorbildlich wie immer die Situation erklärt.

„Ihr – liebt – euch – halt – nicht mehr –, aber – das – habt – ihr – trotzdem ganz – lange – ganz – doll – getan – und – deshalb – habt – ihr – ja – auch – uns!", betete Jakob andächtig und mit ernster Miene offenbar den O-Ton seines Vaters nach, während er mich mit seinen kräftigen Kinderarmen schüttelte und „Stimmt doch, Mama, oder?", fragte. „Klar stimmt das", erklärte seine große Schwester, „früher, da haben wir doch ganz oft ganz normale Sachen gemacht, alle zusammen."

Ihre Gesichter und ihre Stimmen, das Wohnzimmer, in dessen Gestaltung ich so viel Mühe gesteckt hatte, all das drang kaum zu mir durch. Wie hinter einer Wand aus starkem Nebel waberten dumpfe Gedanken in meinem Hirn herum, um sich plötzlich schrill zu formieren und ganz laut zu brüllen: „Reiß dich zusammen, Anna! Die Kinder können doch nichts dafür! Mach jetzt nur keinen Fehler!"

Während der nächsten Tage und Wochen, ja, ich glaube, es waren tatsächlich Wochen, habe ich wie betäubt meinen Alltagsparcours absolviert: Aufstehen, die Kinder wecken, Frühstück machen, Maya in die Schule schicken, auf dem Weg ins Büro Jakob im Kindergarten abliefern und um 15 Uhr dann das Ganze noch einmal andersherum. Um 18 Uhr Besuchskinder verabschieden oder die eigenen irgendwo einsammeln, Eile heucheln, begleitet von dem inständigen Gebet, dass mich bitte, bitte niemand ansprechen möge. Erstaunlich, wie lange das gutgegangen ist. Ich klammerte mich an dieses Alltagsgerüst und brach regelmäßig wie tot auf meinem Bett zusammen, nachdem die letzte Geschichte vorgelesen und die Küche für den nächsten Morgen vorbereitet war.

Doch nach einem kurzen, komatösen Schlaf wollte es mir immer weniger gelingen, wieder einzuschlafen. Ich entwickelte Schlafstörungen, die schließlich dazu führten, dass ich eines Nachmittags, als ich Jakob abholen wollte, in der Kita schlappmachte. Eine Freundin war zur Stelle, obwohl ich ihr wie allen anderen auch seit jenem Abend ausgewichen war. Ich erzählte ihr von meinen unerträglichen Schlafproblemen und sie empfahl mir jemanden – Frau Steffens – die sich ausgezeichnet auf Entspannungstechniken aller Art verstehe. Im Nachhinein weiß ich, dass meine Freundin damals gehofft hat, ich würde dort auch Begleitung in meinem Trennungsprozess finden, die Gute!

Ich bin bei ihr gestrandet, weil ich nicht schlafen konnte, nicht etwa wegen der besonderen Umstände meiner Trennung. Sie sollte mir helfen, sollte mir Techniken und Methoden zeigen, die mir den ersehnten und so notwendigen Schlaf zurückbringen würden. Ich war so erschöpft, dass ich mich kaum noch an unsere erste Begegnung erinnere. Rückblickend kommt es mir vor, als sei sie mir vom ersten Moment an so vertraut wie eine alte Freundin gewesen, die ich Jahre nicht gesehen habe. Sie öffnete mir die Tür zu diesem eindrucksvollen „Kaffeemühlenhaus" mit seinem herrschaftlichen Eingangsportal und führte mich in ihren Behandlungsraum, so wie es sich von da an unzählige Male wiederholen sollte. Sie versprach, sie wolle versuchen, meinen Wunsch zu erfüllen, endlich wieder schlafen zu können. Doch als ich mich in meiner bequemen Yoga-Kleidung gleich auf der Matte ausstrecken wollte, bat sie mich, vorher noch zu einer „Exploration", wie sie es nannte, in dem bequemen Ohrensessel ihr gegenüber Platz zu nehmen. Sie würde sich gern ein Bild machen von meinen Verspannungen, die sie dann im zweiten Teil unserer Sitzung auf der Matte praktisch behandeln wollte.

Kaum hatte ich bei diesem ersten Mal Platz genommen, treffender müsste es wohl heißen: Kaum war ich in dem bequemen Riesensessel, der mich mit Geborgenheit geradezu verschwenderisch umfing, versunken, fühlte ich mich so sicher wie in Abrahams Schoß. Da brach zu meiner eigenen Verwunderung unter den mitfühlenden Augen dieser fremden Frau all das aus mir heraus, was sich seit Markus' Fortgang in mir aufgestaut hatte. Ich heulte sprichwörtlich Rotz und Wasser, während sie mir geduldig abwechselnd frische, weiche Papiertaschentücher und einen Papierkorb für die Berge von gebrauchten reichte.

So leergeweint konnte sich dann, als ich schließlich auf der Matte lag, ein beinahe sattes Gefühl warmer Erschöpfung in mir ausbreiten und die körperliche Anspannung der vergangenen Wochen verdrängen. Während ich ihren einfachen Anweisungen folgte, die ich mir einzuprägen versuchte, um sie am Abend vor dem Schlafengehen wiederholen zu können, bemerkte ich, wie eine leise Hoffnung in mir aufstieg, das Richtige getan zu haben, um den verlorenen Schlaf vielleicht schon bald wiederzufinden.

Wenn ich wollte, so bot mir Frau Steffens an, könne ich gern bis auf weiteres einmal wöchentlich zur selben Zeit wiederkommen. Die Behandlung einer anderen Klientin sei gerade abgeschlossen, so dass dieser Termin nun frei sei.

An diesem Tag habe ich nach meiner Vertreibung aus dem Paradies den ersten selbstgelenkten Schritt getan, den ersten Schritt, um, wenn auch zunächst noch unfreiwillig und widerstrebend, aufzubrechen zu einer Reise zu mir selbst. Es sollten noch viele Stunden folgen. Stunden, in denen ich Erklärungen bekam, Zusammenhänge verstehen und Geschichten hören sollte von Menschen, die Ähnliches erlebten wie ich oder dasselbe ganz anders.

Nach und nach wurde dieser ruhige Raum mit seiner hohen Decke und dem Blick auf einen wunderschönen, parkähnlichen Garten zu meiner Zuflucht, zu meinem sicheren Ort, wo ich für mich und meine Kinder langsam eine neue Perspektive entwickeln konnte, nachdem der Traum von meiner heilen Familie so jäh zerplatzt war. Dieser Ablauf, erst die „Exploration“ und dann praktische Übungen, wiederholte sich bei etwa gleichbleibendem Verbrauch von Papiertaschentüchern noch einige Male. Das autogene Training zeigte nach den ersten Wochen allmählich seine schlaffördernde Wirkung; die erste positive Tendenz in meinem neuen Leben als alleinerziehende Mutter. „Alleinerziehend“, noch so ein Wort wie „Trennung“ oder „Scheidungswaise“, die bis dahin auf der Stelle bittere Übelkeit in mir auslösten. Dann fühlte ich mich klein und schäbig wie eine Bettlerin auf der Flucht. „Ich nicht! Und meine Kinder auch nicht!“, war mein stetiges, verbissenes Mantra, das ich diesem Fluch verzweifelt entgegenhielt.

Ich wollte um jeden Preis verhindern, dass Maya und Jakob unter dieser Situation und unter meiner Verwirrung leiden mussten. Für sie sollte sich möglichst wenig ändern. Sie sollten sich auf mich verlassen können, egal, was mit mir war und wie es mir ging. Aber all diesen Wünschen zum Trotz, und als wenn alles nicht schon chaotisch und schlimm genug gewesen wäre, war Maya nun auch noch ein paar Mal ein Malheur passiert: Sie hatte nachts ins Bett gemacht. Zu allem Überfluss hatten mich Jakobs Erzieherinnen zu einem Gespräch gebeten. Sie machten sich Sorgen, weil er in der letzten Zeit so reizbar und ständig in Raufereien verwickelt gewesen war. All das brach aus mir heraus und nachdem endlich all die aufgestauten Tränen geweint waren und der Tränenteich in meinem Innern sich allmählich leerte, entwickelte sich eine Art Frage-und-Antwort-Spiel zwischen Frau Steffens und mir, das für unsere Gespräche typisch wurde. Die Yoga-Matte kam dabei immer seltener zum Einsatz.

Es stellte sich heraus, dass sich in der alten Villa, in der ich Frau Steffens aufsuchte, eine Beratungsstelle befand, bei der sie angestellt war und wo sie vor allem Trennungseltern in Erziehungsfragen beriet. Inzwischen weiß ich, dass mich meine Freundin mit dem Hinweis auf Frau Steffens Wissen zum Thema Entspannungstechniken auf die Beratungsstelle aufmerksam machen wollte. Sie kannte meine Vorbehalte und wusste, dass ich freiwillig niemals einen Fuß in diese Einrichtung gesetzt hätte. Niemals hätte ich zum Zeitpunkt meines Zusammenbruchs freiwillig eine Psychotherapeutin oder eine Beratungsstelle aufgesucht. Das wäre mir wie das endgültige Eingeständnis meines Versagens und meiner Unfähigkeit erschienen. Rückblickend kann ich nur kopfschüttelnd feststellen, dass ich es offenbar vorgezogen hätte, in meinem geräderten, desolaten Zustand vor ein Auto zu laufen oder sonst wie zu verunglücken. Ich hatte zwar keine Ahnung, was mich in einer Psychotherapie erwarten würde, dafür aber jede Menge zementierter Vorurteile. Das stärkste war meine Empörung darüber, dass mir als Alleinerziehender nun wohl auch noch eine Psycho-Macke angehängt werden sollte, dicht gefolgt von der wütenden Frage, ob eigentlich alle Alleinerziehenden nicht per se schon mal in die Klapse gehörten. Das sollte reichen, um damit jeden noch so wohlmeinenden Rat, der in diese Richtung hätte weisen wollen, abzuschmettern.

So gesehen kann ich meinen Schlafstörungen nur dankbar sein, dass sie und glückliche Umstände mich geradewegs in diese Beratungsstelle geführt haben und mir damit einen Raum eröffneten, in dem ich so viel über mich und meine Kinder lernen durfte.

Bei unserer ersten Begegnung hatte ich Frau Steffens nach Feierabend aufgesucht. Abends nutzte sie die Räume gelegentlich für Einzelunterricht in Entspannungstechniken, um seelische Verletzungen ganzheitlich behandeln zu können. Sie suchte dann im Körper nach den Spuren seelischer Verletzungen, um diesen mit Entspannungsmethoden zu begegnen. So hatten der Zufall und meine Freundin mir eine Brücke gebaut, um von da an regelmäßig eine Beratung in Anspruch zu nehmen.

Seitdem antwortet mir Frau Steffens geduldig auf alle Warums, um mich dann im Gegenzug durch ihre Fragen immer wieder beharrlich zu mir selbst zurückzuführen.

„Früher haben wir noch ganz normale Sachen gemacht", dieser Satz von Maya deutet daraufhin, dass sie die Entfremdung ihrer Eltern sehr wohl mitbekommen hat – viel mehr als Anna sich selbst eingestehen wollte.

In dem Moment, da ihre Eltern die Trennung mitteilen, stellt das für die Kinder eine Bestätigung ihrer Wahrnehmungen dar und verankert sie wieder in der Realität. Das gibt Kindern die Sicherheit, dass sie ihren Wahrnehmungen und damit sich selbst trauen können. Der sprichwörtliche rosa Elefant im Wohnzimmer (die Konflikte und die Entfremdung der Eltern) darf endlich angeschaut und besprochen werden.

Sitzung 1

Gesellschaftliche Normalität eines persönlichen Ausnahmezustands

„Mich beschäftigt der Gedanke, dass wir keineswegs die einzige Familie sind, die im Zuge einer Trennung auseinanderbricht. Vielleicht könnte ich doch aufhören, mich zu schämen und wieder etwas aufrechter gehen. Nachdem ich diese Zahl im Kopf hatte, wonach es zwei von fünf Familien so ergeht, habe ich mich dabei ertappt, dass ich manchmal auf Spaziergängen die Einfamilienhäuser gezählt habe – immer bis fünf – und mir wurde klar, dass hinter diesen Fassaden mindestens eine, wahrscheinlich sogar zwei Familien Ähnliches erleben oder erlebt haben wie wir."

Inzwischen bin ich einige Male bei Frau Steffens gewesen, habe die Geborgenheit ihres altmodischen Riesensessels, ihre ruhige Aufmerksamkeit und ihr unaufdringliches Mitgefühl genossen. Ich stelle fest, dass ich mich auf die Sitzungen freue, und manchmal notiere ich mir sogar in der Zwischenzeit Gedanken und Fragen, die ich mit ihr besprechen will.

Oftmals, wenn ich mich von der Einzigartigkeit meines Schmerzes überwältigt fühle, überrascht sie mich mit der schlichten Feststellung, dass der Schmerz gar nicht so einzigartig sei, wie es mir zunächst erscheinen mag, oder sie verblüfft mich mit psychologischen, soziologischen oder pädagogischen Informationen, die meinen Kummer erklärbar und verstehbar machen. So gewinne ich allmählich einen winzig kleinen Abstand zu meinen Problemen, die sich zur Schlaflosigkeit ausgewachsen hatten und mich zeitweise verzweifeln ließen.

Die erste dieser wirkungsvollen Informationen war äußerst schlicht. Sie lautete: Du bist nicht allein!

Ich hatte bei der vorangegangenen Sitzung von meinem Gefühl erzählt, nun zu einer Randgruppe zu gehören, zur Minderheit derer, denen es nicht gelungen war, ihren Kindern auf Dauer die heile Familie zu bieten, die auch ich mir so sehr für Maya und Jakob gewünscht hatte. Da forderte mich Frau Steffens auf, mir ein Wohngebiet vorzustellen, genauer eine Reihenhaussiedlung: relativ kurze Straßen, verkehrsberuhigt, die Namen beschwören eine maritime Atmosphäre. Es gibt da zum Beispiel eine Straße, die heißt „Zum Leuchtturm" und einen „Seeweg", einen „Wattweg" oder auch einen „Dünenblick". Idylle pur also.

Sie erzählte mir, dass es diese Siedlung wirklich gebe und dass dort ursprünglich hauptsächlich sogenannte „junge Familien" gelebt hatten, Familien mit kleinen Kindern also, überwiegend Babys, Kindergarten- und Grundschulkindern. Eine Klientin war zusammen mit ihrem Sohn und ihrem neuen Partner dort hingezogen. Genau wie alle anderen war auch sie zufällig in diese neue Nachbarschaft geraten, hatte sich auf diesen neuen Lebensabschnitt im eigenen Haus gefreut.

Es sah so aus, als hätten es alle außer mir geschafft!

Nach dem anfänglichen Bangen, was das wohl für Leute sein würden, die da mit uns gebaut hatten, kam die unendliche Erleichterung, dass es lauter junge Familien mit Kindern waren. Dann richtete sich mein Blick auf das Alter der Kinder. Ich bin ja berufstätig und mein größter Wunsch war, dass es noch ein Kind im Alter unseres Sohnes geben möge, mit netten Eltern, mit denen wir uns dann mal bei der Betreuung abwechseln könnten.

Erst nachdem diese brennenden Fragen zu meiner großen Erleichterung und Zufriedenheit beantwortet waren, schlich sich heimlich, still und leise so etwas wie Neid in mein Denken. Damals ging ich nämlich noch davon aus, dass es all diese netten und heilen Familien um mich herum „geschafft" hatten – im Gegensatz zu mir: Ich dachte, dass bei allen anderen der Lebensentwurf einer intakten Familie im ersten Anlauf geklappt hätte.

Tatsächlich war es so, dass dies von den zwölf Familien in unserer Reihe neun Familien gelungen war – zum Zeitpunkt unseres Einzugs. Wir wohnen inzwischen zehn Jahren hier, hatten natürlich auch selbst unsere Höhen und Tiefen, und in den neun Familien haben sich im Lauf der Zeit zwei weitere Elternpaare getrennt. Eine Nachbarin ist an Krebs gestorben, so dass der Vater mit seinem Sohn, der bei unserem Einzug noch ein Baby war, inzwischen allein hier lebt.

Nach und nach stellte sich heraus, dass am Wochenende nicht nur bei uns, sondern auch bei anderen ein Auto vorfuhr und Kinder ein- oder ausstiegen, um Zeit mit ihrem anderen Elternteil zu verbringen. Der Neid auf die anderen und das blöde Gefühl, es als einzige nicht geschafft zu haben, war also ziemlich unbegründet gewesen. Schon damals gab es zwei weitere Familien, die genau wie wir auf einen guten Neubeginn in einer Patchworkfamilie hofften. Im Lauf der Zeit sind sogar noch einige hinzugekommen, deren Lebensplan ebenfalls nicht aufgegangen ist. Inzwischen stellen wir Patchworkfamilien und Alleinerziehenden ungefähr die Hälfte aller Nachbarn.

Ich habe dieses Beispiel ausgewählt, weil es mir so typisch erscheint für eine gesellschaftliche Realität, die sich sehr schwer in Zahlen beschreiben lässt. Die Realität der von Trennung Betroffenen wird zunächst vom Gefühl bestimmt, außerhalb der gesellschaftlichen Normalität zu stehen, also anders zu sein, als die Norm es verlangt. Dabei ist es in Wirklichkeit so, dass heute beinahe jede zweite Familie eine Trennung erlebt, es inzwischen also zur Normalität gehört, wenn sich Eltern trennen.

Harte Zahlen, Fakten sind sehr schwer zu recherchieren, es gibt eine hohe Dunkelziffer, da zum Beispiel Eltern oft gar nicht oder nicht mehr verheiratet sind und daher in keiner oder in einer für diese Frage wenig geeigneten Statistik auftauchen. Zwar gibt es Statistiken über die durchschnittliche Dauer von Ehen und nichtehelichen Partnerschaften, Eheschließungen und Geburten, Scheidungsraten, Todesfälle, sogar über die Anzahl von Haushalten mit alleinerziehenden Elternteilen – aber keine allgemeingültigen Aussagen darüber, wie viele Eltern unverheiratet zusammenleben oder wie viele Eltern zwar auf dem Papier noch miteinander verheiratet sind, im Alltag jedoch in getrennten Wohnungen leben.

Es ist durchaus denkbar, dass wir in einer Familie sowohl Kinder antreffen, die mit beiden leiblichen Eltern zusammenleben, als auch Kinder, die hier von einem Elternteil getrennt leben. Das Paradoxe ist also, dass Trennungen für den Einzelnen zwar einen Ausnahmezustand darstellen, die Gesamtheit dieser Ausnahmezustände jedoch längst gesellschaftliche Normalität ist. Natürlich haben auch frisch getrennte Eltern in ihrem Umfeld Alleinerziehende und Wochenendeltern, nur scheinen die, von außen betrachtet, immer schon „über den Berg“ zu sein. Sie scheinen die akute Trennungskrise bereits hinter sich zu haben und wirken in ihrer neuen Rolle auf Außenstehende in der Regel souverän und gefestigt. Man sieht ihnen ihre Probleme nicht an und auch nicht, wie lange sie gebraucht haben, bis ihr Alltag wieder so geregelt erscheint. Sicher wäre man so manches Mal überrascht, wenn man erführe, dass es nicht selten Jahre waren, die bis zum Erreichen dieses Zustandes vergangen sind.

Die Geschichte dieser Mutter hat mich nachhaltig beeindruckt. Ich hatte mich in den vergangenen Wochen so richtig in meine Einsamkeit hineingesteigert und mein schreckliches Geheimnis so gut es ging gehütet. Zusammentreffen mit Freunden oder Menschen, die mir Fragen stellen könnten, bin ich nach Kräften ausgewichen. Nur manchmal abends, wenn die Kinder schliefen und ich mal wieder schlaflos war, habe ich meine Freundin Betty angerufen, die sich geduldig meinen Kummer anhörte, aber auch nicht so richtig viel dazu sagen konnte.

Mich beschäftigt, seit ich die Geschichte dieser Mutter gehört habe, der Gedanke, dass wir keineswegs die einzige Familie sind, die durch eine Trennung auseinanderbricht. Vielleicht könnte ich doch aufhören, mich zu schämen und wieder etwas aufrechter gehen. Nachdem mir bewusst geworden war, dass ich mein Schicksal mit nahezu der Hälfte aller Familien teilte, habe ich mich dabei ertappt, dass ich manchmal auf Spaziergängen die Einfamilienhäuser gezählt habe, immer bis fünf, und ich war mir sicher, dass hinter diesen Fassaden mindestens eine, vielleicht sogar zwei oder drei Familien Ähnliches erleben oder erlebt haben wie wir.

Ich habe mich in meiner Nachbarschaft umgesehen und mir wurde klar, wie einseitig meine Wahrnehmung bislang gewesen war. Je schlechter es mir ging, desto mehr sah ich um mich herum ausschließlich glückliche Familien. Dank dieser neuen Perspektive jedoch fielen mir so manche Geschichten wieder ein, die meine Kinder erzählt hatten, darüber etwa, dass der Vater eines Mitschülers nun woanders wohnte. Ich fragte mich, von welchen Trennungen und Scheidungen in meiner näheren und ferneren Nachbarschaft, in meinem Bekanntenkreis ich wusste, ohne diesen Informationen jemals Bedeutung beigemessen zu haben.

Im Gegensatz zu uns Erwachsenen haben Kinder außer dem Wunsch, einmal erwachsen zu werden, weniger konkrete, auf die Zukunft bezogene Wünsche. Je jünger sie sind, desto ausschließlicher spielt sich ihr Leben im Augenblick ab. Das, was ist, wird nicht hinterfragt und bewertet.

Von dem Moment an, da sie Gleichaltrige bewusst wahrnehmen und deren Familien kennenlernen, machen sie die selbstverständliche Erfahrung, dass es auch andere Familienmodelle gibt. Dass Eltern räumlich getrennt voneinander leben, gehört auch dazu. Es ist Aufgabe der Eltern, ihre Kinder nicht in die damit verbundenen Dramen zwischen den Erwachsenen einzubeziehen.
Im Idealfall stellt eine Elterntrennung für Kinder ein neues Familienmodell dar, das ihre grundsätzliche Beziehung zu beiden Eltern nicht infrage stellt.

Sitzung 2

Eine Trennung ist eine Lebenskrise!

„Wenn ich diese Erfahrungen zusammenfassen soll, dann würde ich sagen, dass ich manchmal einfach nicht mehr sicher weiß, wer ich bin. Das hört sich vielleicht albern an, aber alles, was vorher klar und sicher gewesen ist, meine Lebensperspektive, meine näheren und ferneren Ziele, mein Jahres- und Wochenrhythmus, mein Ausgangspunkt, alles ist plötzlich unsicher oder anders und ich weiß noch nicht genau, wie."

Nachdem sich die Information, dass ich keineswegs „unnormal" bin, vorsichtig in meinem Bewusstsein einzunisten beginnt, dass ich also keine unrühmliche Ausnahme bin, eine, die aus persönlicher Unzulänglichkeit von einer Trennung überwältigt wird, möchte ich unbedingt mehr über die psychologische Bedeutung von Trennungen und deren psychische Auswirkungen erfahren.

Meine Gedanken kreisen um die Frage, ob es auch eine Erklärung dafür gibt, woher dieser innere Ausnahmezustand kommt, in dem ich mich befinde. Ich leide an meinem inneren Chaos. Ich bin völlig durcheinander, völlig verunsichert, irritiert durch meine Empfindungen und die Dumpfheit, die mich wie Nebel umgibt. Zeitweise packt mich eine mir selbst fremde Verzweiflung. Ich habe meine Gefühle dann kaum mehr unter Kontrolle.

Ich weiß noch, dass ich mich eines Morgens, nachdem ich Jakob in der Kita abgeliefert hatte, auf eine Bank setzen musste, weil mich Tränen übermannten. Die Bank stand unter einem alten Baum. Gegenüber war ein Bäcker. Es herrschte geschäftiges Treiben, die Sonne schien, es versprach, ein wunderbarer Tag zu werden – und ich saß da, irritierten Blicken ausgesetzt und weinte und weinte, ohne irgendetwas dagegen tun zu können und ohne zu wissen, weshalb genau. Die Tränen flossen aus mir heraus, aber das war mir in diesem Moment total egal.

Dann wieder funktionierte ich wie eine Maschine. Mein Tag war strukturiert durch meine Arbeit, die Zeiten mit den Kindern, den Haushalt. Ich erinnere mich, dass Maya mich einmal ansprach, während ich die übliche Gute-Nacht-Geschichte vorlas. Ich hatte das unwirkliche Gefühl, dass ich bis dahin gar nicht mitbekommen hatte, was ich da eigentlich tat. Ich stand im wahrsten Sinne des Wortes neben mir.

Wenn ich diese Erfahrungen zusammenfassen soll, würde ich sagen, dass ich manchmal einfach nicht mehr sicher weiß, wer ich bin. Das hört sich vielleicht albern an, aber alles, was vorher klar und sicher gewesen ist, meine Lebensperspektive, meine näheren und ferneren Ziele, mein Jahres- und Wochenrhythmus, mein Ausgangspunkt, alles ist plötzlich unsicher oder anders, und ich weiß noch nicht genau, wie.

Wir haben zum Beispiel immer von einem besonderen Urlaub geträumt. Wir wollten richtig lange mit einem Campingmobil durch Kanada fahren. Wir haben eine große bunte Kiste im Arbeitszimmer stehen, wo wir alle Informationen und Tipps gesammelt haben, die für diese Reise hätten wichtig sein können. Diesen Urlaub werden wir nicht mehr gemeinsam machen. Was mit der Kiste geschehen soll? Ich weiß es nicht! Wo bislang das Wort „sicher" gegolten hat, da regieren nun die Wörter „vielleicht" und „ich weiß es nicht".

Das alles rüttelt furchtbar an meinem Selbstvertrauen. Manchmal fürchte ich mich vor mir selbst, vor der Unberechenbarkeit meiner Gefühlsausbrüche und vor meinen stumpfen Abwesenheiten. Von einem Tag auf den anderen habe ich das Gefühl, plötzlich nicht mehr Kapitänin auf meinem eigenen Schiff zu sein.

Als ich in der Beratungsstelle gestrandet bin, war ich so erschöpft, fühlte mich so klein und unsicher, dass ich wirklich nur noch das Nötigste meiner Alltagsaufgaben schaffte. Ich habe mit dem Sport aufgehört, obwohl mir der immer sehr viel Spaß gemacht hat und ich die Bewegung nach dem ganzen Sitzen im Büro dringend brauche. Ich habe aufgehört, mich mit meinen Freunden zu treffen. Die meisten sind ohnehin gemeinsame Freunde von Markus und mir, und ich weiß nicht genau, wie ich jetzt mit ihnen umgehen soll. Und meine Freundin Betty habe ich schon so strapaziert mit meinem Gejammer, dass ich irgendwann selbst merkte, wie sehr ich mich im Kreis drehte. Und dann diese Schlafstörungen! Das war so ein richtiger Mist, weil auch meine Arbeit darunter zu leiden begann. Ich mag meine Arbeit und außerdem lenkt sie von meinem persönlichen Dilemma ab.

Als ich Frau Steffens von meinen seltsamen Erlebnissen mit mir selbst erzählte, berichtete sie mir von einer anderen Klientin:

Vom inneren Chaos und der Angst, den Verstand zu verlieren

Ich war in meinem ganzen Leben immer die Starke, und ich war auch ein bisschen stolz darauf. Meine Freundinnen kamen zu mir, wenn sie ein Problem hatten, und auch in meinem Job als Ingenieurin wurde ich oft von Kollegen zu Rate gezogen. Ich war eigentlich nie wirklich krank und Probleme waren dazu da, um gelöst zu werden. Ich bin immer sehr stolz auf meine analytischen Fähigkeiten gewesen. Ich kann gut strukturieren und Zusammenhänge erfassen. Auch in meiner Ehe war ich in vielen Bereichen die vermeintlich Stärkere. Ich hatte den besser bezahlten Job, und ich habe im Grunde die Ansagen gemacht.

Und nun, seitdem ich weiß, dass mein Partner ausziehen will – er, über dessen Zaghaftigkeit und Unentschiedenheit ich mich manchmal so aufgeregt habe... Dass ausgerechnet er diese Entscheidung mit einer Sicherheit vertritt, die ich mir manches Mal an anderer Stelle von ihm gewünscht hätte... Nun habe ich furchtbare Rückenschmerzen, ich schlafe schlecht, heule unmotiviert und schreie meine Kinder grundlos an. Ich bin unkonzentriert, habe ihn unter Tränen angefleht, uns nicht zu verlassen. Ich habe Angst vor dem Leben ohne ihn, ich, die immer alles mit links gewuppt hat! Ich weiß nicht, wie es weitergehen soll. Ich habe Angst, verrückt zu werden, ich trau mir selbst nicht mehr über den Weg. Das sind Gedanken, Ängste, die mir vor noch nicht allzu langer Zeit absurd vorgekommen wären. Ich frage mich, ob ich reif für die Klapsmühle bin, ganz im Ernst, ich habe Angst, verrückt zu werden!

Und wieder ist es so, als hätte diese andere Klientin Frau Steffens ihre Stimme geliehen, um mein Seelenheil zu beschreiben. Ich habe das Gefühl, sie könnte mein Zwilling sein, denn sie hat genau meine Erfahrungen, meine Ängste und meine Verwirrung beschrieben.

Das, was Anna und auch diese Klientin erleben, ist typisch für Eltern in Trennungssituationen, denn genauso wie etwa der Tod eines nahestehenden Menschen oder auch unerwartete Arbeitslosigkeit stellt eine Trennung eine Lebenskrise dar. Auch seelisch gesunde Menschen werden von Krisen in große Verwirrung gestürzt. So wie Anna sind Betroffene stark verunsichert und haben manchmal den Eindruck, die Kontrolle über ihr Leben und über ihre Gefühle zu verlieren.

„Hartpien un Kuuspien, dat sünd de slimmsten Pien!" (Liebeskummer und Zahnschmerzen, das sind die schlimmsten Schmerzen) besagt eine ostfriesische Lebensweisheit. Man muss also niemandem erklären, dass es wehtut, verlassen zu werden, wie sehr es schmerzt, wenn die große Liebe die in sie gesetzten Erwartungen nicht erfüllt, wenn eine Beziehung zu Ende geht. Trennungen tun einfach weh. Dies gilt für Paare jeden Alters und natürlich auch für Eltern. Doch warum genau sind Trennungen so dramatisch für unsere Psyche?

Unser Selbstbewusstsein umfasst im Normalfall eine relativ sichere Vorstellung von unserer Persönlichkeit: von unseren Einstellungen beispielweise, von unserer Leistungsfähigkeit oder von unserer Belastbarkeit. Durch für uns selbst unerwartete Gefühlsschwankungen und durch die Intensität unserer Gefühle wird es stark erschüttert. Waren wir uns bislang unserer selbst im Großen und Ganzen sicher, so wird diese selbstverständliche Sicherheit während einer Krise stark erschüttert, ganz so, wie Anna es beschreibt. Eine Trennung hat existenzielle Veränderungen vieler Lebensbereiche zur Folge, sie betrifft sowohl seelische als auch materielle Bereiche. In einer Trennung sind wir gezwungen, eine neue Lebensperspektive für uns und für unsere Kinder zu entwickeln. Das verunsichert, macht Angst, ist also eine ungeheuer anstrengende Herausforderung.

Hier bietet uns der Psychologe Hilarion Petzold das Modell der fünf Säulen der Identität[1] an, mit dessen Hilfe sich gut veranschaulichen lässt, warum eine Trennung immer eine Krise ist. Demnach ruht unsere Identität, also das, was wir als unsere seelische oder innere Einheit erleben, auf insgesamt fünf Säulen, die jeweils einen wich-

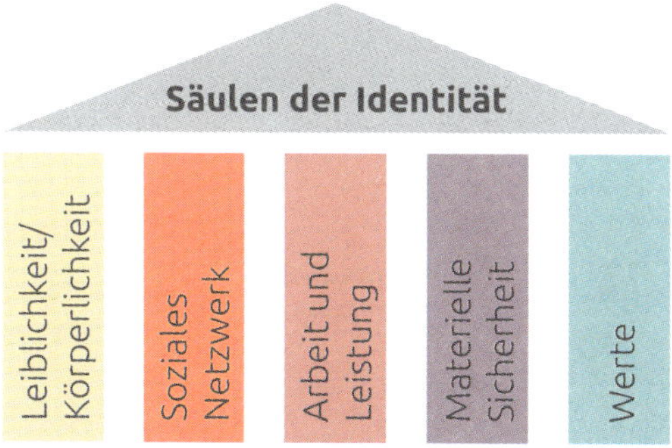

[1] vgl. Rahm, D.; Otte H.; Bosse, S.; Ruhe-Hollenbach, H.: Einführung in die Integrative Therapie – Grundlagen und Praxis. Paderborn 1993, S. 155ff.

tigen Bereich unseres Lebens abbilden. Sind die Säulen im Wesentlichen intakt, dann fühlen wir uns im Großen und Ganzen mit uns selbst im Einklang und seelisch stabil.

Wie in der Abbildung zu sehen ist, beschreibt dieses Modell die fünf wesentlichen Lebensbereiche, die zusammen unsere Identität ausmachen:

1. den Bereich unseres Körpers,

2. unser soziales Netzwerk, also Menschen, mit denen wir verbunden sind, zu denen wir in Beziehung stehen,

3. den Bereich unserer Arbeit, der sich nicht auf Lohnarbeit beschränkt, sondern alle Bereiche beinhaltet, in denen wir etwas leisten, so dass in dieses Segment auch unsere Verantwortung als Eltern, die Hausarbeit oder ehrenamtliche Tätigkeiten fallen,

4. die finanzielle und materielle Grundlage unseres Lebens, also das Budget, das uns für unseren Lebensunterhalt zur Verfügung steht

5. den Bereich, mit dem wir den Sinn unseres Lebens messen und erfassen, also etwa die Werte, nach denen wir unser Leben ausrichten.

Nach diesem Modell geht es uns gut und wir fühlen uns stabil und sicher, wenn wir körperlich gesund (1.) und sozial vernetzt sind (2.), wenn wir also eine Partnerschaft und/oder eine Familie und Freunde haben, und wenn wir eine sinnvolle Tätigkeit ausüben (3.). Wir fühlen uns im Gleichgewicht, wenn wir darüber hinaus über ein ausreichendes Einkommen verfügen (4.) und Werte (5.) haben, nach denen wir unserem Tun und unserem Leben einen Sinn beimessen können. Bricht eine dieser Säulen ein, so kommt unser Leben ins Wanken und wir sprechen im psychologischen Sinne von einer Krise. Starke Veränderungen in einem der fünf Lebensbereiche bringen ordentlich Bewegung in unser Leben. Je stärker diese Bewegung ist, desto mehr überträgt sie sich auf alle anderen Lebensbereiche.

Von einer Trennung oder Scheidung wird die zweite Säule extrem angegriffen. Soll, um im Bild zu bleiben, unsere Identität und damit unser Leben nicht zusammenbrechen, dann müssen die anderen Säulen ausgleichen, was die in Mitleidenschaft gezogene nicht mehr tragen kann – mit dem Risiko, dass die Last auch hier zu groß wird und eine weitere Säule ins Wanken gerät. Dieses Phänomen können wir zum Beispiel

dann beobachten, wenn Menschen im zeitlichen Zusammenhang mit einer Lebenskrise körperliche Beschwerden entwickeln.
Nicht selten wird durch den psychischen Stress das Immunsystem angegriffen und man entwickelt eine höhere Infektanfälligkeit. Viele Menschen haben aber auch eine typische körperliche Schwachstelle, die immer dann Beschwerden macht, wenn sie sich Sorgen machen oder großen Kummer haben. Bei vielen ist das der Rücken, wieder andere neigen dann zu starken Kopfschmerzen oder sie entwickeln Schlafstörungen, so wie Anna. Das alles können auch Folgen einer Trennung sein und Beispiele dafür, dass auch die erste Säule, also die der Leiblichkeit, angegriffen wird.

Ein anderes, ebenfalls weitverbreitetes Beispiel für die Verbindung der einzelnen Säulen untereinander gibt uns derjenige, der versucht, seinen Trennungsschmerz mit Alkohol zu ertränken. Er schädigt damit nicht nur seine körperliche Gesundheit, sondern bald auch seine materielle Basis, wenn er als Folge von nächtlichen Exzessen nur noch unregelmäßig zur Arbeit kommt, so dass sein Arbeitgeber ihm womöglich mit Kündigung droht. Damit wären dann auch noch die dritte und die vierte Säule gefährdet, nämlich die berufliche Zufriedenheit und die dadurch gewonnene materielle Sicherheit.

Eltern müssen nach einer Trennung häufig die Kinderbetreuung und die Haushaltsführung ganz neu organisieren, was dann im Übergang zu erheblichen Konflikten mit der Arbeitsstelle führen kann. Während diese Säulen allen Betroffenen auf Anhieb einleuchten, können sich die meisten unter einer „Werte-Säule" wenig vorstellen. Dabei kann gerade die erklären, warum eine Elterntrennung immer mit dem Gefühl einhergeht, gescheitert zu sein.

Alle, die eine Familie gründen, verbinden damit den Wunsch nach Beständigkeit und Perspektive. Der Wunsch nach einer Familie ist damit auch heute noch ganz oben in unserer Wertehierachie angesiedelt. Dazu möchte ich wieder eine Klientin zu Wort kommen lassen, die das besonders anschaulich beschreibt:

Familiengründung entspricht der Sehnsucht des Menschen – Scheidung nicht

Irgendwie war es für mich immer schon klar, dass ich eines Tages heiraten und Kinder bekommen würde. Nachdem während meines Studiums eine mehrjährige

Beziehung zu Ende gegangen war, habe ich ein bisschen mit meiner neuen Freiheit herumexperimentiert und ein paar Männer näher kennengelernt. Obwohl ich zu diesem Zeitpunkt überhaupt noch keinen konkreten Kinderwunsch hatte, war mir doch klar, dass keiner dieser Männer als Vater in Frage käme. Als ich dann meinen Mann kennenlernte, war das ganz anders. Obwohl ich das zu diesem Zeitpunkt auf keinen Fall konkret wollte, war es von Anfang an eine schöne, beinahe erotische Vorstellung, mit ihm irgendwann gemeinsame Kinder zu haben. Je länger unsere Beziehung dauerte, desto selbstverständlicher schien es zu sein, dass wir eines Tages tatsächlich heiraten und Kinder bekommen würden.

Am Anfang war es die romantische große Liebe, die uns verbunden hat. Wir hatten das Gefühl, uns beinahe wortlos zu verstehen, Schwangerschaft und Heirat haben sich beinahe wie von selbst und ohne große Diskussionen „ergeben", schienen die romantisch-plausible Erfüllung unserer Partnerschaft zu sein.

Es ist also nicht allein der Bereich unserer zwischenmenschlichen Beziehungen, der einen großen Einbruch erfährt. Der Bereich unserer Wertvorstellungen wird ebenso erschüttert. Für die überwältigende Mehrheit der Menschen in unserer Gesellschaft ist es ein wichtiger Wert, einen Lebenspartner zu finden, mit dem man Kinder haben und eine Familie gründen will.

In Anlehnung an einen Werbespot, wonach ein Haus zu den Grundbedürfnissen eines Menschen gehört, Miete zu zahlen jedoch nicht, formulierte es eine Klientin einmal so: „Eine Familie zu gründen, beschreibt die Sehnsucht des Menschen, Scheidung nicht!"

Ungeachtet der uns umgebenden Realität, der stetig steigenden Zahl der Trennungen und Scheidungen halten wir offenbar alle an der Hoffnung fest, dass es gerade uns gelingen könnte, diesen Traum zu verwirklichen.

Der Wunsch nach einer intakten Familie nimmt also einen großen Raum in der fünften Säule unseres Modells ein. Wenn dieser Traum zerplatzt, verursacht das zusätzlich zum unvermeidlichen Trennungsschmerz noch ein Gefühl des Scheiterns, das nicht selten Scham und Selbstverurteilung zur Folge hat. Wie bei der Klientin in der ersten Sitzung, die von sich sagte, sie habe befürchtet, dass sie die Einzige sei, die es „nicht geschafft" habe: So oder ähnlich formulieren es die meisten Eltern, die ich in einer Trennungskrise angetroffen habe – und zwar unabhängig davon, ob sie die Trennung vorangetrieben haben, oder ob sie verlassen wurden.

Zudem haftet Elterntrennungen etwas Unmoralisches an. Dies speist sich sicherlich aus religiösen Vorstellungen, vermutlich spielt hierbei aber auch die Geschichte der Scheidungen in Deutschland immer noch eine Rolle. In der Bundesrepublik galt nämlich bis 1977 noch das Schuldprinzip, das massive Nachteile für den schuldig geschiedenen Partner zur Folge hatte. Dies führte zu wahren Schlammschlachten vor Gerichten, die Generationen von Fernsehzuschauern noch bis Ende der 1970er-Jahre in der Serie „Ehen vor Gericht" verfolgen konnten. Mag sein, dass sich dies in das kollektive westdeutsche Gedächtnis eingebrannt hat. Solche moralischen Gründe spielten für Scheidungen in der DDR keine Rolle, Scheidungen waren dort eine relativ sachliche Angelegenheit.

Auch heute noch verkauft es sich gut, wenn Boulevard-Blätter die Trennung von Promi-Eltern auseinandernehmen, nach Schuldigen suchen und die erzieherische oder moralische Kompetenz eines Elternteils infrage stellen.

Die Unordnung in der Säule, die unser Wertesystem verkörpert, bedeutet aber auch, dass eine gelungene Trennung dazu beitragen kann, unsere Werte im Hinblick auf neue Familienformen und Rollenverteilungen zu verändern, indem Kinder die Erfahrung machen, dass auch andere Familienmodelle funktionieren. Eine Trennung birgt also hier langfristig auch eine Chance.

Ich habe eine Kopie dieses Fünf-Säulen-Modells mitgenommen, weil ich glaube, dass mir die Beschäftigung damit eine gute Übersicht über mein derzeitiges Leben ermöglicht. Ich freue mich darauf, mich in einer ruhigeren Minute mal daran zu machen, meine Säulen zu füllen. Ich glaube, ich weiß schon jetzt, dass meine Kinder und meine Arbeit meine stärksten Säulen sind. Bei der Leiblichkeit tut sich zwar was – angestoßen durch die Entspannungsübungen – hier scheint mir jedoch großer Bedarf zu sein. Vielleicht sollte ich am Wochenende doch wieder zu meinem Lauftreff gehen. Damit würde ich dann gleichzeitig etwas für meine sozialen Kontakte tun.

Fallbeispiel

SÄULEN DER IDENTITÄT

1. Leiblichkeit und Körperlichkeit	2. Soziales Netz	3. Arbeit und Leistung	4. Materielle Sicherheit	5. Werte
Entspannungs-übungen	Maya & Jakob	meine Arbeit	noch! gemein-sames Konto	Familie
	meine Mutter	Erziehung	mein Lohn	unbeschwerte Kindheit
	Silke	Haushalt	unser Haus	Gerechtigkeit
	Betty			soziale Anerkennung
	Kollegen			beruflicher & schulischer Erfolg

Deine Identitätssäulen

1. Leiblichkeit und Körperlichkeit	2. Soziales Netz	3. Arbeit und Leistung	4. Materielle Sicherheit	5. Werte

Als ich mich frage, was mir wichtig ist, was für mich und mein Leben bedeutsam ist, verstehe ich auch die fünfte Säule. Ich kann spüren, wie wichtig mir meine Familie ist und die Tatsache, Kinder zu haben. Meinen Kindern eine intakte Familie bieten zu wollen, ist ein ganz zentrales Lebensthema für mich gewesen, und nun gibt es hier diesen brachialen Einbruch. Deshalb konnte ich mir unsere Schwierigkeiten vermutlich auch so lange nicht genau ansehen. Es konnte einfach nicht sein, was nicht sein durfte. Markus' Fortgang hat ein Erdbeben verursacht, das jede dieser Säulen meines Lebens beschädigt hat. Langsam beginne ich zu verstehen, warum Psychologen bei einer Trennung von einer Lebenskrise sprechen.

Als ich Frau Steffens das nächste Mal gegenübersitze, halte ich meine ausgefüllte Tabelle in der Hand.

Meine Angst, verrückt zu werden, hat abgenommen, seit ich besser verstehe, welch ein Durcheinander unsere Trennung in meiner Seele angerichtet hat. Ich verstehe meine Traurigkeit und meine Gefühlsausbrüche als Ventil für meine Verunsicherung und die Angst, die mir diese Veränderung macht. Ich beginne zu begreifen, dass ich mitten in einer massiven Umwälzung stecke.

Ich bekomme aber auch einen Anhaltspunkt dafür, wo ich etwas tun kann, um wieder sicheren Boden unter die Füße zu bekommen. Es sind nur kleine Schritte, doch ich vertraue darauf, dass sie zu mehr Ordnung und Stabilität zurückführen. Das kann bedeuten, dass ich mich dazu aufraffe, eine Einladung anzunehmen, obwohl ich mich lieber verkriechen würde, oder dass ich mich zu einem Stündchen Sport überwinde, auch wenn ich keine große Lust habe. Bisher habe ich angenommen, dass diese Dinge der reinen Ablenkung dienen sollten, nach dem Motto: „Dann kommst du mal auf andere Gedanken!" Jetzt glaube ich, dass es nicht um Ablenkung, sondern um Veränderung geht, um die Erschließung und die Verankerung von Kraftquellen in allen anderen Lebensbereichen.

Anna hat das Modell der fünf Säulen der Identität für eine Bestandsaufnahme genutzt, um so eine bessere Übersicht über ihr Leben zu erlangen. Sie hat aber auch einen anderen Vorzug dieses Modells für sich genutzt und überlegt, welche Lebensbereiche sie stärken kann, um ihr angegriffenes Selbstbewusstsein und ihre Stabilität wiederzuerlangen. Von einer Bestandsaufnahme ausgehend können wir kleine, realistische Ziele formulieren und Perspektiven entwickeln, indem wir, wie Anna es getan hat, nicht nur unsere Defizite oder Baustellen anhand der Säulen identifizieren, sondern vor allem auch Stärken und Kraftquellen.

Wenn wir uns die zweite Säule näher ansehen, werden wir feststellen, dass uns nicht nur eine Ehe oder Partnerschaft Stabilität verleiht, sondern all unsere Beziehungen, Freundschaften und familiäre Bindungen insgesamt. Ein guter Freund, eine oder zwei beste Freundinnen, die Clique, die Volleyballmannschaft, die nach jedem Training noch ein gemütliches Zusammensein in ihrer Stammkneipe zelebriert, Eltern, mit denen man sich gut versteht oder Geschwister – sie alle tragen zur Stabilität unseres Lebens bei, und wenn sie in der Krise auch nicht den gesamten Verlust ersetzen können, so können sie ihn doch erheblich mildern. Das Modell veranschaulicht, dass Menschen mit vielfältigen und stabilen sozialen Kontakten bessere Voraussetzungen haben, eine Trennungskrise zu meistern, da der Verlust des Partners durch andere tragfähige soziale Kontakte abgefangen wird.

Aber auch jede andere Säule kann ausgleichen, was eine einzelne Säule in einer Krise an Stabilität vorübergehend einbüßt. Wie oft können wir im Alltag beobachten, dass sich jemand in schwierigen Situationen in seine Arbeit flüchtet, weil diese ihm Halt vermittelt. Wieder andere finden eine wichtige Stütze in ihrem Glauben oder ihrer politischen Überzeugung. Sie werden dann dort aktiv, um ausgleichende Stabilität zu erlangen. Ebenso lässt sich beobachten, dass jemand in schwierigen Lebenssituationen Halt in seinen sportlichen Aktivitäten findet.

Doch nicht nur der verlassene Partner durchleidet Trennungsschmerz. Auch für denjenigen, der die Trennung vorangetrieben hat, ist die Situation eine Krise im Sinne unseres Modells. Sogar dann, wenn eine neue Partnerschaft Grund oder Anlass für die Trennung war. Denn auch, wenn eine neue Beziehung an die Stelle der alten tritt, bringt das eine große Veränderung im sozialen Umfeld mit sich, zum Beispiel wenn der neue Partner neue Freunde mitbringt oder sich nicht mit den Kindern versteht. Vielleicht distanzieren sich aber auch alte Freunde, weil sie das Gefühl haben, sie könnten nicht mit beiden ehemaligen Partnern gleichzeitig befreundet sein (s. 14. Sitzung). Außerdem macht es Angst, wenn Eltern den gemeinsamen Alltag mit ihren Kindern aufgeben. Es ist also keineswegs albern oder verrückt, wenn gerade Trennungseltern das Gefühl haben, dass sie nicht mehr wissen, wer genau sie eigentlich sind, denn genau das bewirkt eine Krise: Sie verändert alle Bereiche unserer Identität.

Die Beschäftigung mit diesem Modell bewirkt eine merkwürdige, ungewohnte Ruhe in mir. Staunend betrachte ich immer wieder meine Aufzeichnungen und die Abbildung mit den Säulen. Es ist, als hielte ich plötzlich einen Schlüssel in der Hand, die Erklärung für meine Erschöpfung, meine Angst und meine Unruhe der vergangenen Wochen und Monate.

Anstatt mir selbst eine Freundin zu sein und meinem Verhalten mit wohlwollendem Mitgefühl zu begegnen, bin ich mir auch noch böse gewesen. Verbissen und ungeduldig habe ich immer wieder von mir verlangt, dass ich mich zusammenreiße. Ich habe an meiner seelischen Gesundheit gezweifelt und habe mit mir geschimpft, wenn mich meine Gefühle aus der angestrebten Bahn geworfen haben. Unerbittlich habe ich von mir gefordert, dass ich ganz schnell zur Normalität zurückkehre und geglaubt, dass ich die Einzige bin, der das einfach nicht gelingen will.

So wie Anna geht es beinahe allen Eltern, mit denen ich bisher gesprochen habe. Es ist geradezu paradox: Das diffuse Wissen um die gesellschaftliche Normalität von Trennungen führt bei betroffenen Eltern zu dem absolut unrealistischen Anspruch, eine Trennung quasi nebenbei verarbeiten zu wollen. So, als ob lediglich ein paar organisatorische Schwierigkeiten hier zu überwinden und ein paar Umstrukturierungen dort vorzunehmen seien, und schon sei alles in Butter. So fordern Betroffene streng von sich, sich zusammenzureißen, umgehend wieder perfekt zu funktionieren und den Alltag zu bewältigen. Nicht selten führen diese unrealistischen Ansprüche direkt in den Zusammenbruch. Wie schon gesagt: Eine Trennung ist eine handfeste Krise und keine Bagatelle. Krisen kann man nicht einfach ignorieren. Sie fordern dazu heraus, uns mit den Veränderungen in unserem Leben auseinanderzusetzen.

Es ist ungemein tröstlich und beruhigend zu begreifen, dass die Trennung anstrengend genug ist und ich nicht auch noch selbst so streng mit mir sein sollte. Die Auseinandersetzung mit meiner Situation ermöglicht mir nach und nach einen wohlwollenderen, mitfühlenden Blick auf mich. Das tut mir gut.

Gerade in einer Krise sollten wir die Fähigkeit trainieren, unsere Gefühle und unseren Gemütszustand mit einem gewissen Abstand zu betrachten, denn dies ist die wichtigste Voraussetzung, um die erwachsene Ebene von der Ebene kindlichen Erlebens zu trennen. Damit pflegen wir nicht nur das zentrale Instrument zur Selbstklärung, sondern auch das wichtigste Werkzeug für die Erziehung und Begleitung unserer Kinder. Erziehung geschieht immer in Beziehung! Darum ist Reflexion der eigenen Gefühle und Motive im Hinblick auf deren Auswirkungen auf das Kindeswohl so wichtig.

Aus psychologischer Sicht stellt eine Elterntrennung für alle Beteiligten eine Herausforderung dar, die unter Einsatz großer Energien gemeistert werden muss. Gelingt dieser Prozess, so geht mit der Bewältigung dieser Lebensaufgabe ein enormer Zuwachs an persönlichen Lernerfolgen, Persönlichkeitsstärke und Weiterentwicklung einher. Entwicklungspsychologisch betrachtet stellt jede Veränderung eine „Krise" dar, weil jede Veränderung neue Anpassungsleistungen erfordert. Anpassungsleistungen in dem Sinne, dass ein Kind neue Fähigkeiten erwirbt, um auf ungewohnte Situationen angemessen reagieren zu können. Damit ist, wie ich in der 16. Sitzung ausführlich beschreiben werde, jede Veränderung (Krise) der Motor menschlicher Entwicklung. Dies ist wiederum der Grund dafür, warum Therapeuten das Schlagwort von der „Krise als Chance" geprägt haben.

Bei diesem Stichwort fällt mir sofort eine Klientin ein, die von ihrem Partner verlassen worden war und der dies und die Verantwortung für ihre drei kleinen Kinder schwer zu schaffen machte. Sie regte sich furchtbar über ein Buch auf, in dem von der „Krise als Chance" die Rede war. „Was für ein Blödsinn", zeterte sie, „das ist so zynisch! Nicht genug, dass ich leide, dass es mir schlecht geht, dass ich unverschuldet in diese Situation geraten bin, ich mich müde, verzweifelt und mit meinen Kindern überfordert fühle", schimpfte sie. „Nein, ich muss das jetzt wohl auch noch gut finden! Also auf diese Scheiß-Chance kann ich gut verzichten, vielen Dank!"

Anhand des Modells der fünf Säulen lässt sich gut verstehen, warum eine Elterntrennung für die Erwachsenen eine massive Lebenskrise ist, während sie für Kinder – sachlich auf dieses Modell geschaut – vornehmlich eine räumliche Veränderung darstellen müsste. In welchem Ausmaß auch für Kinder alle Säulen dieses Modells betroffen sein können, hängt maßgeblich davon ab, wie es Eltern gelingt, den Kontakt zu ihren Kindern zu gestalten. Wenn dies mit Blick auf das Kindeswohl gelingt, dann birgt eine Trennung immer die Chance einer ganz neuen emotionalen Qualität der Eltern-Kind-Beziehung.

Sitzung 3

Typische Phasen einer Elterntrennung

„Wenn es tatsächlich so ist, dass sich für meine persönliche Katastrophe bestimmte Muster und Abfolgen beschreiben lassen, dann ist die Tatsache, dass es einen Anfang gibt, gleichzeitig das Versprechen, dass es ein Ende geben wird. Das würde ja bedeuten, dass es doch ein Licht am Ende des Tunnels gibt, auch wenn ich das im Augenblick kaum glauben kann.“

Es wird besser, Sie werden schon sehen", hat Frau Steffens bei unserer letzten Verabschiedung gesagt. „Trennungen vollziehen sich in Phasen. Irgendwann werden Sie es geschafft haben, auch wenn Sie das im Moment noch nicht glauben können." Das hat mich sehr neugierig gemacht.

Für Trennungen lassen sich fünf Phasen beschreiben. Im Unterschied zu den aus der Trauerarbeit recht bekannten „Phasen der Trauer" nach Verena Kast[1] geht einer Trennung immer eine äußerst konfliktreiche Vor-Trennungszeit voraus.

Die erste Phase ist die der Konflikte und der Entfremdung, die zweite die des Schocks, die dritte die Phase intensiver Gefühle, die vierte die der Konsolidierung und des Aufbruchs, und mit der letzten Phase, der der Integration, ist die Trennung akzeptiert und in die neue Identität integriert.

Die erste Phase vollzieht sich überwiegend im Verborgenen. Das liegt auch daran, dass Beziehungskonflikte natürlich etwas sehr Privates und Persönliches sind. Da wir unser Privatleben vor anderen schützen, vollzieht sich diese Vor-Phase einer Trennung für andere meist wenig bis gar nicht sichtbar hinter verschlossenen Türen. Für mich ist sie im Zusammenhang mit einer Elterntrennung deshalb von großer Bedeutung, weil ihr Verlauf einen großen Einfluss auf die Kinder hat. Eltern äußern häufig die Hoffnung, dass ihre Kinder von ihren Auseinandersetzungen nichts mitbekommen. Doch das ist keineswegs der Fall. Für Kinder ist es existenziell bedeutsam und äußerst beängstigend, wenn sich zwischen Mutter und Vater Dinge ereignen, die sie nicht verstehen oder einordnen können. Sie verfolgen deshalb, wie das nächste Beispiel zeigt, die Konflikte und Auseinandersetzungen höchst konzentriert, auch wenn man ihnen das manchmal nicht anmerkt. Eltern irren gewaltig, wenn sie denken, gerade ihre kleinen Kinder bekämen ihre Konflikte nicht mit!

Ich habe gedacht, das Kind bekäme nichts mit

Ich weiß nicht, was ich machen soll. Das ist mir einerseits total unangenehm, andererseits möchte ich meine Kinder auch nicht zum Lügen anhalten. In der vergangenen Woche bat mich die Erzieherin der Kleinen zu einem Gespräch. Sie druckste ein

[1] vgl. Kast, V.: Trauern – Phasen und Chancen des psychischen Prozesses. Freiburg 2001

bisschen herum und bat mich, ihr Anliegen nicht als Neugier, sondern als Ausdruck größter Sorge zu verstehen. Unsere Kleine sei bislang immer eine ganz beliebte Spielpartnerin gewesen, doch in letzter Zeit zögen sich die anderen Kinder zunehmend von ihr zurück, da sie sehr bestimmend, ja, beinahe schon diktatorisch auf das Spielgeschehen einzuwirken versuche. So beschäftige sie sich inzwischen oft allein in der Puppenecke, wo die Erzieherinnen sie mehrere Male bei einem immer ähnlichen Rollenspiel beobachten konnten: Sie schlage auf die Puppen ein und beschimpfe sie aufs Heftigste. Diese Spiele endeten immer damit, dass sie die Puppen aus dem Häuschen werfe und sich dann daumenlutschend in eine Ecke zurückziehe.

Die Erzieherin sah mich besorgt an und sagte, sie müsse mich jetzt fragen, ob es in unserer Familie häusliche Gewalt gebe. Ich war total schockiert und antwortete wahrheitsgemäß: „Nein, natürlich nicht!" Allerdings wurde mir schlagartig klar, dass mein Kind unsere vermeintlich unbemerkten nächtlichen Auseinandersetzungen sehr wohl mitbekommen hatte. Mein Mann hat seit einiger Zeit eine Affäre. Das verletzt mich sehr. Obwohl er immer wieder sagt, er werde diese Geschichte beenden, kann ich ihm das nicht glauben. Ich bin sehr eifersüchtig und verzweifelt. Er versucht, mir aus dem Weg zu gehen und kommt abends oft sehr spät nach Hause. Ich fange ihn dann häufig ab, es kommt zu sehr aggressiven verbalen Schlagabtauschen. Ich schäme mich so. Was soll ich nur tun? Ich würde unserem Kind am liebsten sagen, dass alles wieder gut wird und es bitten, darüber nicht zu sprechen und diese Spiele zu unterlassen.

Wenn ich mich so reden höre, kriege ich das Gruseln. Ich war mal eine ganz normale Frau und eine passable Mutter, und nun lasse ich mich so demütigen. Wenn mein Mann keine Entscheidung treffen kann, muss ich das wohl tun. So geht es nicht weiter. Ich habe einfach nicht gewusst, dass unsere Kinder auch so leiden – aber ich hab solche Angst davor, mich zu trennen!

Diese Mutter hat völlig recht. Es wäre traumatisch, wenn die Eltern ihre Tochter, die offenbar schon durch die Konflikte ihrer Eltern unter Druck geraten ist, auch noch verbieten würden, dies im Spiel auszudrücken oder mit anderen darüber zu sprechen. Seelisch stabile Kinder haben von sich aus ein gutes Gefühl dafür, was nur ihre Familie und was auch die Öffentlichkeit etwas angeht, dazu muss man sie nicht anhalten. Es ist wichtig, dass die Mutter nun endlich mit ihren Kindern spricht und sich ihnen als vertrauenswürdige Ansprechpartnerin in dieser verunsichernden Situation anbietet.

Dieses Beispiel verdeutlicht in drastischer Weise, dass Kinder sehr wohl mitbekommen, wenn sich die Eltern streiten oder wenn sie einander mit eisigem Schweigen begegnen. Das Fatale daran: Kinder beziehen diese Streitigkeiten, denen sie inhaltlich oft gar nicht folgen können, emotional auf sich. Dies stellt eine Überforderung dar, die zum Beispiel die kognitive, soziale und emotionale Entwicklung beeinträchtigen kann. Darüber werden wir an anderer Stelle noch sprechen (siehe Sitzung 5). Für Kinder ist die Phase der Konflikte und der Entfremdung äußerst belastend. Eltern sollten deshalb das Gespräch mit ihnen suchen und die Verantwortung für ihre Streitereien übernehmen. Sie müssen ihren Kindern deutlich machen, dass sie nach einer Lösung suchen. Vor allem aber müssen sie ihren Kindern glaubhaft vermitteln, dass diese nichts mit den Auseinandersetzungen oder den atmosphärischen Störungen zu tun haben. Wenn Eltern sich als aufrichtige Gesprächspartner anbieten und ausdrücklich die Verantwortung für ihre Konflikte übernehmen, brauchen Kinder keine indirekten Mittel mehr, um ihrer Angst und ihrer Not Ausdruck zu verleihen.

Mir ist es wichtig, an dieser Stelle noch einmal klarzustellen, dass es – von sehr, sehr wenigen Ausnahmen abgesehen – keine Eltern gibt, die ihren Kindern absichtlich schaden wollen! Wenn dies in einer solchen Ausnahmesituation wie einem Trennungskonflikt dennoch geschieht, dann aus Unwissenheit und Hilflosigkeit! Die zwangsläufige Privatheit gerade dieser ersten Trennungsphase bewirkt meiner Erfahrung nach, dass sich betroffene Eltern bei der Suche nach Orientierung und Lösungen häufig auf sich allein gestellt fühlen. Zeichnet sich ab, dass eine Trennung unausweichlich ist, müssen Eltern nicht nur ihr eigenes Leben, sondern auch das ihrer Kinder neu ordnen. Sie versuchen, ihre Verantwortung als Eltern weiterhin gewissenhaft wahrzunehmen, obwohl sie selbst in einen Strudel geraten sind, in dem sie vorübergehend ihre Bodenhaftung verlieren.

Die „Schockphase" ist die Phase des „Nicht-Wahrhaben-Wollens", die sich dadurch auszeichnet, dass die Betroffenen die Realität zunächst auszublenden versuchen. Ein typischer Satz für Menschen in der zweiten, der Schockphase ist: „Ich denke, gleich wache ich auf und merke, dass ich das alles nur geträumt habe." Das könnte man als unzureichenden Versuch unserer Seele interpretieren, all das Schmerzhafte und Verunsichernde, das von uns Besitz ergreifen will, von uns fernzuhalten, in der kindlichen Hoffnung, dass es dann vorüberzieht wie ein Gewitter.

Oh, wie bekannt mir besonders die Beschreibung der ersten Trennungsphase vorkommt! Ich weiß rückblickend nicht mehr, ob es Monate oder sogar Jahre waren, in denen ich mich geweigert habe, Markus' Veränderung zur Kenntnis zu nehmen. Am Anfang stand eine Krise in seiner Firma, die Überstunden nötig machte. Es folgte im vergangenen Sommer seine Weigerung, mit uns einen Familienurlaub zu machen. Er schützte Arbeiten mit seiner Forschungsgruppe vor, die während der Schulferien seine Teilnahme an Kongressen und Messen unabdingbar machten.

Und selbst, als er mir am Vormittag des Tages, an dem ihm abends während eines großen Festaktes ein Wissenschaftspreis überreicht werden sollte, mitteilte, er werde sich trennen, versuchte ich das als eine Laune, als Ausdruck seiner beruflichen Anspannung herunterzuspielen, um mich nur nicht mit der Realität auseinandersetzen zu müssen. Ich habe mir selbst viel zu lange etwas vorgemacht.

Während der vergangenen zwei Jahre hatte er mit Hochdruck mit einer Forschungsgruppe an der technischen Umsetzung neuer wissenschaftlicher Erkenntnisse gearbeitet und war damit erhebliche finanzielle Risiken eingegangen. Nachdem er an diesem Abend zum ersten Mal seit 15 Jahren ohne meine Begleitung zu einem offiziellen Anlass aufgebrochen war, bekam ich kurze Zeit darauf einen Telefonanruf meiner Freundin, die Markus' Forschungsgruppe angehörte. Sie war völlig aufgelöst und teilte mir fassungslos mit, dass Markus gerade in Anwesenheit der Lokalzeitung für einen Skandal sorgte, indem er erkennen ließ, dass Katrin deutlich mehr war als nur seine Kollegin.

Ich hörte, was sie da sagte, aber mir fehlte der Bezug zu meinem Leben. Das kam nicht an bei mir. Es war, als stünde ich sprichwörtlich neben mir, so als würde ich einen Film ansehen. Ich war unfähig, Markus in der folgenden Zeit darauf anzusprechen und bewegte mich wie in Trance durch meinen Alltag. Ich verstärkte sogar meine absurden Bemühungen, mich nach außen weiterhin mit Markus als Paar zu präsentieren, indem ich auf Facebook Fotos von uns in trauter Zweisamkeit einstellte. Ich handelte, als ob es ein Gesetz gäbe, das besagte, wenn ich nicht zur Kenntnis nähme, was da passierte, es dann auch nicht passierte. Basta! Ungefähr so könnte ich den Sinn meines Handelns heute beschreiben. Grotesk!

Markus hat sich wahrscheinlich irgendwann nicht anders zu helfen gewusst, als sein Handeln von meinem unabhängig zu machen, denn wenn er darauf gewartet hätte, dass ich sein Problem und unsere Situation zur Kenntnis nähme, hätte er lange warten können – und die Schwangerschaft seiner neuen Partnerin erhöhte seinen Handlungsdruck wahrscheinlich erheblich. So war er vorgeprescht und hatte die Kinder im Alleingang mit einbezogen. Von mir war keine Kooperation zu erwarten gewesen. Selbst in den ersten Wochen, nachdem er ausgezogen war, hatte ich noch die Hoffnung, ich würde bald aus einem schlechten Traum aufwachen.

Wenn man, so wie Anna, die Kontrolle über die Gefühle verliert, etwa als sie ungeachtet der äußeren Umstände plötzlich in Tränen ausbrach, dann hat man wahrscheinlich die dritte Phase erreicht, die der aufbrechenden Gefühle.

Verena Kast zufolge ist die Traurigkeit, die Menschen in dieser Phase ergreift, ein Gefühl, das uns an den verlorenen Menschen bindet. Sie konfrontiert uns mit dem Verlust, macht uns deutlich, was uns der geliebte Mensch einmal bedeutet hat, in welchen Bereichen er uns besonders wichtig war, wo er uns ergänzt und unterstützt hat.

Der Gegenspieler der Trauer ist das Gefühl der Wut, die uns schließlich dabei hilft, uns zu lösen. Sie ist ein wichtiges Vehikel für unsere Ablösung. Eltern können es deshalb als Fortschritt in ihrem Trennungs- und Selbstfindungsprozess bewerten, wenn sie merken, dass sie irgendwann richtig wütend werden. Wenn wir uns mit diesen beiden intensiven Gefühlen auseinandersetzen, gibt uns das Aufschluss über unsere Bedürfnisse. Wenn es uns gelingt, unsere Gefühle während dieser Trennungsphase zu hinterfragen, können wir uns selbst besser kennenlernen und neu finden.

Trauer und Wut sind wichtige Ratgeber bei der Beantwortung der Frage, wer wir sind und was wir mit unserem Leben anfangen wollen. Deshalb ist es wichtig, dass wir auch diesen so ungeliebten Gefühlen Raum geben. Gerade für Frauen, die noch immer sehr zur Selbstbeherrschung erzogen werden, ist das häufig nicht so leicht. Vielfach fällt es ihnen schwer, ihre Wut überhaupt als solche zu identifizieren, denn gerade Wut ist ein Gefühl, das sich zu tarnen versteht: Sie kommt oft im Gewand von Vorwürfen oder moralisch gestützten Anklagen daher, wenn beispielsweise eine Mutter ihre Wut auf den Vater medizinisch verbrämt und argumentiert, dass seine zuckerhaltige Ernährung die Gesundheit der Kinder gefährde. Wir werden noch sehen, dass es oft die Wut ist, die Trennungseltern zu einem Verhalten verleitet, das den Kindern schadet. Überhaupt ist diese dritte, für die gesunde Verarbeitung einer Trennung so wichtige Phase die größte Herausforderung für Eltern: Sie verlangt von ihnen, im Sinne des Kindeswohls eigene Gefühle und Motive im Umgang mit den Kindern ständig kritisch zu hinterfragen, wenn sie diese nicht in ihre Konflikte hineinziehen wollen.

Je nach individueller Voraussetzung und der Dynamik, die zwischen den ehemaligen Partnern besteht, kann diese Phase lange dauern und im Extremfall über Jahre immer wieder aufflackern.

Wenn es tatsächlich so ist, dass sich für meine persönliche Katastrophe Muster und Abfolgen beschreiben lassen, ist die Tatsache, dass es einen Anfang gibt gleichzeitig das Versprechen, dass es ein Ende geben wird. Das würde bedeuten, dass es ein Licht am Ende des Tunnels gibt, auch wenn ich das im Augenblick kaum glauben kann.

Wenn die innere Auseinandersetzung mit den intensiven Gefühlen der dritten Phase durchlebt und verarbeitet werden konnte, gelangen wir in der vierten Phase, der des Aufbruchs, zu der Erkenntnis, dass wir Leerstellen haben, die wir neu besetzen und mit Inhalten füllen können. Manchmal sind es Zufälle, und wir werden vielleicht durch Freunde oder Bekannte an ein verlorengegangenes Hobby erinnert oder zu Tätigkeiten eingeladen, die alte, längst aufgegebene Interessen aufleben lassen.

Oft berichten mir KlientInnen, dass dies Aktivitäten sind, die ihren Ex-PartnerInnen nicht gefielen oder die aus irgendwelchen Gründen in der Partnerschaft keinen Platz hatten und deshalb allmählich eingeschlafen sind. Dazu fällt mir eine Mutter ein, die vor ihrer Ehe, schon seit ihrer Jugend, erfolgreich Volleyball gespielt hatte. Der Sport hatte, da sie relativ hochklassig gespielt hatte, mit seinen Trainingszeiten und den Punktspielen einen so großen Teil ihrer Freizeit eingenommen, dass es ihren Ex-Partner extrem störte, zumal dieser selbst an sportlichen Dingen wenig interessiert war. Das führte immer wieder zu Konflikten, so dass sie mit Rücksicht auf ihren Mann den Sport schließlich aufgab. Einige Monate nach ihrer Trennung bekam sie durch Zufall die Anfrage, ob sie nicht Lust hätte, eine Freizeitmannschaft als Trainerin zu unterstützen. Das machte ihr nicht nur großen Spaß, sondern verschaffte ihr auch Genugtuung: Die Trennung, unter der sie bis dahin so sehr gelitten hatte, bot ihr nun unerwartet die Chance, etwas zu tun, was während ihrer Beziehung undenkbar gewesen war. Zum ersten Mal konnte sie aufrichtige Freude über die Trennung empfinden, weil sie nach langer Zeit aktiv eine Entscheidung treffen konnte, durch die sie sich von ihrem Ex-Partner entfernte, anstatt sich wie bisher passiv seinem Trennungsbegehren ausgeliefert zu fühlen. Es können aber auch ganz neue Dinge interessant sein, die in der alten Zweisamkeit keinen Platz gefunden haben, und die nun eine Neuorientierung anregen und unterstützen.

Wer diese Entwicklung an sich selbst beobachtet, hat schon ein gutes Stück Weg bei der Verarbeitung seiner Trennung zurückgelegt. Das Licht am Ende des Tunnels, wie Anna es nennt, dürfte dann erheblich näherkommen. An dieser Stelle pflege ich eindringlich an meine KlientInnen zu appellieren, dass sie, sollten sie nach einer Trennung den Impuls verspüren, etwas Neues ausprobieren zu wollen oder alte, vernachlässigte Hobbys wieder aufzunehmen, diesem Impuls unbedingt folgen sollten: „Probieren Sie aus, ob Sie es (noch) können! Es wird Sie voranbringen!"

Die fünfte Phase, die Integration, markiert den Punkt, an dem eine Trennung auch seelisch vollzogen ist und somit abgeschlossen werden kann. Psychologen sprechen davon, dass es gelungen sei, die Erfahrungen der Trennung in die Persönlichkeit zu „integrieren". Damit ist gemeint, dass Konflikte und Herausforderungen, die unser gewohntes Lebenskonzept angegriffen haben, so gelöst werden konnten, dass wir uns unseren neuen Lebensbedingungen angepasst haben. Eine „integrierte Persönlichkeit" meint also eine seelisch gesunde oder psychisch stabile Persönlichkeit. Während dieser letzten Phase ziehen wir Bilanz. Wir reflektieren Veränderungen und bekommen ein erweitertes, realistischeres und sicheres Bewusstsein für uns selbst. Der Anpassungsprozess, der den Weg dorthin kennzeichnet, ist in höchstem Maße verunsichernd und hat das Potenzial dazu, ein Angriff auf unsere seelische Gesundheit zu werden. Deshalb äußern Betroffene häufig die Angst, sie könnten verrückt werden. Ihre Unsicherheit sich selbst und vielen Fragen des Lebens gegenüber ist jedoch nichts weiter als ein Ausdruck dessen, dass die alte Ordnung unseres Seelenlebens vorübergehend durcheinandergeraten ist.

Ich bin also auf einem Weg, auf dem Verunsicherung unvermeidlich ist. Irgendwie tut es gut, zu hören, dass das typisch, ja, normal ist für meine Situation. Das wiederum bedeutet, dass es anderen genauso geht. Ein schwacher Trost. Aber zumindest ein Trost! Was ich allerdings mit großer Sorge gehört habe, ist die Möglichkeit, dass dieser Prozess sich über JAHRE (!) hinziehen kann. Geht das nicht etwas schneller?

Die Phasen einer Trennung werden nicht immer stur der Reihenfolge nach durchlaufen und dann hinter sich gelassen. Es ist vielmehr so, dass es oft Rückfälle in frühere Phasen gibt, selbst dann noch, wenn man glaubt, diese überwunden zu haben.

Jede dieser Phasen enthält eine besondere Chance für die Festigung einer tragfähigen und vertrauensvollen Beziehung zwischen Kindern und Eltern. Die idealtypische Botschaft an ein Kind in der Konflikt- und Entfremdungsphase lautet: „Ja, wir haben Konflikte, doch das hat alles nichts mit dir zu tun!"
Für die Schockphase: „Es ist gerade nicht einfach für mich, aber das ändert nichts daran, dass wir deine Eltern bleiben und dich liebhaben."

Die zentrale Botschaft für die Gefühlsphase lautet: „Auch, wenn ich sauer oder traurig wegen Papa/Mama bin, so musst du das noch lange nicht sein!"
In der Phase der Konsolidierung und des Aufbruchs haben sich die Kinder an das neue Familienmodell gewöhnt. Wenn sie ihre Eltern nun regelmäßig als zuverlässig erleben, dann festigt sich ihre Sicherheit. Die Botschaft lautet: „Du weißt, wie wir uns nun organisieren, und du weißt, woran du mit uns bist."

In der letzten Phase, der der Integration, bekommt die Beziehung zum Kind eine neue Qualität, indem Kinder die Erfahrung machen, dass ihre Eltern eigene Interessen, Freunde und ein Leben außerhalb der vertrauten Familienrolle haben. Mit dieser Phase erleben alle in der Trennungsfamilie im Idealfall eine Festigung der neuen Ordnung, in der jede/r seinen/ihren sicheren Platz hat. Die Botschaft für diese Phase lautet im Idealfall: „Du weißt, dass wir beide deine Eltern sind und bleiben, und du erlebst, dass auch wir Menschen mit eigenen Bedürfnissen und Interessen sind."

Für Kinder sind die erste, die Konflikt- und Entfremdungsphase und die dritte Phase, die der aufbrechenden Gefühle, besonders heikel. Es ist wichtig, dass die Erwachsenen ihre Konflikte nicht leugnen oder bagatellisieren, damit Kinder nicht an ihren Wahrnehmungen zweifeln müssen. Kindern hilft es ungemein, wenn sich ihre Eltern authentisch und verantwortungsvoll in kindgerechten Ich-Botschaften (vgl. 6. Sitzung) zu den Schwierigkeiten auf der Paarebene bekennen und dabei darauf achten, dass sie ihre Kinder nicht mit Details belasten oder gar in einen Loyalitätskonflikt bringen.

Sitzung 4

Uff, und das jetzt lebenslang?!

„Ich darf gar nicht daran denken, dass dieser Mann niemals ganz aus meinem Leben verschwinden wird! Ich glaube, ich werde verrückt bei dieser Vorstellung!“

Ich würde so gerne wegfahren, mal eine Zeit lang alles hinter mir lassen. Nicht funktionieren müssen, Verantwortung abgeben, auch die für die Kinder. Vor allem aber möchte ich einfach mal eine Pause im Kontakt zu Markus! Da er die Kinder regelmäßig holt und zurückbringt, bin ich immer wieder mit ihm konfrontiert. Die regelmäßigen Kontakte tun mir immer weniger gut. Es fühlt sich an wie eine Wunde, die heilen soll und dann durch unsere Begegnungen immer wieder aufgerissen wird. Ich darf gar nicht daran denken, dass ich diesen Begegnungen auf unbestimmte Zeit nicht werde ausweichen können. Diese Aussicht lähmt mich und legt sich schwer auf mein Gemüt.

Lebenslang hatte ich mir anders vorgestellt! Wer hätte gedacht, dass sich der Traum von einer lebenslangen Verbundenheit einmal in den Fluch einer lebenslangen Schicksalsgemeinschaft verkehren würde?

Ich kann kaum überblicken, wie oft ich von Trennungseltern Ähnliches gehört habe. Am lebhaftesten ist mir eine Klientin im Gedächtnis, die verzweifelt ausrief: „Uff, und das jetzt ein Leben lang?! Ich darf gar nicht daran denken, dass dieser Mann niemals ganz aus meinem Leben verschwinden wird! Ich glaube, ich werde verrückt bei dieser Vorstellung!"

Die Tatsache, dass wir diesen zeitweise äußerst unliebsamen, anstrengenden Kontakt nicht einfach abbrechen können, ist vermutlich die größte Herausforderung einer elterlichen Trennung; sie besteht darin, das Ende der Liebesbeziehung zu verarbeiten und gleichzeitig die Beziehung zur Ex-Partnerin beziehungsweise dem Ex-Partner unter dem Gesichtspunkt der gemeinsamen Elternschaft möglichst sinnvoll und angemessen neu zu definieren und zu gestalten.

Das bedeutet auch, zu akzeptieren, dass sich der Kontakt zum Ex-Partner auf unbestimmte Zeit kaum ganz vermeiden lassen wird, und zwar umso mehr, je jünger die Kinder sind. Das läuft dem für eine Trennung so typischen Wunsch nach Abstand extrem zuwider. Aber diese Spannung müssen Eltern aushalten.

In dem Maße, in dem eine konstruktive, am Kindeswohl orientierte Neuordnung gelingt, erleichtern Eltern nicht nur ihren Kindern, sondern auch sich selbst eine gesunde Bewältigung der Trennung. Misslingt die Umwandlung einer Liebesbeziehung in eine angemessene Elternbeziehung, bedeutet das aber nicht zwangsläufig, dass Eltern die gesunde Entwicklung ihrer Kinder ernsthaft gefährden. Solange sie es schaffen, sich der Vorbehalte und Hinderungsgründe sehr bewusst zu sein und diese auf der Elternebene zu belassen, besteht hier kaum Gefahr.

Eine Trennung von Eltern ist also hochkomplex. Das Besondere daran ist, dass sie das, was eine Trennung bezweckt, nämlich die vollständige Auflösung einer Beziehung, letztlich unmöglich macht. Für Eltern stellt eine Trennung genau genommen einen Widerspruch in sich dar. Vielleicht kann es Anna trösten, dass sie dieses Unbehagen auf einen Fortschritt im Trennungsprozess hinweist. Es zeigt nämlich an, dass die Trennungsrealität allmählich akzeptiert wird.

Bislang habe ich nur das Ende unserer Beziehung gesehen. Ich dachte, dass dies mein Problem sei, das ich verarbeiten müsse, um wieder klarzukommen, und nun ahne ich langsam, dass wohl ein großer Teil Arbeit jetzt erst beginnt. Die Paarbeziehung ist zu Ende, aber die Elternbeziehung ist es nicht. Eine Erkenntnis, die die Zukunft gerade düster und schwer erscheinen lässt. Ich muss aushalten, wenn Markus die Kinder abholt oder heimbringt, muss ans Telefon gehen, wenn es wichtige Absprachen zu treffen gilt. Das geht manchmal einfach über meine Kräfte. Ich habe mich schon dabei ertappt, dass ich Maya angeknurrt habe, in dem Gefühl, dass es die Kinder sind, die mich in diese fatale Situation bringen; aber das ist das Letzte, was ich will, wirklich!

Während ich mich bei dieser Aussicht schutzsuchend in meinen Sessel verkrieche, fällt mir ein Text von Boris Luban-Plozza ein, auf den ich vor ein paar Tagen zufällig gestoßen bin:

Gestern – Heute – Morgen

„Es gibt in jeder Woche zwei Tage, über die wir uns keine Sorgen machen sollten. Zwei Tage, die wir freihalten sollten von Angst und Bedrückung. Einer dieser zwei Tage ist gestern, mit all seinen Fehlern und Sorgen, geistigen und körperlichen Schmerzen. Das Gestern ist nicht mehr unter unserer Kontrolle! Alles Geld dieser Welt kann das Gestern nicht zurückbringen; wir können keine einzige Tat, die wir getan haben, ungeschehen machen. Wir können nicht ein

Wort zurücknehmen, das wir gesagt haben. Das Gestern ist vorbei! Der andere Tag, über den wir uns keine Sorgen machen sollten, ist das Morgen, mit seinen möglichen Gefahren, Lasten, großen Versprechungen und weniger guten Leistungen. Auch das Morgen haben wir nicht unter unserer sofortigen Kontrolle.

Morgen wird die Sonne aufgehen, entweder in ihrem vollen Glanz oder hinter einer Wolkenwand. Aber eins steht fest: Sie wird aufgehen! Bis sie aufgeht, sollten wir uns nicht über morgen Sorgen machen, weil morgen noch nicht geboren ist.

Da bleibt nur ein Tag übrig: heute!

Jeder Mensch kann nur die Schlacht von einem Tag schlagen. Dass wir zusammenbrechen, geschieht nur, wenn du und ich die Last dieser zwei fürchterlichen Ewigkeiten – gestern und morgen – zusammenfügen. Es ist nicht die Erfahrung von heute, die die Menschen verrückt macht; es ist die Reue und Verbitterung für etwas, was gestern geschehen ist, oder die Furcht vor dem, was das Morgen wieder bringen wird.

HEUTE ist das MORGEN, worüber wir uns GESTERN Sorgen gemacht haben."[1]

Ich habe diesen Text im Internet gefunden, ausgedruckt und in meine Handtasche gesteckt, weil ich in einer Sitzung darüber sprechen wollte. Bei Lichte betrachtet ist es nämlich absolut wahr, was dort steht: Hier und heute spielt die Musik! Um es einmal drastisch auszudrücken: Was weiß ich denn schon über die mir heute so bedrückend erscheinende Zukunft? Was weiß ich über den morgigen Tag? Über mein Leben bestimmen und es gestalten kann ich doch immer nur für heute. Oma Änne, die nicht zimperlich war bei der Formulierung ihrer Lebensweisheiten, pflegte das so auszudrücken: „Wie schält man eine ganze Wagenladung voll Kartoffeln? – Immer eine nach der anderen!" Und wie heißt es in dem oben genannten Text: „Jeder Mensch kann nur die Schlacht von einem Tag schlagen!" Genauso ist es! Ich will versuchen, mich auf das Heute zu konzentrieren, anstatt mich von ungewissen Zukunftsperspektiven weiter lähmen zu lassen! Das gilt gerade für den schwierigen Kontakt zu Markus. Und den Text, den klemme ich mir hinter den Spiegel!

[1] Luban-Plozza, B.: Gestern – Heute – Morgen. Narcotics Anonymus Worldservices incorporated – NARSKD e.V. Darmstadt 2009

Das Geheimnis jeder Psychotherapie besteht darin, im Augenblick anzukommen und realistisch wahrzunehmen, was uns gerade bewegt, denn beeinflussen können wir wirklich nur die Gegenwart. Die Vergangenheit können wir nicht mehr ändern, und was die Zukunft bringt, liegt nicht allein in unserer Hand. Eines stimmt: Wenn wir uns auf das Heute konzentrieren, dann können wir irgendwann im Rückblick feststellen, dass uns Dinge gelungen sind, die uns im Vorhinein als viel zu groß und unmöglich erschienen sind. Das Bemühen, sich erst einmal nur auf den heutigen Tag zu konzentrieren, kann Berge versetzen. Wenn Eltern dies ungeachtet ihrer Konflikte und ihrer persönlichen Krise mit ihrer oftmals dramatischen Gefühlslage gelingt, dann erleichtert es ihnen, im Sinne ihrer Kinder miteinander zu kommunizieren und zu kooperieren. Wie heißt es in dem Text sinngemäß: Einen Tag lang kann ich aushalten, was mir für ein ganzes Leben unmöglich wäre.

Manche Paare brauchen für die Bewältigung dieser Aufgabe ein paar Monate, andere brauchen Jahre, und wieder anderen gelingt es nie, ihre Beziehung als Eltern dergestalt zu verändern, dass ihnen ein entspannter, am Wohl ihrer Kinder orientierter Umgang miteinander gelingt. Aber auch das ist kein zwingender Grund für eine Beeinträchtigung der kindlichen Entwicklung. Entscheidend ist, ob es den Eltern gelingt, die eigenständige Beziehung ihrer Kinder zum anderen Elternteil zu respektieren.

In dem Maße, in dem es den Erwachsenen gelingt, ihre persönlichen Gefühle und Bedürfnisse zu erkennen und von denen ihrer Kinder zu unterscheiden, wird es ihnen auch leichter fallen, die Bedürfnisse und Erwartungen ihrer Kinder an den anderen Elternteil zu respektieren. Indem Eltern lernen, sich nicht mehr von düsteren Zukunftsängsten in ein Gefühl der Hilflosigkeit hineindrücken zu lassen, indem es ihnen gelingt, sich mit all ihrer Energie dem Heute zuzuwenden, nähern sie sich dem kindlichen Erleben an. Das macht sie für ihre Kinder greifbarer, berechenbarer und offener für gemeinsame, verbindende Erlebnisse mit ihren Kindern.

> Gerade im Zusammenhang mit resignativen Zukunftsgedanken können Erwachsene von ihren Kindern lernen, denen es noch viel besser gelingt, im Heute zu leben. Irgendwann ist eine Trennung akzeptiert und verarbeitet. Auf dem Weg dahin sollten Eltern alles daransetzen, ihren Kindern die Erfahrung zu ermöglichen, dass die emotionale Trennung nur zwischen den Erwachsenen geschieht.

Sitzung 5

Warum sich Kinder schuldig fühlen, wenn die Eltern sich trennen

„Für mich ist bis heute, zehn Jahre später, das unbestimmte Gefühl geblieben, dass das alles nicht geschehen wäre, wenn ich zu Hause geblieben wäre und aufgepasst hätte. Ich fühle mich mitverantwortlich für den Zerfall unserer Familie…“

Jakob macht Probleme im Kindergarten, Maya macht nachts manchmal wieder ins Bett. Zeichen dafür, dass die beiden auch ordentlich an der Situation zu knabbern haben, nehme ich an. Wenigstens hat Markus ihnen offenbar während meiner Totenstarre glaubhaft versichern können, dass er weiterhin als ihr Vater für sie da ist. Sie kennen seine neue Partnerin Katrin, und sie haben ein Kinderzimmer im neuen Haus. Und sie haben viele Freunde, deren Eltern sich ebenfalls getrennt haben.

Für mich hat die Trennung eine große emotionale Lücke und das Gefühl des Scheiterns hinterlassen, aber was bedeutet unsere Trennung denn nun für Maya und Jakob genau?

Der erste Impuls von Kindern ist immer, sich grundsätzlich schuldig zu fühlen, wenn sich ihre Eltern trennen. Dies beschreibt auch das folgende Beispiel eines jungen Mannes, dessen Eltern sich trennten, als er 19 Jahre alt war:

Vielleicht hätte ich es irgendwie verhindern können

Ich weiß noch genau, wie es war, als meine Mutter mich anrief, um mir ganz traurig mitzuteilen, dass sie und mein Vater sich getrennt hätten. Ich war erst einige Monate zuvor von zu Hause ausgezogen, um in Berlin mein Studium aufzunehmen.

Ich bin das jüngste von vier Geschwistern, und es war damals völlig klar für mich, dass auch ich nach dem Abitur ausziehen würde. Ich war gerade 19 geworden. Ich hörte die Stimme meiner Mutter, ich verstand, was sie sagte und dennoch konnte ich nicht begreifen, was sie da sagte. Meine Eltern doch nicht! Ich weiß nicht warum, aber ich habe mich plötzlich so schlecht gefühlt. Ich habe fieberhaft überlegt, ob ich nicht hätte merken müssen, dass da bei den beiden etwas nicht stimmt. Wer denn sonst, wenn nicht ich? Vielleicht hätte ich irgendwie verhindern können, dass es so weit kommt. Ich hätte Probleme bemerken, ansprechen, was weiß ich was machen können, aber ich hab's nicht hingekriegt – verpasst.

Es mag überraschen, dass ein erwachsener junger Mann derart schuldbewusst auf die Trennung seiner Eltern reagiert, und doch empfinden viele Trennungskinder so. Der psychische Mechanismus, der diesem Phänomen zugrunde liegt, funktioniert so ähnlich, wie man es aus der Arbeit mit Kindern aus Suchtfamilien kennt. Diese Kinder machen die Erfahrung, dass die Eltern durch ihre Krankheit so sehr mit sich selbst beschäftigt, unberechenbar und emotional so wenig verfügbar sind, dass sie die Verantwortung dafür bei sich suchen. Sie sind davon überzeugt, dass sie durch ihr eigenes Verhalten, wenn sie sich nur genug anstrengen, wenn sie brav und wachsam sind, verhindern könnten, dass Vater oder Mutter sich betrinken. Ausfälle der Eltern erklären sie sich mit ihrem eigenen Versagen. Sie beziehen das Verhalten ihrer Eltern auf sich. In ihrer Verzweiflung suchen sie die Schuld bei sich, quasi als Möglichkeit, die belastende und unberechenbare Situation zu kontrollieren. Sie sind überzeugt davon, dass sie die Situation und das Verhalten ihrer Eltern in ihrem Sinne beeinflussen können, wenn sie sich nur genug Mühe geben. Die Überlegung hinter diesem Ansatz lautet: „Wenn ich weiß, was ich dazu beigetragen habe, dass Papa/Mama trinkt, muss ich in Zukunft darauf achten, diese Verhaltensweisen zu vermeiden und dann wird alles gut."

Das zwangsläufige Scheitern dieser kindlichen Bemühungen führt schließlich dazu, dass die betroffenen Kinder sich als machtlos und wertlos empfinden: Sie glauben, dass ihre Eltern trinken, weil sie, die Kinder, so störend, schlecht und wenig liebenswert seien. Und dieses Selbstbild wird umso tiefer verankert, je jünger die Kinder sind. Streiten Eltern im Vorfeld oder während einer Trennung häufig und heftig, sind sie traurig, aggressiv oder mit ihrer Aufmerksamkeit nicht bei den Kindern, besteht die Gefahr, dass die betroffenen Kinder die Schuld bei sich suchen. Je jünger ein Kind ist, desto größer ist die Gefahr, dass es die Konflikte zwischen den Eltern auf sich bezieht und denkt, die Eltern stritten seinetwegen. Wenn dann einer der Erwachsenen schließlich auch noch auszieht, wertet es das schlimmstenfalls als Indiz dafür, dass dieser es schließlich mit dem bösen Kind nicht mehr ausgehalten hat.

Ich fühle mich mitverantwortlich für den Zerfall unserer Familie

Als ich gerade 16 Jahre alt war, bin ich für ein Jahr als Austauschschülerin nach Amerika gegangen. Als ich zurückkam, haben meine Eltern mir mitgeteilt, dass sie sich trennen werden. Mein Vater hatte sich in eine andere Frau verliebt. Für mich kam diese Nachricht aus heiterem Himmel. Sie wollten es mir persönlich sagen und mir den Aufenthalt in den USA nicht verderben, sagten sie. Für mich ist bis heute, zehn Jahre später, das unbestimmte Gefühl geblieben, dass das alles nicht geschehen wäre, wenn ich zu Hause geblieben wäre und aufgepasst hätte. Ich fühle mich mitverantwortlich für den Zerfall unserer Familie, auch wenn alle sagen, dass das Quatsch ist.

Anders als jüngere Kinder sind die beiden Trennungskinder aus den Beispielen aufgrund ihres Alters in der Lage, ihr Befinden zu reflektieren. Sie können ihre Gefühle beschreiben, auch Schuldgefühle aussprechen und sich damit kritisch auseinandersetzen. Trotzdem hat es sie Mühe gekostet, ihr irrationales Schuldgefühl zu verarbeiten und abzuschütteln. Erst als sie sich damit auseinandergesetzt haben, dass ihre Eltern ein eigenständiges Beziehungsleben haben, konnten sie verstehen, dass dieses Beziehungsleben eigenen Gesetzen folgt und eigene, von den Kindern unabhängige Konflikte mit sich bringt. Schließlich konnten sie im Zuge der Auseinandersetzung mit ihren Schuldgefühlen erkennen, dass ihre Eltern diese Beziehungskonflikte ausschließlich miteinander lösen können – oder eben scheitern.

Mir fällt dazu eine Fernseh-Reportage über eine Familie ein, die nach Frankreich ausgewandert ist. Diese Sendung hat mich sehr beeindruckt, weil sich das vorgestellte Ehepaar mit zwei Töchtern von 12 und 14 Jahren trennte, nachdem es die schwierige Anfangszeit im fremden Land erfolgreich gemeistert hatte und es ihnen eigentlich hätte gutgehen können. Ich erinnere mich an ein kurzes Interview mit dem jüngeren Mädchen, das den folgenden Wortlaut hatte:

TV-Team: „Wie war denn das letzte Jahr für dich?"
Mädchen: „Ja, ich sag nur: Streit. Manchmal haben sie gewartet, bis ich aus dem Haus bin. Ich sag nur: manchmal."
TV-Team: „Hattest du dir das gedacht?"
Mädchen: „Dass die sich trennen? Na, ja, wo sie mit dem Streit angefangen haben, da fand ich das noch ... na ja, jeder streitet sich mal ein bisschen. Aber wo's dann jeden Tag war, da habe ich mir gedacht, bald werden sie sich trennen."
TV-Team: „Und dann haben sie es gesagt."

Mädchen: nickt
TV-Team: „Und was hast du dir dann gedacht?"
Mädchen: „Hätte ich das bloß nicht gedacht!" [1]

Mich hat diese Szene sehr berührt, weil sie ein treffendes Beispiel für das den kindlichen Schulgefühlen zugrunde liegende psychische Phänomen ist. Es ist bezeichnend, dass das zwölfjährige Mädchen glaubt, es habe allein durch seine Gedanken und seine Befürchtung, die Eltern könnten sich trennen, die Trennung bewirkt. In Zeiten großer psychischer Belastung und Erschöpfung fallen Menschen in kindliche Gefühlsmuster früherer Entwicklungsphasen zurück. Dieses Phänomen nennt man „Regression". Das zwölfjährige Mädchen liefert dafür ein eindrucksvolles Beispiel, denn es fällt zurück in die Entwicklungsphase des „magischen Denkens" und glaubt, dass es allein durch die Sorge, die Eltern könnten sich trennen, dieses Ereignis herbeigeführt hat.

Um diesen Gedanken zu verstehen, ist ein Rückblick auf frühere Entwicklungsphasen nötig: Aufgrund ihrer rasanten Entwicklungsfortschritte in den ersten Lebensjahren fühlen sich Kinder manchmal geradezu allmächtig und sind dann wie berauscht von ihren neuen Fähigkeiten, so wie die fünfjährige Lotta, eine Figur aus einem Buch von Astrid Lindgren, die begeistert ausruft:

„Mit mir ist es so komisch, ich KANN so viel!"[2]

Noch Vorschulkinder leiten aus diesen für sie großartigen Erfolgen die – wenn auch zunehmend zaghafter werdende – Überzeugung ab, dass sie allein durch ihren intensiven Wunsch Ereignisse herbeiführen oder verhindern könnten. Jeder hat vielleicht schon einmal Kinder an einer roten Ampel dabei beobachtet, wie sie diese durch verbale Kommandos, oft unterstrichen durch energische Gesten, bezwingen wollen, auf „Grün" umzuschlagen. Gelingt dies zeitgleich, so triumphieren sie und sehen darin stolz einen Beweis dafür, dass sie tatsächlich über magische Kräfte verfügen.

Dieses Phänomen führt allerdings dann zu großen Problemen, wenn sich solche Allmachtsphantasien in Konflikten mit aggressiven Verwünschungen gegen den beteiligten Elternteil vermischen.

[1] Friedrichs, J.; Müller, E.: Paris statt Hartz IV. Einsfestival, 24. Juni 2015
[2] Lindgren, A.: Lotta kann fast alles. Hamburg 1977, S. 1

Je jünger ein Kind ist, desto mehr beschränken sich seine sozialen Kontakte auf Eltern und Familie. Es ist daher zwangsläufig so, dass sich auch negative Gefühle und Enttäuschungen zunächst auf die Eltern beziehen. Alle Kinder machen irgendwann einmal die Erfahrung, aus der Gleichberechtigung der erwachsenen, elterlichen Beziehung ausgeschlossen zu sein. Nicht nur, dass diese erwachsen sind und damit Entscheidungen treffen und Dinge tun dürfen, die Kindern noch verwehrt sind, sie verbindet darüber hinaus auch noch eine Loyalität und Intimität, von der das Kind kategorisch ausgeschlossen ist, ja, im Sinne seiner gesunden Entwicklung ausgeschlossen sein muss. Solche Kränkungen des Selbstbewusstseins, sogenannte „narzisstische Kränkungen", frustrieren das Kind und machen es wütend. Es fühlt sich unterlegen und fällt vom Olymp seiner Größenphantasien auf die Begrenzungen seiner kindlichen Realität. Verursacher sind die Eltern, die es ausgeschlossen oder den Allmachtswünschen auf andere Weise Grenzen gesetzt haben. Diese dem Kindsein innewohnende Kränkung ist in unserem Kulturkreis unvermeidlich und ihre Verarbeitung prägt die Persönlichkeit eines jeden Kindes.

Psychologen haben beobachtet, dass Kinder in ihrer Wut nicht selten wünschen, ihre Eltern, beziehungsweise der Elternteil, den sie hauptsächlich für ihre Ohnmacht und Kränkung verantwortlich machen, möge aus ihrem Leben verschwinden oder gar sterben. Der Arzt und Psychoanalytiker August Aichhorn war der erste, der mit kriminellen, am Anfang des 20. Jahrhunderts noch als „verwahrlost" bezeichneten Jugendlichen therapeutisch arbeitete. Bis dahin hatte man diese Jugendlichen weggesperrt wie erwachsene Verbrecher. Er fand heraus, dass fast alle Gesetzesübertretungen und das Missachten gesellschaftlicher Spielregeln durch die Jugendlichen – im Fachjargon „dissoziale Verhaltensstörungen" genannt – auf traumatische Ereignisse zurückzuführen waren. Oft waren das einschneidende Erlebnisse, an denen sie sich schuldig fühlten. Als ein sehr eindringliches Beispiel kann wohl die Geschichte eines Jungen gelten, dessen Vater bei einem Autounfall ums Leben gekommen war, unmittelbar nachdem sich Vater und Sohn heftig gestritten hatten. Dieser Junge hatte die Schuldgefühle und seine Angst, er könne mit seiner Wut auf den Vater für dessen Tod verantwortlich sein, bis zu seiner Begegnung mit Aichhorn nicht aufarbeiten können. Der Druck, unter den ihn diese vermeintliche Schuld setzte, hatte sich bis dahin in aggressiven und kriminellen Handlungen entladen.

Das Zusammenspiel genau dieser Gesetzmäßigkeiten und Mechanismen der kindlichen Entwicklung bewirkt auch, dass sich Kinder an der Trennung ihrer Eltern spontan diffus schuldig fühlen, wenn es den Erwachsenen nicht gelingt, diesen Impuls frühzeitig zu entkräften. Schließlich haben auch Trennungskinder Situationen durchlebt, in denen sie mindestens einen Elternteil auf den Mond gewünscht haben – und dieser Wunsch wird quasi Wirklichkeit, wenn sich Vater oder Mutter tatsächlich abwenden. Man stelle sich ein dreijähriges Kind vor, das unter dem Eindruck einer schmerzhaften Kränkung gerade noch einen heftigen Wutanfall durchlebt hat und dann von den bedrückten Eltern erfährt, dass der Vater ausziehen wird, weil sich die Eltern trennen werden. Es wird unweigerlich einen Zusammenhang herstellen zwischen seinen wütenden Verwünschungen und dem Auszug des Vaters. Es wird sich schuldig fühlen an der Situation, wenn die Eltern nicht glaubhaft deutlich machen können, dass ihre Trennung nichts mit dem Kind zu tun hat.

Jeder Konflikt und jede bedeutsame Erfahrung hinterlassen in unserer Seele individuelle Muster, die in der Summe unsere Persönlichkeit mit ihren individuellen Verhaltens- und Reaktionsweisen bestimmen. Solche bedeutenden Erfahrungen und Gefühle gehen also nicht verloren. Je älter diese Muster sind, desto stärker beeinflussen sie unsere spontanen Überzeugungen und bestimmen unser Handeln immer dann, wenn unsere Gefühle unseren Verstand dominieren. Je früher diese Verhaltensmuster entstanden sind, desto schwieriger ist es, sie zu verändern. Frühe Erfahrungen prägen also nachhaltig unsere Persönlichkeit bis ins Erwachsenenalter. Das meinte Sigmund Freud, der Begründer der Psychoanalyse, als er sagte, das Kind sei, psychologisch gesehen, der Vater des Erwachsenen[3].

Angesichts emotional tief berührender Ereignisse reagieren selbst junge Erwachsene spontan mit Denk- und Verhaltensmustern, die eigentlich einer früheren Entwicklungsphase entsprechen. Das erklärt, warum sie bei der Trennung ihrer Eltern ein spontanes Schuldgefühl empfinden.

Die wichtigsten Botschaften an ein Kind, dessen Eltern sich trennen, lauten daher immer: „Du trägst keine Schuld! Du kannst nichts dafür! Es hat nichts mit dir zu tun, dass wir uns trennen! Wir bleiben deine Eltern und wir haben dich beide lieb!"

Es ist so, dass frühkindliche Erfahrungen unser Selbst- und unser Weltbild nachhaltig prägen. Wie das geschieht, hängt offenbar in hohem Maße davon ab, wie wir in einer ganz bestimmten Entwicklungsphase mit den dafür alterstypischen Mitteln wichtige Eindrücke und Konflikte bewerten. Wie im Falle der gefühlten Schuld an der Elterntrennung werden dabei manchmal emotional bedeutsame Dinge und Ereignisse in einer typisch kindlichen Denkweise miteinander verknüpft. Das führt zu fatalen Fehl-

[3] vgl. Freud, S.: Abriss der Psychoanalyse. Das Unbehagen in der Kultur. Frankfurt/Main 1953, S. 44

einschätzungen, ohne dass Kinder diese aus eigener Kraft überprüfen und korrigieren können. Gelingt es in der aktuellen Trennungssituation nicht, diese Fehleinschätzungen des Kindes einfühlsam zu begleiten und zu korrigieren, kann sich der seelische Druck im schlimmsten Fall in Verhaltensauffälligkeiten und Ängsten quasi Luft machen.

Nach dem, was ich nun über den kindlichen Impuls weiß, sich an der Trennung von Eltern schuldig zu fühlen, vermute ich, dass dies auch bei Maya der Fall war, als sie kurz nach Markus' Auszug nachts wieder ins Bett gemacht hat. Es erscheint mir jetzt plausibel, dass sie sich, einer typisch kindlichen Überzeugung folgend, an unserer Trennung irgendwie schuldig gefühlt hat, und das hat sie vermutlich psychisch so unter Druck gesetzt, dass sie wieder einnässte.

Dieser Zusammenhang scheint auch mir sehr plausibel, denn Kinder reagieren auf Ereignisse, die sie überfordern, häufig damit, dass sie in ihrem Verhalten auf eine frühere Entwicklungsstufe zurückfallen. Nichts anderes geschieht etwa, wenn ein Kind nach der Geburt eines Geschwisterkindes wieder aus der Flasche trinken will.

Dieser Ausflug in die Entwicklungspsychologie hat mich sehr nachdenklich gemacht. Ich habe beim abendlichen Gute-Nacht-Sagen mit jedem Kind noch eine Weile kuschelnd im Bett verbracht und dann gesagt: „Du weißt, dass du nichts dafür kannst, dass Papa ausgezogen ist, oder?" Jakob hat schlaftrunken geantwortet: „Ja, das hat Papa auch schon gesagt ...". Maya hat gar nichts gesagt, doch am nächsten Morgen ist ihr Bett zum ersten Mal seit einer Woche trocken.

Als ich Frau Steffens von meinem pädagogischen Erfolg berichte, holt sie mich allerdings schnell von meinem stolzen Höhenflug zurück auf den Boden der Tatsachen. Sie sagt, es sei nicht so einfach, kindliche Verhaltensänderungen immer auf genau eine Ursache wie unser abendliches Kuscheln zurückzuführen. Sie glaubt, dass da bei Maya einiges zusammengekommen sein dürfte, was das Einnässen beendete. Eher deute das darauf hin, dass Maya sich sowohl in der Beziehung zu mir als auch mit Markus sicher fühle. Neben Markus, der in Erziehungsdingen sehr belesen war, konnte ich meinen Anteil oft gar nicht wertschätzen. Ich war schnell zu verunsichern. Obwohl ich fast ein bisschen enttäuscht darüber bin, dass meine Worte nicht eindeutig die einzige Ursache dafür waren, dass Maya mit dem nächtlichen Einnässen wieder aufgehört hat, versöhnt es mich, dass ich offenbar insgesamt doch eine gute Beziehung zu meinen Kindern habe, die so sicher ist, dass sie auch durch diese Krise trägt.

Ja, da habe ich Annas Stolz auf ihren Erfolg ein bisschen dämpfen müssen, denn leider ist es weder in der Psychologie noch in der Pädagogik so, dass ein Ereignis immer eindeutig auf nur eine einzige Ursache zurückzuführen ist – oder, im Umkehrschluss, dass ein bestimmtes Verhalten von Eltern zwangsläufig sofort und unmittelbar Probleme wie das Einnässen von Maya beheben könnte. Es gibt für kindliche Verhaltensauffälligkeiten und für deren Heilung keine, wie es die Wissenschaft nennt, „monokausalen" Erklärungen.

Annas Erfahrung mit Maya deutet darauf hin, dass ihre Beziehung grundsätzlich in Ordnung und von Vertrauen geprägt ist. Die Tatsache, dass Maya nicht mehr einnässt aber ausschließlich auf Annas abendliche Worte zurückführen zu wollen, ist leider Spekulation.

Von zentraler Bedeutung für eine gesunde Verarbeitung schwieriger Lebenssituationen ist die grundsätzliche Qualität der Eltern-Kind-Beziehung: Eine gute Beziehung zeichnet sich im Wesentlichen durch Verlässlichkeit, Freiraum und Grenzen, Sicherheit und Wertschätzung aus.

Schon in der Zeit vor der Trennung entsteht eine Atmosphäre, die entscheidend dazu beiträgt, wie gut oder schlecht Kinder mit dieser Krise zurechtkommen und wie deutlich die Botschaft ankommt, wenn Eltern ihren Kindern versichern, dass sie für die Trennung keinerlei Verantwortung tragen.

> Entwicklungspsychologische Phänomene führen dazu, dass Kinder spontan bei sich nach der Schuld an der Trennung ihrer Eltern suchen. Es ist daher immer gut, wenn Eltern deutlich machen, dass dies eine Entscheidung der Erwachsenen ist, mit der die Kinder ursächlich nichts zu tun haben.

Sitzung 6

Wie sag ich’s meinem Kind?

Das Wichtigste, was Eltern in Trennungssituationen lernen müssen, ist zu versuchen, die Erwachsenenebene strikt von der der Kinder zu trennen!

Ich habe mich verändert. Der Schock hat sich gelöst. Meine Hoffnung darauf, dass sich alles wieder einrenken könnte, habe ich in meinen Tränen ertränkt und meine – unsere neue Lebenssituation ist schon richtig normal geworden. Auch meine Sorgen und Unsicherheiten im Hinblick auf meine Kinder haben sich verändert.

Anfangs befürchtete ich, dass sie unter meinem psychischen Ausnahmezustand und der damit einhergehenden Erschöpfung ihrer vormals relativ zuverlässig und berechenbar funktionierenden Mutter leiden könnten. Nun mache ich mir Sorgen darüber, dass da, wo Markus und ich früher herzlich und einander zugewandt, später eher reserviert und sachlich miteinander umgegangen sind, inzwischen eine Anspannung herrscht, die auch unsere Kinder spüren müssen.

Wo ich zunächst im Umgang mit den Kindern beinahe schlafwandlerisch funktioniert habe, bekomme ich nun das Gefühl, dass ich mich total kontrollieren muss, wenn es darum geht, mit den Kindern Dinge zu besprechen, die mit unserer Trennung zu tun haben. Ich will sie nicht überfordern und ich will ihnen auch nichts vormachen. Das ist ganz schön schwierig.

Neulich fiel mir ein altes Kinderbuch in die Hände: Das doppelte Lottchen von Erich Kästner. Ich schlug es auf und landete bei folgender Textpassage:

„Wertgeschätzte kleinere und größere Leserinnen und Leser! Jetzt wird es, glaube und fürchte ich, allmählich Zeit, dass ich auch ein wenig von Luises und Lottes Eltern berichte, vor allem darüber, wie es seinerzeit zu der Scheidung zwischen ihnen kam. Sollte euch an dieser Stelle des Buches ein Erwachsener über die Schulter blicken und rufen: „Dieser Mensch! Wie kann er nur, um alles in der Welt, solche Sachen den Kindern erzählen!", dann lest ihm, bitte, das Folgende vor:

Als Shirley Temple ein kleines Mädchen von sieben, acht Jahren war, war sie doch schon ein auf der ganzen Erde berühmter Filmstar, und die Firmen verdienten viele Millionen Dollar mit ihr. Wenn Shirley aber mit ihrer Mutter in ein Kino gehen wollte, um sich einen Shirley-Temple-Film anzuschauen, ließ man sie nicht hinein. Sie war noch zu jung. Es war verboten. Sie durfte nur Filme drehen. Das war erlaubt. Dafür war sie alt genug.

Wenn der Erwachsene, der euch über die Schulter guckt, das Beispiel von Shirley Temple und den Zusammenhang mit Luises und Lottes Eltern und ihrer Scheidung nicht verstanden hat, dann richtet ihm einen schönen Gruß von mir aus, und ich ließe ihm sagen, es gäbe auf der Welt sehr viele geschiedene Eltern, und es gäbe sehr viele Kinder, die darunter litten! Und es gäbe sehr viele andere Kinder, die darunter litten, dass die Eltern sich nicht scheiden ließen! Wenn man aber den Kindern zumutete, unter diesen Zuständen zu leiden, dann sei es doch wohl allzu zartfühlend und außerdem verkehrt, nicht mit ihnen darüber in verständiger und verständlicher Form zu sprechen!"[1]

Ich war platt! Zum einen überraschte es mich, dass Kästner schon 1949 davon spricht, dass es viele Scheidungen gebe, zum anderen fand ich da schwarz auf weiß bestätigt, dass Kinder ein Recht darauf haben, dass Eltern mit ihnen über ihre Trennung sprechen. Aber was genau bedeutet es, dies in „verständiger und verständlicher Form zu tun"? Ich hätte gern so etwas wie einen Leitfaden für mein Verhalten im Kontakt mit meinen Kindern, etwas Konkretes, an dem ich mich orientieren kann.

Das Wichtigste, das Eltern in Trennungssituationen lernen müssen, ist, zu versuchen, die Erwachsenenebene strikt von der der Kinder zu trennen! Sie müssen lernen, zwischen ihren persönlichen Impulsen, Wünschen und Gefühlen und denen ihrer Kinder zu unterscheiden! Das heißt: Wenn ich als Trennungsmutter mich über den Vater meiner Kinder ärgere, ist es wichtig, das als mein Gefühl auf der Erwachsenenebene zu erkennen und mir klarzumachen, dass mein Kind dieses Gefühl nicht teilen muss.

Wenn das gelingt, ist eine Trennung und die damit einhergehende Veränderung auch eine Riesenchance für eine Vertiefung oder eine positive Veränderung der Beziehung zwischen Eltern und Kindern. Eltern können ihre Gefühle füreinander nämlich in dieser Situation kaum verstecken: Kindern wird schnell auffallen, wenn Eltern ihnen gegenüber nicht aufrichtig sind. Wenn diese also den Stier bei den Hörnern packen und mit ihren Kindern in einen aufrichtigen Dialog treten, ohne dabei ihre elterliche Verantwortung aus den Augen zu verlieren, profitieren davon letztlich alle Beteiligten. Wenn Eltern dagegen bei Nachfragen ihrer Kinder beklommen herumdrucksen, bleibt Spielraum für Interpretationen. Da entstehen möglicherweise fatale Missverständnisse, die sich im Nachhinein nur schwer wieder ausräumen lassen.

[1] Kästner, E.: Das doppelte Lottchen. Hamburg und Wien 1984, S. 55ff / © Atrium Verlag AG, Zürich 2021

Kinder haben ein berechtigtes Interesse daran, zu erfahren, wie ihre Eltern zueinander stehen. Das ist schon in der ersten Phase der Trennung wichtig, wenn diese durch viele Streitereien oder unterschwellige, atmosphärische Aggression gekennzeichnet ist. Oft bekomme ich von Eltern zu hören, sie versuchten, ihre Konflikte von den Kindern fernzuhalten und hofften, dass diese „nicht allzu viel" davon mitbekämen. Sie sind entsetzt, wenn ich sie damit konfrontiere, dass schon ganz kleine Kinder sehr genau spüren, wenn die Beziehung zwischen den Eltern angegriffen ist. Selbst Erwachsene spüren schon beim Betreten eines Raumes genau, wenn die Stimmung zwischen den dort Anwesenden angespannt ist.

Kinder beziehen Missstimmungen zwischen den Eltern zunächst einmal auf sich. Deshalb ist es wichtig, das richtigzustellen. Manche Kinder kommen auf ihre Eltern zu und wollen wissen, warum sie gestritten haben; andere scheinen sich nicht dafür zu interessieren. Im ersten Fall ist es vielleicht noch am einfachsten. Eltern können wahrheitsgemäß antworten: „Ja, das tut mir leid. Ich fand das auch ganz schrecklich, aber Papa und ich, wir haben uns vorhin wirklich dolle gezankt. Das hatte aber überhaupt nichts mit dir zu tun!" Damit übernehmen Eltern die Verantwortung für die Geschehnisse, die das Kind beunruhigen. Zugleich transportieren sie die wichtige Botschaft, dass das Kind nicht Gegenstand und Ursache ihrer Auseinandersetzung war.

Das A und O im Kontakt mit Kindern ist es, die Ebene der Kinder von der Erwachsenenebene immer wieder zu trennen: Das, was sie ihren Kindern sagen wollen, sollten sie daraufhin prüfen, ob es die Kinder überfordern könnte. Überfordernd sind grundsätzlich alle Themen, die das Kind in einen Loyalitätskonflikt stürzen, ihm also das Gefühl geben, sich entscheiden zu müssen, wen von beiden Eltern es mehr liebt oder für wen es im Konflikt Partei ergreift.

Manchmal lassen sich Verhaltensregeln leichter daran erklären, wie man es nicht machen sollte: Während der therapeutischen Gruppenausbildung am Anfang meiner beruflichen Laufbahn gab es eine Übung, die den Titel „Der/die Unmögliche ..." trug. Sie hat uns jungen Leuten sehr viel Vergnügen bereitet, weil es darum ging, im Rollenspiel absurd auf die Spitze getriebene No-Gos darzustellen. Oft haben wir gequietscht vor Lachen. Ich erinnere mich an die Aufgabe, eine „unmögliche" Therapeutin darzustellen. Das führte zu geradezu absurden Überzeichnungen: Die von uns dargestellte Therapeutin fuhr ihre Klientinnen an, wies sie zurecht, schrieb ihnen Lösungen vor – machte eben alles, was gegen jede therapeutische Ethik verstößt. Sich auf diese Weise mit sich selbst oder anderen zu beschäftigen, ist sehr eindrücklich. Ich fordere meine Klienten deshalb gern auf, sich eine kleine Szene zu überlegen, in der Mutter oder Vater sich im Sinne dieser therapeutischen Übung im Gespräch mit dem Kind „unmöglich" verhält.

Als mir Frau Steffens von dieser Übung erzählte, hatte ich große Lust, mir eine solche Szene zu überlegen! Obwohl ich gerade sehr sauer auf Markus war, verführte mein Ärger mich nicht dazu, einen unmöglichen Vater darzustellen. Mir war sofort klar, dass es eine unmögliche Mutter sein würde, der ich die schlimmsten Worte in den Mund legen würde. Ich nannte sie Gertrud. Und ihr etwa zehn Jahre alter, bedauernswerter Sohn sollte Heiner heißen:

„Siehst du das, Heiner? Schon wieder haben wir kaum was im Kühlschrank! Dein feiner Herr Vater zieht es vor, sein Geld mit anderen Frauen durchzubringen, anstatt, wie es anständig wäre, regelmäßig seinen Unterhalt zu zahlen, dieser Mistkerl! Ihm ist es doch egal, wenn wir verrecken, da freut der sich doch noch! Jetzt hat er schon wieder eine neue Freundin, die sieht zwar richtig kacke aus, blöd ist sie auch, aber wahrscheinlich ist sie gut im Bett – das ist ja für dieses Arschloch schon immer das Wichtigste gewesen! Pass du nur auf, dass du nicht wirst wie er, denn die Gene sind mächtig, das sag ich dir, Heiner, ui-ui-ui!"

Ich war richtig erschrocken, wie leicht, wie mühelos dieses Gift aus mir herausquoll. Ich habe einen technischen Beruf, weil ich mich immer für absolut unkreativ gehalten habe, und dann reicht ein klitzekleiner Anstoß, damit sich solche Abgründe auftun. Ich staunte. Aber ich war auch ziemlich amüsiert von dieser absurden Szene.

Merkwürdig, auf diese Weise prägt sich unglaublich ein, wie man es auf keinen Fall machen sollte. Letztens war ich mal wieder so sauer auf Markus, dass ich schon ansetzen wollte, meinem Unmut vernehmlich Luft zu machen. Doch als ich das bemerkte, fiel mir unser Rollenspiel ein, und ich konnte dann ganz gut runterkommen und mich erstmal beruhigen.

Wenn wir Annas Monolog oder ganz ähnliche von anderen Eltern zusammen auswerten, stellen wir fest, dass dieser nur so von Beschimpfungen, Beleidigungen und Unterstellungen wimmelt. Die fiktive Mutter im Beispiel distanziert sich von ihrem Ex-Mann und provoziert so geradezu eine Parteinahme des Sohnes für den Vater, weil dieser als männliches Modell beleidigt und herabgesetzt wird. Indem die Mutter die Wurzeln ihres Sohnes in den Schmutz zieht, kann das Kind gar nicht anders, als sich auf die Seite seines Vaters zu stellen. Es ist nicht abwegig, dass der Junge sich daraufhin von der Mutter abwendet. Sie macht ihm sogar Angst, er könne durch Vererbung genauso verachtenswert wie sein Vater werden. Die Themen, um die sich ihre Rede dreht, sind Geld und Sex. Sie beschwört den Eindruck, dass allein der Vater für ihre Versorgung zuständig sei.

Wenn wir nun versuchen, diese Aussagen aus dem Rollenspiel in ihr Gegenteil zu verkehren, können wir folgende Verhaltensregeln für den Umgang mit Kindern herausfiltern:

- Vermeiden Sie Abwertungen und Beleidigungen des anderen Elternteils.
- Achten Sie darauf, dass Ihr Kind durch Ihre Aussagen nicht in einen Loyalitätskonflikt gerät, indem es das Gefühl bekommt, sich zwischen seinen Eltern entscheiden zu müssen
- Achten Sie darauf, dass Sie Ihr Kind nicht in abwertender Weise mit dem anderen Elternteil vergleichen.
- Geben Sie dem anderen Elternteil nicht die Schuld an Problemen in Ihrem Alltag.
- Meiden Sie Themen wie Geld und Sex.

Für das Thema Sexualität, die bei einer Trennung so gut wie immer eine wichtige Rolle spielt, gilt: Alles, was im Zusammenhang mit der erwachsenen Sexualität steht, ist kein Thema, worüber sich Eltern mit ihren Kindern austauschen sollten. Das überfordert nicht nur, sondern ist auch übergriffig, weil es die Grenzen der Intimität verletzt.

Doch warum soll auch Geld ein Tabuthema sein? Dass es so wie im Beispiel nicht geht, ist allen völlig klar. Trotzdem wollen Eltern natürlich wissen, wie sie damit umgehen sollen, wenn sich etwa der Lebensstandard nach einer Trennung deutlich verschlechtert – was ja leider häufig der Fall ist. Wenn sich die Alltagsfamilie nach einer Trennung sehr einschränken muss, wird das auch für Kinder schmerzhaft spürbar. Gerade Mütter wollen dann wissen, ob sie darüber nicht mit ihren Kindern sprechen sollten.

Die Antwort ist: Natürlich kann oder muss man sogar mit Kindern darüber sprechen, dass ihnen nun wesentlich weniger Geld als vorher zur Verfügung steht. Nur sollte vermieden werden, dafür dem anderen Elternteil die Schuld zu geben oder dem Kind womöglich zu vermitteln, der andere bereichere sich auf ihre Kosten.

Deshalb: Niemals abfällig über den anderen sprechen, auch wenn es schwerfällt! Schon aus scheinbar normalen und wertfreien, im Alltag jedoch eher untypischen Formulierungen wie „dein Vater hat offensichtlich...!", oder „deine Mutter hält es wohl nicht für nötig...!", kann ein Kind heraushören, dass seine bloße Existenz, die ja den Kontakt zwischen den Eltern erzwingt, schuld ist an der Verbitterung. Damit fügen Eltern ihrem Kind unnötige Verletzungen zu.

Die nachfolgenden Schritte können eine Orientierung dafür sein, negative Gefühle den Ex-Partner betreffend auszudrücken, und dabei auf der Erwachsenenebene zu bleiben:

1. Machen Sie sich Ihre Gefühle bewusst.

2. Trainieren Sie, diese als sogenannte „Ich-Botschaften" zu formulieren, zunächst für sich selbst. Verbieten Sie Ihren Gefühlen, sich in Gegenwart Ihrer Kinder in Sätzen wie „Er ist ein solches Arschloch!" auszudrücken. Versuchen Sie, das Gefühl hinter dieser Herabsetzung des anderen zu identifizieren. In der Regel werden Sie entdecken, dass da entweder Wut, Verzweiflung, Angst oder Traurigkeit ist. Besinnen Sie sich auf dieses Grundgefühl und sagen Sie: „Ich bin gerade sehr traurig/wütend auf Papa. Ich mag gerade nicht mit ihm zusammen sein/mit ihm reden." Vielleicht erinnern Sie Ihr Kind an eine Situation, in der es selbst wütend auf jemanden gewesen ist. Kinder wissen, dass so extreme Gefühle nicht ewig dauern, sondern auch wieder vergehen. Darin sind sie uns in solchen Situationen weit voraus. Sie werden merken, dass selbst kleine Kinder erstaunlich verständnisvoll reagieren. Kinder spüren sehr genau, ob das, was man ihnen sagt, aufrichtig ist, also „authentisch", wie es Psychologen nennen. Durch ihre Aufrichtigkeit machen Erwachsene den Unterschied zwischen ihrer und der kindlichen Gefühlswelt klar. Kinder erfahren: Es ist in Ordnung, wenn sie anders empfinden als ihre Eltern. Die Klarheit einer solchen Aussage sorgt außerdem dafür, dass Kinder erleben: „Das Gefühl, das Mama oder Papa hat, hat nichts mit mir zu tun". Wie bereits beschrieben, neigen Kinder dazu, gerade negative Gefühle ihrer Eltern auf sich zu beziehen. Dem wirken Sie mit einer aufrichtigen Ich-Botschaft entgegen.

3. Seien Sie aufrichtig im Hinblick auf Ihre Gefühle, damit Ihr Kind sich orientieren kann! Ihrem Kind reicht es völlig, wenn Sie Ihre aktuellen Grundgefühle beschreiben, damit es einordnen kann, was da gerade mit Ihnen los ist. Details hingegen sollten Sie Ihrem Kind auf jeden Fall ersparen. Wenn Sie sich ärgern oder traurig sind, reicht diese Information zusammen mit der, dass diese Gefühle zwar mit der Trennung, aber keineswegs mit Ihrem Kind zu tun haben, völlig aus. Es reicht, um Ihrem Kind die so notwendige Orientierung in der Ausnahmesituation zu ermöglichen. Berücksichtigen Eltern diese Grundregeln im Kontakt mit ihren Kindern, haben sie eine ganz entscheidende Weiche so gestellt, dass die Kinder die Trennung unbeschadet überstehen können.

Als ich mal wieder über meinen Frust mit Markus klage und ihn als „Blödmann" bezeichne, bittet mich Frau Steffens, die „Ich-Botschaft" dahinter zu benennen. Ich habe gelernt, dass die Ich-Botschaft hinter „Markus ist blöd!" lautet: „Ich bin sauer auf Markus!"

Ich-Botschaften seien okay, sagte sie. Ich bin erleichtert, denn mir wird klar, dass das den Spielraum für meine Aufrichtigkeit, meine Unbefangenheit und meine Freiheit unseren Kindern gegenüber erheblich vergrößern wird. Ich sehe mich zusammen mit Jakob am Waschbecken stehen und seine Zahnbürste auspacken, und dann stelle ich mir vor, wie ich sage: „Ach, Mensch, hat Papa dich wieder nicht daran erinnert, dass du deine Zähne putzen musst? Das macht mich langsam richtig stinkig!" Mir wird klar, dass Jakob darauf schon eine schlagfertige Erwiderung einfallen würde und ich begreife plötzlich, dass es genau darauf im Kontakt mit den Kindern ankommt: Ich muss bei mir bleiben, deutlich machen, dass ich da meine Gefühle äußere und keineswegs erwarte, dass sie diese teilen.

Ich bitte Frau Steffens um eine Hausaufgabe. Ich will mich mit den Ich-Botschaften beschäftigen. Sie fordert mich auf, Vorwürfe gegen Markus zu formulieren, so genannte Du-Botschaften, die beispielsweise mit „Du bist ..." oder „Immer machst du ..." beginnen. Da fällt mir jede Menge ein.

Zunächst die Du-Botschaften:

1. *Du bist ein gnadenloser Egoist!*
2. *Du bist so selbstgerecht!*

3. Du bist ein Arschloch!
4. Du machst es dir im Umgang mit unseren Kindern leicht und lässt es dir auf meine Kosten gut gehen!
5. Du profilierst dich auf meine Kosten als cooler Supervater!

Das klänge dann als Ich-Botschaft etwa so:
1. *Ich bin traurig, weil ich mich von dir missachtet fühle.*
2. *Ich ärgere mich, weil ich den Eindruck habe, dass du dein Verhalten gar nicht hinterfragst.*
3. *Ich bin so unendlich sauer auf dich!*
4. *Ich bin neidisch und fühle mich erschöpft und ausgenutzt!*
5. *Ich bin eifersüchtig auf dich und fühle mich dir unterlegen!*

Als ich mir meine Botschaften hinter den Vorwürfen ansehe, erkenne ich einen Querschnitt durch meine gesamten Gefühle Markus gegenüber: Ich fühle mich missachtet und abgelegt wie ein altes Kleidungsstück. Es ärgert mich maßlos, wenn ich mein Rackern und Bemühen sehe, mein Verhalten unseren Kindern gegenüber zu hinterfragen und immerzu abzuwägen, ohne dass ich Ähnliches bei ihm erkennen könnte. Ich bin so unglaublich sauer auf ihn und ja, ich bin auch neidisch: neidisch darauf, dass er in einer neuen Beziehung glücklich ist, neidisch darauf, dass er die Alltagsverantwortung für die Kinder abgegeben hat. Ich bin erschöpft von dieser Trennung und der Sorge um die Kinder. Es macht mich sauer, dass ich mich mit einer Trennung auseinandersetzen muss, die ich so niemals gewollt habe! Da bin ich also wieder: Back to myself! Meins ist meins, seins ist seins – und trotzdem bleibt er Mayas und Jakobs Vater. Das muss ich hinnehmen, weil ich es nicht ändern kann.

Alle Gefühle – auch die negativen und heftigen – sind einfach nur Gefühle. Sie sind weder gut noch schlecht. Mit dem Erwachsenwerden erwerben wir die Fähigkeit, unsere Gefühle zu reflektieren und ihren Ausdruck zu kontrollieren. Solange Eltern bei sich bleiben – das heißt: in Ich-Botschaften von ihren Gefühlen sprechen – übernehmen sie dafür die Verantwortung und entlasten ihre Kinder, weil sie so verhindern, dass Kinder schlechte Stimmung und Konflikte auf sich beziehen oder dass sie glauben, vermitteln beziehungsweise Partei für ein Elternteil ergreifen zu müssen.

Sitzung 7

Vive la différence!

„Mütter und Väter haben eine ganz unterschiedliche Bedeutung, die erst im Zusammenspiel ihre optimale Qualität entfaltet. Daran werde ich mich zu erinnern versuchen, wenn mich der Widerwille mal wieder überkommt, wenn es mir so wie im Augenblick schwerfällt, Markus die Kinder zu überlassen."

Irgendwie haben meine Kinder und ich uns inzwischen eingerichtet in unserem neuen Alltag, der sich äußerlich genau genommen gar nicht so sehr von der letzten Zeit unseres früheren Heile-Welt-Alltags unterscheidet.

Momentan wächst mein Widerwille gegen Begegnungen mit Markus ins Unermessliche. Dazu kommt, dass es mich maßlos ärgert, wie nachlässig er mit den Kleidungsstücken der Kinder umgeht und wie wenig er darauf achtet, dass beide ihre Körperpflege ernst nehmen. Er scheint es nach wie vor nicht wichtig und nötig zu finden, besonders Jakob daran zu erinnern, dass er seine Zähne putzen muss. Die Rucksäcke der Kinder, die sortiert und sauber das Haus verlassen, sind achtlos vollgestopft und haben Flecken, wenn sie zurückkommen. Wie ich das hasse!

Ich muss an eine Geschichte denken, die mir neulich eine Kollegin erzählte, dass nämlich eine Mutter den Vater ihrer Kinder wegen Körperverletzung verklagen wollte, weil der die gemeinsame Tochter im Freibad nicht ausreichend mit Sonnencreme eingecremt hatte. Manchmal hätte ich nicht übel Lust, mit Markus Ähnliches zu tun! Wieso gibt es keine Möglichkeit, derart nachlässige und unkooperative Ex-Partner zu bestimmten Standards in der Erziehung und der Pflege der gemeinsamen Kinder zu verdonnern? Ich fühle mich richtig verarscht: Er macht es sich auf meine Kosten bequem, der blöde Superdaddy, der sich mit solchen Nichtigkeiten gar nicht zu befassen braucht!

Als ich meinem Frust und Ärger bei Frau Steffens Luft mache, stellt die fest, dass bei mir von Schockstarre ja wohl keine Rede mehr sein könne. Sie sieht darin den Beweis dafür, dass ich die zweite Phase des Trennungsverlaufs bereits hinter mir gelassen habe.

Annas Ärger ist ein Klassiker! Erfahrungsgemäß hilft es Eltern, diese typischen Konflikte besser zu ertragen, wenn sie sich immer wieder vor Augen führen, dass beide Eltern die Wurzeln ihrer Kinder sind und doch jeweils eine ganz unterschiedliche Bedeutung für die gesunde Entwicklung ihrer Kinder haben. Wurzeln stehen nicht nur für Sicherheit und Stabilität, sie verorten uns auch in der Welt. Sie geben uns ein Gefühl der Zugehörigkeit, einen Standort, von dem wir ausgehen, eine Heimat und ein Zuhause. Gemeinsam vermitteln Eltern ihrem Kind durch ihr Verhalten und ihre Einstellung dem Kind gegenüber eine grundlegende Vorstellung davon, wer und wie es ist.

Natürlich lässt sich mit Hilfe des Konzeptes der fünf Säulen auch die Situation von Kindern abbilden:

Während die Trennung bei den Erwachsenen einen Verlust markiert, stellt eine Trennung im Idealfall für die betroffenen Kinder zunächst einmal eine räumliche und nicht zwangsläufig auch eine emotionale Trennung von einem Elternteil dar. Die Säule der sozialen Beziehungen muss also nicht zwingend in dem Maße erschüttert werden, wie das bei den Erwachsenen der Fall ist. Entscheidend für die Stabilität der kindlichen oder jugendlichen Identität ist die Qualität der Beziehung zu beiden Eltern.

In der zweiten Säule finden wir das Spielen als kindliches Äquivalent zur Arbeit der Erwachsenen. Hier bieten Eltern Entwicklungsanreize, etwa indem sie geeignetes Spielzeug bereitstellen, vorlesen, mit dem Kind singen oder spielen. Später suchen sie einen Kindergarten aus und unterstützen dann nach ihren Möglichkeiten das Kind beim Schulbesuch.

Eltern sichern den Lebensunterhalt ihrer Kinder und legen damit den Rahmen für einen ihren Möglichkeiten entsprechenden Lebensstandard des Kindes fest (Säule 3).

In dem Maße, wie sie ihr Kind liebkosen, für eine gesunde Ernährung, angemessene medizinische Versorgung, ausreichend Bewegung und Aufenthalte an der frischen Luft sorgen, bemühen sich Eltern um die körperliche Gesundheit ihrer Kinder und beeinflussen damit deren Leiblichkeit, die der vierten Säule entspricht.

Und schließlich vermitteln Eltern ihren Kindern familienspezifische Werte, wie einen respektvollen Umgang, Gerechtigkeit oder Religiosität. Eltern in Trennungssituationen sind in ganz besonderer Weise ein Modell dafür, wie respektvoll man trotz bedeutsamer Konflikte miteinander umzugehen vermag.

Doch Eltern bedeuten noch mehr. Sie bestimmen für ein Kind nicht nur jede der fünf Säulen, sie bilden auch deren Fundament, denn sie entscheiden durch ihr Verhalten und ihre Einstellung dem Kind gegenüber darüber, ob es sich geliebt und akzeptiert fühlt oder abgelehnt und wertlos. Je jünger ein Kind ist, desto bedingungsloser liebt es seine Eltern und übernimmt deren Haltung sich selbst gegenüber. Ein eindrucksvolles Beispiel dafür bieten Kinder, die nach Misshandlungen durch ihre Eltern in ein neues, intaktes Umfeld kommen. Oft sehnen sich diese Kinder schon bald nach ihren leiblichen Eltern, ungeachtet dessen, was zuhause passiert ist. Sie tendieren dazu, sich selbst die Schuld an den erlittenen Misshandlungen zu geben. Die erfahrene Vernachlässigung oder Misshandlung hat sie ein äußerst negatives Selbstbild entwickeln lassen. Dieses Phänomen wird in der Psychologie als „Identifikation mit dem Aggressor" bezeichnet. Dies bedeutet, dass ein misshandeltes Kind davon überzeugt ist: „Wenn mich meine Eltern schlecht behandeln, weil sie sich immerzu über mich ärgern, muss ich wohl ein schlechter Mensch und wenig liebenswert sein."

Kinder lieben ihre Eltern also kompromisslos, unabhängig von deren Charakterfehlern oder -vorzügen, und das ist die Ursache dafür, dass sie sich so sehr mit ihnen identifizieren und sich sogar ihre Ansichten über sich selbst zu eigen machen. All dies führt schließlich dazu, dass Kinder von sich sagen und denken: „Das bin ich!" Weil beide Eltern für ihre Kinder bedeutsam sind, ist es so wichtig, dass Kindern auch im Falle einer Trennung weiterhin Kontakt zu beiden Eltern haben können.

Ich habe Frauen kennengelernt, die sich bereits während der Schwangerschaft vom Kindesvater getrennt haben. Einige waren so verletzt, dass sie dessen Identität trotz erheblicher Schwierigkeiten mit Behörden, wenn es etwa um den Unterhaltsanspruch ihrer Kinder ging, nicht preisgegeben haben. Einige von ihnen hatten den festen Vorsatz, die väterliche Identität nicht nur vor Außenstehenden, sondern auch ihrem Kind gegenüber geheim zu halten. Ich halte das für keine gute Entscheidung, denn jedes Kind will eines Tages wissen, wer sein Vater ist. Es braucht diese Information, um sich vollständig und heil zu fühlen. Doch Gott sei Dank gibt es auch sehr schöne Beispiele, an denen sich Mütter orientieren können, die sich schon zu einem so frühen Zeitpunkt vom Vater ihres Kindes getrennt haben:

Selbst wenn sich die Eltern schon während der Schwangerschaft getrennt haben, sind dem Kind Informationen über seinen Vater wichtig

Der Vater meiner Tochter war eine Urlaubsliebe. Er lebt auf den Seychellen. Wir haben nach meiner Abreise noch einige Versuche unternommen, unserer Beziehung eine Chance zu geben, aber mit dem zunehmenden Eintauchen in unseren so grundverschiedenen Alltag wurden diese Anläufe immer halbherziger. Ich habe ihn ein paar Monate nach unserer Urlaubsaffäre noch einmal für einen Kurzurlaub besucht, aber schon da war klar, dass etwas Entscheidendes fehlte, um die Anstrengungen zu unternehmen, die nötig gewesen wären, um im Alltag zusammenzukommen.

Zunächst war es natürlich ein Schock als ich feststellte, dass ich schwanger war. Ich war zu dem Zeitpunkt bereits 38 Jahre alt, und meine biologische Uhr tickte. Außerdem bin ich ein diffus gläubiger Mensch. Ich war überzeugt, dass nichts im Leben ohne Sinn geschieht. Also entschloss ich mich, dieses Kind allein zu bekommen; eine Entscheidung, die ich nicht bereut habe! Während der Schwangerschaft sah ich eine Sendung über Adoptivkinder, die sich als Jugendliche oder Erwachsene auf die Suche nach ihren leiblichen Eltern begaben. Mich berührten die Fragen, die sie an ihre Eltern hatten, sehr. Das waren ganz banale Fragen nach dem Lieblingsessen oder nach Charakterschwächen, Angewohnheiten, aber natürlich auch die ganz zentrale Frage: „Warum habt ihr mich weggegeben?“

Das hat mich auf die Idee gebracht, für meine Tochter eine Art Bilderbuch von ihrem Vater anzulegen. Ich bat ihn um einige Fotos, aktuelle sowie solche aus seiner Kindheit und Jugend und welche von seinen Eltern und Geschwistern. Ich sammelte Informationen und Bilder aus seinem Land, und ich bat ihn darum, Manou zu ihrem Geburtstag und zu Weihnachten eine Karte zu schicken. Inzwischen ist sie sieben. Das schön eingebundene, stattlich dicke Papa-Buch zeigt deutliche Abnutzungsspuren.

Es gab Zeiten, da mussten wir dieses Buch mehrmals täglich zusammen ansehen, und dann gab es wieder Monate, in denen es unberührt im Regal stehen blieb. Ich weiß noch, dass sie recht früh, vielleicht mit acht Monaten, das Wort „Papa“ sprechen konnte und dann das Buch aus dem Regal zog oder darauf zeigte. Als sie im Kindergarten war, hat sie mich regelrecht gelöchert, so vieles wollte sie über ihren Vater wissen. Einmal hat sie furchtbar geweint, als ich sie vom Kindergarten abholte und sie erzählte, dass sie sich mit einem Jungen gehauen hatte, weil der behauptet hatte, sie hätte gar keinen Papa.

Ich glaube, das war eine richtig gute Idee, die ich da mit dem Papa-Buch gehabt habe! Ihr Vater hat kurz nach Manous Geburt geheiratet und inzwischen noch zwei weitere Kinder, so dass sich sein Interesse und sein Engagement in Grenzen halten. Doch als Manou vier Jahre alt war, haben wir ihn und seine Familie zum ersten Mal besucht, das war sehr eindrucksvoll. Für Manou war diese Begegnung sehr wichtig. Wie die Erzieherinnen im Kindergarten mir berichteten, hat sie noch oft und lange ganz begeistert davon erzählt.

Diese Mutter hat unter den gegebenen Umständen wirklich viel dazu beigetragen, dass ihr Kind mit dem Gefühl aufwachsen kann, zwei Eltern zu haben wie alle Kinder – auch wenn ihr Vater weit weg lebt und in ihrem Alltag keinen festen Platz hat. Doch nicht nur für das Erleben und das Bewusstsein eines Kindes ist es wichtig, dass es sich ein Bild von beiden Elternteilen machen kann. Auch für die körperliche Gesundheit kann es entscheidend sein, Informationen zur Krankengeschichte zu haben, um gegebenenfalls angemessen auf genetische Dispositionen reagieren zu können – wie im Falle von Blutgerinnungsstörungen oder Diabetes.

Für die Ausbildung von Wurzeln und das Fundament der kindlichen Identität ist das erste Lebensjahr von ganz entscheidender Bedeutung. Nach der Geburt wird die Person mit dem engsten Kontakt zum Kind dessen primäre Bezugsperson. In der Theorie könnte das jede Person sein, unabhängig von Geschlecht oder Verwandtschaftsgrad. In der Realität ist das in unserer Gesellschaft meist die biologische Mutter. Sie ist deshalb auch der erste Mensch, den ein Baby erkennt – wobei Studien gezeigt haben, dass es bereits im Mutterleib in der Lage ist, auch die Stimme des Vaters zu erkennen. Wenn Väter sich in die Versorgung einbringen, können sie bald eine ähnlich intensive Bindung zum Kind aufbauen wie die Mutter beziehungsweise die primäre Bezugsperson. Das können sie, indem sie zum Beispiel den „Nachtdienst" übernehmen, also das Kind zur Mutter bringen, wenn es Hunger hat, es nach dem Stillen wickeln und wieder schlafen legen. Schnell wird sich ein Säugling mit dieser Erfahrung auch vom Vater beruhigen und trösten lassen.

Oft hört und liest man von Vätern, die sich gerade in den ersten Lebensmonaten durch die Stillbeziehung zwischen Mutter und Kind ausgeschlossen fühlen und sich deshalb zurückziehen. Dabei ist neben der Ernährung und der hygienischen Versorgung von großer Bedeutung, dass ein Säugling gehalten und getragen wird und dass er liebevolle Zuwendung erfährt. Wie wichtig der körperliche Kontakt und die sprachlich-zärtliche Beziehung zu einem Säugling sind, erzählt die Legende eines grausamen Experiments, das Friedrich II. im 13. Jahrhundert nachgesagt wird.

Der philosophischen Fragen zugeneigte König wollte herausfinden, welches die „Ursprache" des Menschen ist. Zu diesem Zwecke ließ er Neugeborene aus seinem Reich auf sein Schloss bringen, wo sie von Ammen und Kinderschwestern versorgt wurden. Es sollte ihnen an nichts mangeln, doch die Betreuerinnen waren angewiesen, sich auf die reine Versorgung der Kinder zu beschränken. Mit den Kindern zu sprechen war ihnen strikt untersagt. Anstatt jedoch Aufschluss über die Ursprache zu erhalten, musste der Schöpfer dieses grausamen Menschenexperiments feststellen, dass alle Kinder schließlich am Mangel an Zuwendung und Körperkontakt starben.

Einem bezüglich seiner Bedeutung für ein Baby und im Hinblick auf seine Möglichkeiten verunsicherten Vater sollte dieses grausame Experiment deutlich machen, dass seine Zuwendung für die gesunde Entwicklung seines Kindes von ebenso großer Bedeutung ist wie die der Mutter. Es zeigt, dass er keineswegs das „dritte" Rad am Wagen sein muss, wenn er eigenständig auf diese lebensnotwendigen Bedürfnisse seines Kindes eingeht.

Studien belegen, dass Väter auf eine andere Weise, nämlich eher spielerisch und motorisch stimulierend, mit ihren kleinen Kindern umgehen. So kommt es, dass das Kind an seinen Vater schon früh andere Erwartungen hat als an seine Mutter. Es bekommt überdies durch den Umgang mit ihm zusätzliche Informationen über sich selbst und die Welt. Ein engagierter Vater wird schon sehr früh als in gleichem Maße zum Kind gehörend erkannt wie die Mutter, die, ebenfalls durch Studien belegt, eher die unmittelbare körperliche Nähe zu ihrem Kind pflegt und sich auf seine Gefühlsäußerungen konzentriert. Väter haben also bereits von Anfang an eine keineswegs untergeordnete Bedeutung für die Entwicklung ihrer Kinder. Sie haben eine andere Bedeutung. Dazu erzähle ich gern eine kleine Geschichte, die ich selbst in einem Urlaub am Atlantik erlebt habe:

Offenbar hatte sich eine Gruppe befreundeter Eltern mit Kindern von Krabbel- bis Schulalter entschieden, dass sich Mütter und Väter von Tag zu Tag bei der Betreuung ihrer Kinder am Strand abwechseln sollten. Ihr Erkennungszeichen war ein riesiges Sonnensegel in knalligem Orange, das schon in den Dünen weithin erkennbar die Ankunft der Gruppe von rund acht Erwachsenen und einer unüberschaubaren Anzahl von Kindern ankündigte. Waren die Mütter an der Reihe, wurde eilig das Sonnensegel aufgestellt und alsbald die Kinder an ihre Sonnenhüte erinnert, Sandspielzeug wurde ausgegeben, ausrückende Krabbelkinder unter das Segel zurückgeholt und es wurde versucht, sie dort mit unermüdlich herbeigeschafften Eimern voll Meerwasser im Schatten von ihrem Bewegungsdrang abzulenken, damit nur die halbstündlich frisch nachgecremte Babyhaut nicht zu viel Sonne abbekäme. Die größeren Kinder kamen aus dem Wasser und begehrten mit dem Handtuch trockengerubbelt zu werden; Schwimmtiere mussten mit mütterlicher Puste aufgepumpt werden, Rucksäcke wurden aufgezurrt und Getränkeflaschen ausgegeben – kurz: Es herrschte ein reges Treiben, begleitet von ermahnenden Rufen und mütterlichen Kommentaren.

Am nächsten Tag, wenn sich dann die Väter mit denselben Kindern gemächlich unter dem Sonnensegel auf ihr Handtuch gleiten ließen, bot sich dem Betrachter ein völlig anderes Bild, das sich gemessen an dem Hummelschwarm vom Vortag eher mit einem Bild aus dem Reich der Reptilien beschreiben ließe. Dieselben Kinder waren plötzlich in der Lage, nicht nur ihre Schwimmtiere selbst aufzublasen und sich Getränke aus den Rucksäcken zu nehmen – die Krabbelkinder kehrten nach kurzen Ausflügen in sengender Sonne von selbst unter das schützende Segel zurück und ließen sich neben ihre Väter plumpsen, die sie scherzhaft begrüßten oder Grimassen schnitten. Ansonsten war nur ein gelegentliches väterliches Fluchen zu hören, wenn der Wind in die genüsslich aufgeschlagene Zeitung fuhr. Irgendwann im weiteren Verlauf des Nachmittags kam dann ein Ball ins Spiel, die Väter kickten und die Kinder machten freudig mit.

Diese Beobachtungen decken sich mit dem Ergebnis von Untersuchungen, wonach Väter sich kleinen Kindern eher spielerisch zuwenden, mehr Kontakt in Bewegungsspielen suchen und anbieten, wohingegen Mütter sehr engen Körperkontakt zu Babys halten und sich dem Kind überwiegend behütend und pflegerisch zuwenden. Diese Studien kommen außerdem zu dem Ergebnis, dass Väter den Umgang mit ihren Kindern stark auf das Geschlecht abstimmen. Sie verlangen von den Söhnen offenbar mehr Disziplin und gehen mit Mädchen beispielsweise bei Bewegungsspielen sanfter um[1].

Auch sind Väter älteren Kindern ein Vorbild im Prozess des Selbstständigwerdens, weil sie sich selbst stärker als die Mütter nach außen orientieren. Kinder und Jugendliche wenden sich weniger an ihre Väter, wenn es um private und emotionale Belange geht. Väter bleiben jedoch auch für ältere Kinder Ansprechpartner für beispielsweise schulische Belange. Interessant ist auch, dass Väter in dieser Befragung ihren Kindern im Durchschnitt vier Jahre eher Unabhängigkeit und Selbstständigkeit zutrauten als Mütter, die etwa bei ihren sechzehnjährigen Kindern noch denselben Unterstützungsbedarf sahen wie Väter für Zwölfjährige.

Zusammenfassend lässt sich feststellen, dass Väter einen positiven Einfluss auf die Entwicklung von Selbstständigkeit und Unabhängigkeit haben und einen entscheidenden Einfluss auf die Entwicklung der Geschlechtsidentität nehmen. Väter sind für Jungen ein wichtiges Vorbild, dem sie nacheifern, und für Mädchen ist die Bestätigung und Anerkennung durch ihre Väter sehr, sehr wichtig. Außerdem prägen sie das Männerbild ihrer Kinder.

[1] vgl. Fthenakis, W. E.; Minsel, B. (Hrsg.): Die Rolle des Vaters in der Familie. Bundesministerium für Familie, Senioren, Frauen und Jugend. Stuttgart, Berlin, Köln. Kohlhammer. 2002

Erstaunlicherweise gelten diese, spezifisch Vätern zugeschriebenen Einflüsse und Verhaltensweisen nicht für alleinerziehende Väter. So konnte man in Studien[2] beobachten, dass diese sich dem tendenziell eher pflegerisch versorgenden Verhalten der Mütter stark annähern, wenn sie deren Aufgaben insgesamt übernehmen müssen.

Dies wiederum macht deutlich, dass Mütter und Väter erst im Zusammenspiel ihre optimalen Qualitäten entfalten. Hier haben wir ein wichtiges Argument dafür, dass eine Trennung der Eltern nach Möglichkeit keinen von beiden ganz aus dem Alltag und aus dem Leben ihrer Kinder verbannen sollte. Beide Eltern, Mutter und Vater, haben ganz unterschiedliche und doch gleich wichtige Beiträge zur gesunden Entwicklung ihrer Kinder beizutragen.

Wenn ich über die unterschiedliche Bedeutung von Eltern nachdenke, spüre ich spontan eine heftige Traurigkeit in mir aufsteigen, denn Markus und ich waren als Eltern ein wirklich gutes Team. Wir haben, ohne dass wir lang und breit Fachliteratur studiert hätten, so vieles aus dem Bauch heraus genau richtig gemacht. Ich muss schlucken bei der Erinnerung daran, dass er tatsächlich von Anfang an die Nachtschichten, oder wie er es im Spaß nannte, den „Baby-Bringdienst" übernommen hat, obwohl er morgens wieder früh raus musste. Sowohl Maya als auch Jakob haben sehr früh auf ihn reagiert. Sie ließen sich schnell trösten und besonders lustig fanden wir es, wenn sie sogar an seinem Arm, seinem Bauch oder seiner Brust energisch saugend nach einer Quelle suchten, die Milch geben sollte. Wir haben uns auf unser Gefühl verlassen und waren entgegen aller Unkenrufe davon überzeugt, dass man Kinder im ersten Lebensjahr nicht verwöhnen kann.

Und wie so oft in letzter Zeit kippt meine sentimentale, traurige Stimmung plötzlich und es steigt wieder einmal Ärger in mir auf. So amüsant, wie Ihre Urlaubsbeobachtungen auch sein mögen, liebe Frau Steffens, irgendwie ist es doch aber auch typisch, finde ich, denn wir Mütter machen wie so oft die Arbeit, während die Väter es sich gutgehen lassen und dann auch noch die Lorbeeren ernten!

Es erscheint mir plausibel, dass selbst ganz kleine Kinder schon gut zwischen dem unterscheiden können, was sie von ihrer Mutter oder von ihrem Vater erwarten können und was umgekehrt jeweils von ihnen erwartet wird. Das bedeutet doch aber auch, dass Jakob sehr genau weiß, bei wem er seine Zähne regelmäßig put-

[2] vgl. Feldman, R. et al (2012): Sensitive parenting is associated with plasma oxytocin and polymorphisms in the OXTR and CD38 genes. Biol Psychiatry. 2012 Aug 1;72(3):175-181.

zen muss und bei wem das weniger streng gehandhabt wird. Trotzdem: Ich empfinde es als eine maßlose Ungerechtigkeit, dass ich mühsam Regeln einführe, über die sich Markus dann locker hinwegsetzen darf! Nein zu sagen und Pflichten einzuführen, ist allemal anstrengender als ja zu sagen und alles lockerer zu sehen.

Trotzdem ist es gut, sich noch einmal klarzumachen, dass Kinder auch oder gerade im Falle einer Trennung beide Eltern brauchen. Was hat Frau Steffens gesagt: Mütter und Väter haben eine ganz unterschiedliche Bedeutung, die erst im Zusammenspiel ihre optimale Qualität entfaltet. Daran werde ich mich zu erinnern versuchen, wenn mich der Widerwille mal wieder überkommt, wenn es mir so wie im Augenblick schwerfällt, Markus die Kinder zu überlassen. Wenn ich lese oder höre, dass Väter sich darüber beschweren, Mütter würden ihnen die Kinder „entziehen" wollen, dann denke ich: „Mein Gott, ist euch eigentlich klar, was das für eine ungeheure Anstrengung ist, Entscheidungen und Gefühle im Zusammenhang mit dem Mann, zu dem man sich einfach nur noch Abstand wünscht, immer wieder zu reflektieren, um sich bewusst im Sinne der Kinder zu verhalten?"

Trennung bedeutet ja auch, dass wir so, wie wir sind, nicht mehr einverstanden sind miteinander. Dennoch zu akzeptieren, dass der Mann, mit dem eine Partnerschaft nicht mehr funktioniert, im Leben der gemeinsamen Kinder eine so wichtige Bedeutung hat, ist eine unglaubliche emotionale Herausforderung! Letztens bin ich auf ein so schönes Gebet gestoßen, dessen nicht ganz geklärte Urheberschaft laut Wikipedia einem amerikanischen Pfarrer namens Reinhold Niebuhr zugeschrieben wird. Ich finde, es bietet eine gute Orientierung bei diesem inneren Spagat.

Gott gebe mir die Gelassenheit,
Dinge hinzunehmen, die ich nicht ändern kann,
den Mut, Dinge zu ändern,
die ich ändern kann
und die Weisheit,
das eine vom anderen zu unterscheiden.

Als ich Frau Steffens davon berichte, lacht sie und meint, mit einem Augenzwinkern könne ich auch sagen:

„Gott gebe mir die Gelassenheit,
hinzunehmen, dass ich Markus nicht ändern kann,
den Mut, den Einen zu ändern, den ich ändern kann,
und die Weisheit zu wissen, dass nur ich das bin."

Mal ganz nüchtern betrachtet, hat sie natürlich recht: Ich kann mich weiter aufregen, wenn er mit den Kindern Dinge tut oder unterlässt, die meinen Bemühungen und meinen Vorstellungen so sehr zuwiderlaufen. Aber: Ich habe keinen Einfluss darauf. Ich kann ihn nicht ändern. Ich könnte vielleicht damit drohen, dass er dann die Kinder nicht mehr sieht, aber letzten Endes werden Maya und Jakob mir das übelnehmen. Ich kann mich also in Toleranz und Gelassenheit üben und darin, Vertrauen in mich als Mutter und in meine Kinder zu haben, dass sie die Unachtsamkeit und Bequemlichkeit ihres Vaters nicht grundsätzlich verderben wird. Trotzdem ist er ein blöder Kerl – aber das behalte ich erstmal für mich!

Während der vergangenen Woche habe ich viel über die im Detail so unterschiedliche und im Grundsatz doch so gleichberechtigte sowie existenzielle Bedeutung beider Elternteile für ihre Kinder nachgedacht. Ich glaube, ich verstehe inzwischen, warum es für Kinder so schwierig ist, wenn sich ihre Eltern unversöhnliche Streitereien liefern und jeden Respekt dem anderen gegenüber vermissen lassen. Indem sich Eltern gegenseitig verletzen und bekämpfen, verletzen und bekämpfen sie schließlich auch einen Teil der kindlichen Identität. Anstatt stolz auf Ähnlichkeiten mit Mutter oder Vater sein zu können, müssen Trennungskinder dann fürchten, dafür vom anderen Elternteil abgelehnt zu werden. Da, wo sich Kinder in intakten Familien selbstverständlich als Ganzheit erleben, sich so wie es in einem Kinderlied heißt, selbstbewusst als „Mama-Papa-Mischung" fühlen können, erlebt das Selbstbewusstsein von Trennungskindern angesichts erbittert verfeindeter Eltern eine große Verunsicherung.

Mit dieser Vermutung liegt Anna ganz richtig, denn genau das ist die Gefahr. Mein Credo hat genau dort seinen Ursprung: Eltern müssen sich darum bemühen, bei ihren Trennungskonflikten ihre Gefühle klar von denen ihrer Kinder zu trennen und ihre Motive reflektieren! Wenn es ihnen dann noch gelingt, die Liebe ihrer Kinder zum anderen Elternteil aufrichtig zu respektieren, wird eine Trennung der gesunden kindlichen Entwicklung nichts anhaben können.

Fühlt sich ein Kind in die unversöhnlichen Konflikte seiner Eltern jedoch hineingezogen, spiegelt sich dieser Konflikt in der kindlichen Seele und in der gesamten kindlichen Identität wider. Kinder versuchen diese innere Zerrissenheit in der Regel irgendwie auszugleichen. Viele Kinder verhalten sich dann so wie der kleine Junge, von dem eine Erzieherin berichtete:

Vegetarier?

In der Supervisionsrunde unseres Kindergartens beschäftigt uns ein fünfjähriger Junge. Seit mehreren Monaten zeigt dieser deutliche Verhaltensänderungen. Er wirkt nervöser, kann sich schlechter konzentrieren und zieht sich aus Gemeinschaftsspielen zurück, sobald es dort Konflikte gibt. Der Kindergarten ist eine Elterninitiative, in dem diese regelmäßig verschiedene Dienste wie Kochen, Putzen aber auch Betreuungs- und Aufsichtsdienste zur Verstärkung des Erzieherinnenteams bei Krankheit oder Fortbildungen einzelner Kolleginnen übernehmen.
Die Eltern des Jungen haben sich vor etwa einem halben Jahr getrennt, sie nehmen ihre Verpflichtungen im Kindergarten jedoch beide nach wie vor wahr. Wir Erzieherinnen erleben die Atmosphäre zwischen seiner Mutter und seinem Vater als sehr angespannt und konfliktgeladen.

Für große Ratlosigkeit sorgte das Verhalten des Jungen beim Mittagessen, wo er, wenn er mit dem Vater zusammen im Kindergarten war, ausgesprochen gern Wurst und Fleisch aß, während er vor ein paar Tagen, als er in Begleitung der Mutter war, in Tränen ausgebrochen ist, weil ihm beim Mittagessen ein Würstchen auf seinen Teller gegeben wurde. Er beklagte sich weinend, dass er doch keine Tiere esse, da er nicht wolle, dass man diese töte. Die Mutter ist Vegetarierin. Sie unterstützte ihren Sohn in dieser Situation mit erkennbarer Zufriedenheit und beklagte sich über dessen Vater, der die Überzeugungen des Sohnes mit Füßen trete, so dass sie überlege, ob es überhaupt noch zu vertreten sei, wenn er Zeit mit ihm verbringe, weil diese Rücksichtslosigkeit den Sohn doch in starke seelische Konflikte stürze. Während des Mittagessens mit seiner Mutter hat der Junge mit gesenktem Kopf und hängenden Schultern dagesessen.

Hier haben wir ein anschauliches Beispiel dafür, wie sehr Loyalitätskonflikte Kinder überfordern. Sie wenden viel Energie dafür auf, sich auf den jeweiligen Elternteil einzustellen und ihre Liebe zum anderen Elternteil zu verbergen. Dabei bin ich mir sicher, dass Eltern sich ihrer Loyalitätserwartungen in der Regel gar nicht bewusst sind und vor allem einfach nicht wissen, welche Folgen dies für ihre Kinder hat. Ein extremes Beispiel liefert die folgende Mutter, die ihr Verhalten ihren Kindern gegenüber radikal veränderte, nachdem sie erkannt hatte, dass sie ihnen damit sehr geschadet hatte. Auf diese Weise hat sie ihren Kindern nach einer traumatischen Episode die Rückkehr zu einem gesunden Erleben ermöglicht.

Nach der Trennung vom Vater ihrer Kinder war diese Mutter mit ihrem neuen Partner zusammengezogen. Einer Verfügung des Familiengerichts zufolge waren die Kinder an jedem zweiten Wochenende bei ihrem Vater:

Mein Zorn und meine Hilflosigkeit bezüglich meines Ex sind schier unerträglich!

Es ist einfach unerträglich für mich, dass mein Ex-Mann gerichtlich durchsetzen konnte, dass unsere Kinder, fünf und acht Jahre alt, an jedem zweiten Wochenende bei ihm sein müssen. Wenn Sie wüssten, was dieser Mann mir angetan hat, wie verschlagen der ist und wie der sich verkaufen kann! Ich reagiere körperlich auf ihn, kann weder seinen Anblick, ja, noch nicht einmal seinen Geruch ertragen. Schon jetzt, wo ich davon erzähle, bekomme ich kaum noch Luft. Wenn er die Kinder zurückbringt, dann ist es, als dünsteten sie aus allen Poren seine Anwesenheit aus. Ich habe diese unerträgliche Situation für mich jetzt so geregelt, dass die Kinder unten klingeln. Ich nehme sie dann im Hausflur in Empfang, wo ich frische Kleidung und einen Wäschekorb bereitgestellt habe. Dort müssen sie sich umziehen, bevor sie wieder in die Wohnung dürfen. Die getragene Kleidung kommt sofort in den Wäschekorb."

Das ist natürlich eine extreme Geschichte. Den Kindern muss dieses Ritual ja wie eine Schleuse im Übergang von einer giftigen Umgebung erscheinen. Man muss wohl kein Psychologe oder Pädagoge sein, um zu erkennen, dass diese Erfahrung für die Kinder nur traumatisch sein kann. Doch den Abstand, den man braucht, um das zu erkennen, musste sich diese Mutter schwer erarbeiten. So sehr war sie in den Konflikt mit ihrem Ex-Partner verstrickt. Als sie schließlich die Gefahr dieser Situation für ihre Kinder erkennen konnte, war sie dann auch sehr schnell bereit, ihr Verhalten zu verändern. Sie hat die Schleuse abgeschafft und konnte ihren Kindern vermitteln, dass sie verstanden hat, dass ihr Vater für sie wichtig ist. Sie konnte ihnen sagen, dass ihr leid tut, was sie da gemacht hat, weil sie erkannt hat, dass es falsch war. Sie lernte, zu ihrer Wut auf ihren Ex-Mann zu stehen und war dadurch glaubwürdig in ihrem Bemühen, die Beziehung der Kinder zu ihrem Vater zu respektieren.

Dieses drastische Beispiel macht wohl die Gefahren deutlich, die im Ansatz allen Beziehungen zerstrittener Eltern innewohnen. Dabei ist es gleichgültig, ob es wie hier die Mutter ist, die so unversöhnlich ist, oder, wie in anderen Fällen, der Vater. Man kann sich gut vorstellen, dass Kinder, die sich solchen „Reinigungsritualen" unterziehen müssen, keine Möglichkeit haben, ihrer Beziehung zum anderen Elternteil auch nur den geringsten Platz in ihrem Alltag einzuräumen. Kein Wunder also, dass Kinder dann auffällig werden.

Kinder, deren Liebe und Beziehung zu beiden Eltern auch im Trennungsfall respektiert wird, beziehen aus ihren Beziehungen zu Mutter und Vater auch weiterhin ganz unterschiedliche Informationen über sich selbst und über die Welt, die sie in ein differenziertes Selbst- und Weltbild integrieren können. Sie machen die existenziell bedeutsame Erfahrung, dass eine Trennung nichts daran ändert, dass sie liebenswert sind. Sie können erleben, dass sich die emotionale Trennung ausschließlich auf der Erwachsenenebene vollzieht. Aussagen von und Erfahrungen mit beiden Eltern behalten ihr Gewicht. Sie dürfen weiterhin nebeneinander existieren und verlangen keine Entscheidung. Für den Jungen, der in der Kita regelmäßig in den Zwiespalt kam, ob er Fleisch essen solle oder nicht, würde das bedeuten, dass er selbst entscheiden kann, ob er Fleisch isst – ohne dass er dadurch um die Liebe seiner Eltern fürchten muss. Jede Entscheidung für beziehungsweise gegen einen Elternteil, zu der sich ein Trennungskind gezwungen sieht, verhindert zwangsläufig, dass es ein stimmiges, „kohärentes" Selbstbild entwickeln kann, weil es regelmäßig einen Teil seines Selbst verleugnen muss, um die Liebe eines Elternteils sicherzustellen.

Erleben Kinder eine unvereinbare Feindschaft der Eltern, so führt das zu einer Polarisierung in „gute" und „schlechte" Eigenschaften, die bald nicht nur die Eltern und die eigene Persönlichkeit, sondern auch alle anderen Menschen in der Umgebung betreffen kann.

Kommunikation und Interaktion zwischen Menschen finden immer auf unterschiedlichen Ebenen statt[3]. Es geht dabei immer um eine Sache oder einen inhaltlichen Aspekt, gleichzeitig verrät die Art, wie man etwas sagt, aber auch etwas über die Beziehung zwischen den Menschen, die da so miteinander umgehen. Die Fähigkeit, sich auf die Sachebene zu konzentrieren, ist unter anderem für den schulischen und den beruflichen Erfolg außerordentlich wichtig. Horst-Eberhard Richter[4] hat sich schon in den 1960er-Jahren mit den Folgen von Loyalitätskonflikten für Kinder und Jugendliche beschäftigt und herausgefunden, dass betroffene Kinder häufig einseitig eine große Sensibilität für die Beziehungsebene und die darin enthaltenen Konflikte entwickeln. Obwohl diese Fähigkeit ursprünglich eine Art Frühwarnsystem ist, um sich selbst rechtzeitig aus der Schusslinie zu bringen, führt sie zu erheblichen Konflikten im sozialen Miteinander. So hat Richter beobachtet, dass Kinder, die so agieren, oft als intrigant auffällig wurden.

Der verzweifelte und hilflose Versuch, den Loyalitätsansprüchen zerstrittener Eltern ein Ende zu setzen, kann im Extremfall bis zum Suizidversuch führen, wie ich später noch berichten werde (Sitzung 14).

Egal, welche Strategie Kinder im Einzelfall entwickeln, um in Loyalitätskonflikten ihrer Eltern zu bestehen, diese Konflikte stellen immer eine massive Überforderung dar. Solche Überforderungen begründen schlimmstenfalls ein Entwicklungstrauma und gefährden damit die gesunde kindliche Entwicklung erheblich.

Man kann es nicht deutlich genug sagen: Im Trennungsgeschehen stellt jeder Loyalitätskonflikt im Beziehungsdreieck von Mutter, Vater und Kind einen Angriff auf die seelische Integrität von Kindern dar.

> Kinder brauchen beide Eltern. Mütter und Väter bringen sich mit unterschiedlichen Schwerpunkten in den Umgang mit ihren Kindern ein. Diese Unterschiede beeinflussen das Selbstbild eines Kindes und ermöglichen ihm einen differenzierten Blick auf die Welt. Sie entfalten erst im Zusammenspiel ihre optimale Qualität.

[3] vgl. von Schulz von Thun, F.: Miteinander reden 1, Reinbeck bei Hamburg 2011
[4] vgl. Richter, H. E.: Eltern, Kind, Neurose. Reinbek bei Hamburg 1967

Sitzung 8

Kinder brauchen realistische Elternbilder

„Der Kleine freut sich immer so auf die Treffen mit seinem Vater. Ich kann das kaum aushalten, wenn er dann wartet, aus dem Fenster sieht, zur Tür läuft, weil er etwas gehört hat – und wenn sein Vater dann mal wieder nicht kommt. Ich versuche dann, ihn zu trösten."

Markus ist ein Perfektionist! Leistung geht ihm über alles. Am vergangenen Wochenende, als er die Kinder abholte, sah ich, dass Mayas Schulhefte, die er sie mitzubringen gebeten hatte, unter ihrem Bett lagen. Das wunderte mich ein bisschen, weil Maya eigentlich sehr ordentlich ist. Ich zog die Hefte, eines mit Klassenarbeiten im Fach Deutsch und eines für Mathematik, unter dem Bett hervor und drückte sie ihr mit den Worten: „Hier, deine Hefte, die wolltest du doch Papa zeigen, nicht dass du sie noch vergisst!", in die Hand. Als ich nach der üblichen, etwas turbulenten Verabschiedung die Tür hinter meinen Kindern schloss, sah ich die beiden Hefte in einer offenen Schublade der Garderobe. Ich wunderte mich, nahm sie heraus und blätterte sie durch. In Deutsch hatte sie eine Zwei und eine Drei, in Mathe sogar eine Eins und eine Zwei, also nichts, dessen sie sich schämen müsste. Und trotzdem hatte sie diese Hefte offenbar ganz bewusst nicht mit zu ihrem Vater nehmen wollen. Merkwürdig. Ich konnte mir darauf keinen Reim machen und nahm mir vor, sie nach ihrer Rückkehr danach zu fragen.

Als ich sie am Sonntag beim Abendbrot darauf ansprach, wiegelte sie ab und sagte, Papa sei immer so doof, wenn es um die Schule ginge. Das interessierte mich und ich fragte: „Wie denn, ‚doof'?" Abwehrend sagte sie, Markus würde sich die Hefte immer ganz genau ansehen, und er hätte dann immer so viele Verbesserungsvorschläge. In Mathe wollte er beim letzten Mal sogar ganz neue Aufgaben stellen, weil er wusste, dass das später drankommen würde. Manchmal ermahne er sie auch, ordentlicher zu schreiben und er gab ihr Tipps, wie sie unterstreichen könnte, ohne dass die Tinte verwischte. Ich fragte Maya: „Und das magst du nicht?" Stumm und trotzig sah mein Mädchen auf den Teller und schüttelte energisch den Kopf.

Mir brach der Schweiß aus. Ich wusste nicht, wie ich mich in dieser Situation verhalten sollte. Musste ich denn nicht Partei für Markus ergreifen? War ich eine schadenfrohe Rivalin, wenn ich das nicht tat? Sollte ich Dinge sagen wie: „Ach, Schätzchen, weißt du, das meint Papa doch nur gut!" Oder konnte ich, erleichtert darüber, dass an Superdaddy wohl doch nicht alles nur super war, auch ein klitzekleines bisschen triumphierend mit in dieses Horn tuten und ihr beipflichten, indem ich ihr erzählte, was für ein schrecklicher Pedant und Besserwisser Markus schon immer gewesen war? Ich beschloss, so schwer wie es mir fiel, gar nichts zu sagen und diese Situation in unserer nächsten Sitzung in der Beratungsstelle zu besprechen. Wie gut, dass es diese Möglichkeit gab!

Frau Steffens fragte mich, ob ich beschreiben könne, was genau mich daran gehindert hat, Mayas Weigerung, ihrem Vater die Hefte zu zeigen, zu kommentieren. Das war mal wieder typisch! Während meine Gedanken um Maya und um Markus kreisen, schubst sie mich wieder einmal in die Auseinandersetzung mit mir selbst. Warum habe ich also nichts weiter dazu gesagt?

Ich glaube, ich hatte Angst, ich könnte Maya meinen Frust und meinen Ärger auf Markus überstülpen, ich könnte sie in gewisser Weise missbrauchen und zu meiner Mitstreiterin machen. Ich fürchtete, ich könnte das Gefühl genießen, dass wir beide uns in einer Kritik an Markus so einig sind. Ich habe in den Gesprächen hier so viel darüber erfahren, wie gefährlich es für Kinder ist, wenn Eltern genau das tun: Wenn sie versuchen, ihre Kinder zu Verbündeten zu machen, und deshalb wollte ich das nicht.

Frau Steffens fand, ich hätte das sehr gut gemacht. Sie war beeindruckt, dass es mir selbst in einer so „verführerischen" Situation (das hat sie wirklich so gesagt!) gelungen sei, zwischen meiner Erwachsenen-Situation und der von Maya zu unterscheiden. Und dann wollte sie wissen, ob ich mir erklären könne, warum ich aber auch die entgegengesetzte Position vermieden habe, warum ich also nicht für Markus Partei ergriffen hatte.

Wenn ich ehrlich bin, war das zu einem guten Teil einfach Trotz. Warum soll ausgerechnet ich diesen blöden Kerl in Schutz nehmen?! Das habe ich irgendwie gar nicht eingesehen. Da war aber auch so etwas wie Mitgefühl mit Maya. Sie tut mir leid. Ich bedaure, dass es einen Konflikt oder ein Problem mit ihrem Vater gibt, etwas, das sie bedrückt. Das ist für mich schwer auszuhalten. Ich glaube, mein Impuls, Markus in Schutz zu nehmen, beruhte auch auf dem Versuch, ihr Problem dadurch kleiner machen zu wollen, in der Hoffnung, dass es Maya dann nicht mehr so belastet.

Annas Motiv hier ist ein weitverbreitetes Phänomen. Obwohl wir alle gelegentlich schlimme Geschichten von Auswüchsen sogenannter Rosenkriege zwischen Eltern hören, darüber, dass sich die Erwachsenen bekämpfen und sich gegenseitig schlechtmachen, gibt es nicht selten gerade den gegenteiligen Fall. Da wollen, ähnlich wie es auch Annas Impuls entsprach, Eltern die Versäumnisse und Fehler des anderen ausbügeln und verharmlosen. Immer steckt, wie im folgenden Beispiel, dahinter das Motiv, dem Kind Leid ersparen zu wollen.

Ich möchte nicht, dass mein Sohn das Gefühl bekommt, sein Vater interessiere sich nicht für ihn.

Unser Sohn (5) freut sich immer sehr auf seinen Vater. Er spricht viel von ihm. Er ist bei der freiwilligen Feuerwehr, das bewundert der Junge sehr! Im Grunde ist sein Vater jedoch selbst ein großer Junge. Daran ist letztlich auch unsere Beziehung zerbrochen, denn er eignet sich einfach nicht für einen verlässlichen Familienalltag mit einem kleinen Kind. Er liebt sein Leben mit seinen Kumpels, geht viel feiern, hat seine Feuerwehr und eigentlich immer was vor, bei dem man Kinder nicht gebrauchen kann. Für die Feuerwehr arbeitet er in Schichten, so dass ein fester Termin für die Treffen mit unserem Sohn nicht gut möglich ist. Über seinem erfüllten Junggesellenleben vergisst er immer mal wieder Verabredungen.

Der Kleine freut sich immer so auf die Treffen mit seinem Vater. Ich kann das kaum aushalten, wenn er dann wartet, aus dem Fenster sieht, zur Tür läuft, weil er etwas gehört hat – und wenn sein Vater dann mal wieder nicht kommt. Ich versuche dann, ihn zu trösten. Ich erzähle ihm so Sachen, dass sein Papa bestimmt gerade mit der Feuerwehr unterwegs ist, um Menschen zu retten oder dass er vielleicht gerade eine Katze aus einem Baum herausholt, mit einer ganz langen Leiter. Wir sehen uns dann oft sein Riesenbilderbuch von der Feuerwehr an, das liebt er.

Als mein Ex-Mann uns das letzte Mal versetzt hat, bin ich einer spontanen Eingebung gefolgt und mit dem Jungen zur Feuerwehr gefahren. Wie es der Zufall wollte, trafen wir seinen Papa dort tatsächlich mit einigen seiner Kollegen an. Er strahlte, als er das Kind sah, nahm es auf seine Schultern, zeigte ihm die Autos und stellte ihn einigen seiner Kollegen vor. Als ich sagte, ich hätte noch etwas zu erledigen und käme dann in zwei Stunden, um das Kind abzuholen, erwiderte er, das sei jetzt schlecht, er habe in einer halben Stunde noch was vor.

Ich weiß nicht, was ich mir noch ausdenken soll, der Kleine wird doch immer älter, im Sommer kommt er in die Schule. Ich möchte nicht, dass er das Gefühl hat, sein Vater interessiere sich nicht für ihn.

Dies ist ein sehr eindringliches Beispiel für eine Mutter, die ihrem Kind Kummer ersparen will und deshalb das enttäuschende Verhalten des Vaters entschuldigt und abzuschwächen versucht. Sie geht sogar so weit, für den unzuverlässigen Vater zu lügen, um dessen Nachlässigkeiten zu vertuschen. Doch Eltern sind die Menschen, die sie nun mal sind – auch wenn das manchmal bitter ist für ihre Kinder. Diese Eltern, mit genau diesen Vorzügen und Fehlern, sind ihre Wurzeln und damit der Grundstein ihrer Identität. Kinder haben ein Recht auf ein realistisches Bild von ihren Eltern, und dazu gehören negative Erfahrungen ebenso wie positive. Nur so haben sie die Chance, eine realistische Beziehung zu ihren Eltern zu entwickeln, die sie stärkt und selbstbewusst werden lässt – solange sie nicht etwa gewalttätigen Übergriffen durch einen Elternteil schutzlos ausgesetzt sind. Letzten Endes werden die Enttäuschungen bei einer realistischen Erwartung kleiner. In bester Absicht beschönigte Verhaltensweisen provozieren immer neue Enttäuschungen. Wenn der kleine Junge aus dem Beispiel wiederholt die Erfahrung macht, dass sein Vater Verabredungen nicht einhält, wird er zwar traurig sein, er wird jedoch mit der Zeit lernen, Versprechungen seines Vaters oder Verabredungen mit ihm nicht mehr so ernst zu nehmen. Er wird allmählich eine realistische Vorstellung davon entwickeln, was er von seinem Vater zu erwarten hat. Vielleicht macht ihn das irgendwann auch wütend, aber wäre das nicht absolut nachvollziehbar und angemessen?

Solange ein Kind zumindest ein zuverlässiges Elternteil hat, das auf seine Bedürfnisse eingeht und ihm damit die Sicherheit bietet, die es braucht, um sich gesund zu entwickeln – so lange werden auch Enttäuschungen durch den unzuverlässigen Elternteil dieses Fundament nicht zerstören können. Im Zusammenleben mit seiner Mutter und durch andere Erfahrungen mit ebenfalls zuverlässigen Menschen in seiner Umgebung wird der Junge aus dem Beispiel angemessene Maßstäbe entwickeln, anhand derer er das enttäuschende Verhalten seines Vaters beurteilen kann. Dies wird ihn langfristig selbstbewusster werden lassen und möglicherweise dazu führen, dass er vielleicht eines Tages sagen kann: „Ich finde es nicht gut, dass Papa sich nicht an Verabredungen hält. Das ist nicht richtig!" Er wird lernen, dass der Fehler bei seinem Vater liegt und nicht in seiner Person.

Die Befürchtung seiner Mutter, sein Selbstbewusstsein könnte großen Schaden nehmen, halte ich für unbegründet. Viel wahrscheinlicher ist es, dass ein Kind, das immer wieder versetzt wird, weil sein Vater angeblich wichtigere Dinge zu tun hat, nämlich Feuer zu löschen oder Katzen zu retten, mit der Zeit den Eindruck bekommt, dass es selbst nicht wichtig genug ist, um in dieser Konkurrenz zu bestehen. So bewirkt der sicherlich gutgemeinte Versuch, die Enttäuschung des Jungen zu mildern, langfristig genau das Gegenteil.

Ein Kind kann sich in der Realität orientieren und zurechtfinden, das kann es in einem noch so gut gemeinten Lügengespinst aber nicht. Es geht also auch hier wieder einmal darum, die Erwachsenenebene von der des Kindes zu trennen und Kindern das Recht auf Enttäuschungen und negative Gefühle zuzugestehen. Das fällt vielen Eltern schwer, besonders bei starken negativen Gefühlen.

Ich überlege immer noch, wie ich reagieren soll, wenn Markus mich auf Mayas Schulhefte anspricht oder gar verlangt, dafür zu sorgen, dass sie die Hefte zu ihm mitbringt. Frau Steffens bittet mich, mir diese Situation vorzustellen. Sie will wissen, wie ich am liebsten reagieren würde.

Ganz ehrlich? Am liebsten würde ich ihm vor den Latz knallen, dass es ihm recht geschehe, was er da gerade mit Maya erlebt, denn schließlich sei es mit ihm und seiner ewigen Besserwisserei ja auch nicht auszuhalten! Aber das werde ich mir verkneifen. Damit würde ich Mayas Konflikt für meine Rache ausnutzen. Ich glaube zwar, dass es mir sehr schwerfallen würde, mich nicht unter Druck zu fühlen und mich nicht zu rechtfertigen, aber ich würde es versuchen. Ich würde ihm sagen, dass das eine Sache zwischen ihm und Maya ist, in die ich mich nicht einmischen möchte. Punkt!

Als ich mich ein bisschen ängstlich bei Frau Steffens rückversichere, ob meine neue Haltung nicht zu radikal sei, so nach dem Motto: „Das ist doch sein Problem, das hat er sich ganz allein geschaffen, und nun muss er sehen, wie er das lösen kann!", sagt Frau Steffens, im Gegenteil, ich hätte in den vergangenen Monaten eine Menge gelernt.

Ganz besonders dann, wenn wir selbst traurig oder wütend auf den Ex-Partner sind, müssen wir darauf achten, das Kind nicht zu einem Verbündeten zu machen! Anna hat sich richtig verhalten. Sie hat sich für Mayas Lage interessiert und es dabei belassen. Gut so! Der Rest ist eine Sache zwischen ihrer Tochter und deren Vater. Je nachdem, wie hartnäckig ihr Vater darauf besteht, konkreten Einblick in Mayas Schulleistungen zu bekommen, wird der Konflikt zwischen den beiden früher oder später zur Sprache kommen. Je unbelasteter von den Konflikten ihrer Eltern Maya das als eine Sache zwischen sich und ihrem Vater erleben darf, desto selbstbewusster wird sie ihre Position ihm gegenüber vertreten können. So werden die beiden eine Lösung finden – und wenn es weiterhin Mayas konsequente Weigerung wäre, ihrem Vater Einblick in ihre schulischen Belange zu gewähren. Anna wird daran nichts ändern, weil sie ihren Ex-Partner nicht ändern kann.

Auch die Mutter mit dem Feuerwehrvater hat es schließlich geschafft, sich dieser Haltung anzunähern. Nach und nach ist es ihr gelungen, ihre Entschuldigungsgeschichten für das Verhalten ihres Ex-Partners zurückzufahren. Sie hat es geschafft, die Traurigkeit, aber auch die Wut ihres Sohnes auszuhalten. Sie hat ihm vorgeschlagen, seinen Vater anzurufen und zu fragen, warum er ihn wieder versetzt. Das hat das Kind dann auch gemacht. Doch irgendwann, nach drei, vier weiteren Enttäuschungen, wollte es keine neuen Verabredungen mit seinem Vater mehr treffen. Daraufhin begann es sich einzubürgern, dass der Vater gelegentlich spontan vorbeischaute, um seinen Sohn zu sehen. Auch, wenn sich der Junge zu Beginn immer störrisch in sein Zimmer zurückzog, ließ er sich nach einer Weile doch herauslocken. Seiner Mutter allerdings waren diese spontanen Besuche gar nicht recht. Sie setzte durch, dass der Vater sich vorher telefonisch anmeldete und dass die Kontakte dann außerhalb der Wohnung stattfanden. Inzwischen müsste der Junge in der vierten Klasse sein. Nach meinem letzten Stand haben Vater und Sohn einen unregelmäßigen, spontanen persönlichen Kontakt, der jeweils telefonisch vereinbart wird, oder aber sie beschränken sich auf ein kurzes Telefonat, das überwiegend vom Vater, gelegentlich aber auch vom Kind ausgeht.

Die Mutter hat die Situation mal in dem Satz zusammengefasst: „Mein Ex-Mann ist halt, wie er ist, das habe ich kapiert und unser Sohn scheint das auch so zu sehen. Er hat nur diesen einen Papa, das macht ihn nicht mehr traurig und auch nicht mehr sauer – und manchmal machen die beiden eben auch mal coole Sachen, die ihm richtig Spaß machen. Ich bin es, die sich immer eine andere, bessere Familie gewünscht hat. Ich konnte und kann mich damit viel schlechter abfinden als unser Sohn."

Auch dies ist ein schönes Beispiel dafür, dass es das A und O für Eltern in Trennungssituationen ist, sich aufrichtig darum zu bemühen, ihre Gefühle und Motive zu reflektieren, um sie von denen der Kinder strikt zu trennen. Wenn sich Eltern dies als Merksatz auf den Badezimmerspiegel schreiben, um sich in schweren Zeiten täglich daran zu erinnern, dann haben sie damit die Weichen dafür gestellt, dass Kinder diese

Krise unbeschadet überstehen können. Worauf es ankommt, ist, den Kindern eine eigenständige und realistische Beziehung zum anderen Elternteil zuzugestehen, auch dann, wenn sie mit ihm Konflikte haben. Dass dies nicht immer leicht ist, zeigt auch das folgende Beispiel der Mutter einer 17-jährigen Tochter:

Es ist schwer, sich aus Konflikten mit dem anderen Elternteil herauszuhalten.

Als ich neulich nach Hause kam, hörte ich, noch im Flur, wie meine Tochter (17) mit ihrem Vater telefonierte. Offenbar hatte er sie in irgendeiner Angelegenheit enttäuscht. Sie warf ihm unter Tränen vor, dass sie ihm wohl völlig egal sei, so wie ihm immer alles egal sei, was nicht mit seiner Arbeit zu tun habe. Kaum jemals sei er zu Schulveranstaltungen gekommen, und selbst auf dem Abschlussball der Tanzschule habe er eher gehen müssen, weil er bei der Arbeit gebraucht wurde.

Sie war untröstlich, schluchzte und schloss mit den Worten, dass es ja wohl kein Wunder sei, dass Mama ihn verlassen habe, er sei ja mehr ein Phantom in der Familie gewesen als ein Vater aus Fleisch und Blut. Und nun habe er Zeit für seine neue Familie, sein neues Kind und alles andere, was er ihr versagt habe.

Ich war erschüttert. Meine Tochter tat mir leid, zumal sie tatsächlich einen Nerv getroffen hatte mit ihrem Vorwurf, dass sich ihr Vater niemals die Zeit für uns genommen hat, die wir uns gewünscht hätten. Irgendetwas warnte mich jedoch davor, meinem spontanen Impuls nachzugeben und sie zu trösten.

Obwohl ich völlig arglos das Haus betreten hatte, beschlich mich irgendwie das Gefühl, so etwas wie der Lauscher an der Wand gewesen zu sein. Das, was ich da gehört hatte, war nicht für mich bestimmt gewesen. Verunsichert, ratlos und um keinen Fehler zu machen, ging ich wieder hinaus und zog die Haustür hinter mir zu. Ich versuchte, Zeit zu gewinnen, meine Gedanken zu ordnen und unternahm einen kleinen Spaziergang.

Mein Kind ist 17, fast erwachsen. Mein Ex-Mann und ich haben uns vor fünf Jahren getrennt. Seitdem leben sie und ihr Bruder bei mir. Seit drei Jahren habe ich einen neuen Partner, ihr Vater hat ebenfalls eine neue Beziehung. Er hat vor einem Jahr geheiratet und mit seiner zweiten Frau vor einem halben Jahr ein Kind bekommen.

Ich weiß nicht, ob ich auch schon vor fünf Jahren die Kraft und die Selbstkontrolle besessen hätte, mich in solch eine Situation nicht einzumischen. Ich meine, vielleicht hätte ich die Chance genutzt, mich mit ihr zu verbrüdern, um mich selbst zu trösten. Es hätte mir gutgetan und mich in meinem Beschluss bestärkt, dass es richtig und unausweichlich gewesen war, meinen Mann zu verlassen. Meine Tochter hätte mir aus der Seele gesprochen. Ich hätte das Gefühl gehabt, dass wir Leidensgenossinnen wären, denen gar nichts anderes übrigbleibt, als sich gemeinsam von diesem Menschen abzuwenden.

Es war richtig und gut, dass diese Mutter sich aus diesem Konflikt zunächst einmal herausgehalten hat. Mit der Trennung entwickeln Kinder nämlich allmählich eine ganz eigenständige Beziehung zu jedem Elternteil. Auch wenn es gerade am Anfang oft schwerfällt, dies zu akzeptieren, ist es für die Kinder wichtig und gut so.

Beziehungen erzeugen immer auch Reibung und Konflikte. Nicht immer werden alle Erwartungen vollständig erfüllt, und so gehören Enttäuschungen und Verletzungen unweigerlich zu einer emotionalen Beziehung dazu. Dies gilt besonders für Menschen, die sich so nahestehen wie Partner, Eltern und Kinder oder Geschwister.

Auch, wenn Eltern keine andere Möglichkeit mehr sehen, als ihre Partnerschaft zu beenden, entwickelt sich ihre Beziehung zu ihren Kindern ständig weiter. So kann es sein, dass Kinder in Konflikt mit Eigenschaften oder Eigenarten ihrer Eltern kommen, die maßgeblich für das Scheitern der Elternbeziehung verantwortlich sind. Ein dominanter Vater, dem es schwerfällt, andere Meinungen gelten zu lassen, wird in der Regel nach der Trennung nicht plötzlich ein völlig anderer. Eben deshalb kann genau diese Eigenschaft auch zu Konflikten mit seinen Kindern führen. Dasselbe gilt für eine sehr kontrollierende Mutter. Wir müssen Kindern zutrauen, dass sie ihren eigenen Weg finden, sich darüber mit dem betreffenden Elternteil auseinanderzusetzen und dafür eine Lösung zu finden. Gelingt es dem jeweils anderen Elternteil, sich aus diesen Konflikten herauszuhalten, haben Kinder eine gute Chance, ein realistisches Bild von ihren Eltern zu entwickeln, ein Bild, das es ihnen mit der Zeit ermöglicht, ziemlich genau zu wissen, was sie von Vater oder Mutter erwarten können und was nicht. Sie können sich mit der Realität arrangieren und vielleicht entscheiden, für welche Themen eher der Vater und für welche die Mutter der/die bessere AnsprechpartnerIn ist.

Denn auch, wenn es sich Eltern in der akuten Trennungskrise nicht vorstellen können: Mit der Zeit verschwinden meistens die extremen Ausschläge ihrer negativen Gefühle. Andere Dinge werden wieder wichtiger. Die Schmerzen der Trennung verblassen. Es wäre also tragisch, wenn unsere Kinder nachhaltig Schaden nehmen in einer letztlich vorübergehenden Ausnahmesituation, nur weil wir sie in den Wirren extremer Gemütslagen zu sehr und unreflektiert mit in die elterlichen Auseinandersetzungen hineingezogen haben.

Natürlich können Eltern ihrem Kind den Rücken stärken, wenn es sich vom anderen ungerecht behandelt oder unverstanden fühlt. Wenn es vielleicht enttäuscht ist oder eifersüchtig auf eine neue Partnerin, auf ein neues Kind. Sie können ihm zuhören, sich für seine Nöte interessieren. Es kommt darauf an, wie sie das machen, welche Haltung sie einnehmen. Auch hier gilt das inzwischen bekannte Credo: Alles ist gut, solange die Elternebene und die des Kindes bewusst voneinander getrennt werden. Wenn Eltern es schaffen, ihrem Kind mit einer Haltung zu begegnen, die seine Erfahrungen und Gefühle bei ihm lässt, drücken sie damit eine ganz wichtige Botschaft aus: Sie trauen ihrem Kind zu, schwierige Situationen aus eigener Kraft zu bewältigen. Dazu bedarf es der Einhaltung von nur ganz wenigen Regeln:

1. Warten Sie ab, bis sich Ihr Kind Ihnen anvertraut! Bohren Sie niemals nach, weil Sie meinen, Ihr Kind müsse doch endlich einmal über eine Situation sprechen, von der Sie annehmen, dass diese Ihr Kind gerade beschäftigt.
Kinder verarbeiten Konflikte und Schwierigkeiten in ihrem eigenen Tempo. Sie tun das oft auf eine ganz eigene, kindliche Weise. Indem Sie ihm dies zugestehen, erfährt Ihr Kind, dass Sie ihm mit Respekt begegnen. Bekommt ein Kind die Zeit, die es zur Verarbeitung wichtiger Erfahrungen braucht, so wird es von sich aus auf seine Eltern zukommen, wenn es Fragen hat oder nicht mehr weiter weiß.

2. Fragen Sie vorsichtig interessiert danach, welches Gefühl Ihr Kind gerade bewegt – oder helfen Sie ihrem Kind, seine Gefühle zu erkennen.
Wenn ein Kind im Kindergartenalter trotzig die Arme verschränkt und „Mama ist doof!" sagt, können Sie fragen: „Hast du dich über Mama geärgert?" Damit bringen Sie Ihr Interesse an Ihrem Kind zum Ausdruck und helfen ihm, sich über seine Gefühle klar zu werden. Diese Unterstützung haben auch wir Erwachsenen noch manchmal nötig, wenn wir uns zum Beispiel ohnmächtig und hilflos auf die Person konzentrieren, die diese Gefühle in uns auslöst, statt bei uns und den Gefühlen zu bleiben. Therapeuten intervenieren dann, indem sie die als „Aktives Zuhören" bekannte Methode

der Gesprächsführung anwenden, um uns zu uns selbst und zu unseren Gefühlen zurückzuführen. Ähnlich wie bei Annas „Hausaufgaben" zu den Ich-Botschaften wird das Gefühl hinter einem Vorwurf oder einem Gedanken erkannt und benannt. Dem Kind hilft dieses Verständnis dabei, einen Standpunkt zu gewinnen, von dem aus es sich um die Klärung des Konflikts mit dem anderen Elternteil bemühen kann. Außerdem macht es die wichtige Erfahrung, dass seine Gefühle respektiert und nicht dazu genutzt werden, es in Konflikte zwischen den Eltern hineinzuziehen.

Für uns Erwachsene hat diese Form des Verstehen-Wollens den Vorteil, dass sie uns vor allzu schnellen, möglicherweise völlig falschen Interpretationen kindlichen Verhaltens bewahrt, so wie es mir vor ein paar Jahren mit meiner kleinen Nachbarin Lina passiert ist:

Ich-bin-nicht-trau-rig! Ich-bin-WÜÜÜ-TEND!!!

Lina ging damals in die dritte Klasse. Als ich in unsere Straße einbog, hörte ich schon von weitem Gejammer und Weinen. Etwa 100 Meter von unserem Haus entfernt lagen Fahrräder, offenbar eilig fallen gelassen, auf dem Gehweg. Allem Anschein nach gehörten sie jungen Frauen, die sich tröstend und ratlos um Lina geschart hatten, von der dieses Wehklagen ausging. Sie saß auf dem Bordstein, die Arme über den angezogenen Knien verschränkt, den Ranzen neben sich und den gebeugten Kopf auf den Knien.

Ich sprach sie an: „Lina, was ist denn passiert?", denn ich wusste nicht, ob sie sich vielleicht verletzt und Schmerzen hatte. Dasselbe hatten wohl auch die jungen Frauen befürchtet, als sie zu ihr geeilt waren. Ich setzte mich neben Lina und legte ihr vorsichtig den Arm um die Schulter. „Tut dir etwas weh, Lina?", fragte ich sie. Sie schüttelte den Kopf, um gleich darauf erneut in Weinen auszubrechen. „Warum bist du dann so traurig, Lina?", fragte ich sie nun – und da brüllte sie los, indem sie jede einzelne Silbe betonte: „Ich-bin-nicht-trau-rig! Ich-bin-WÜÜÜ-TEND!!!"

Es stellte sich heraus, dass sie sich von ihrer Lehrerin furchtbar ungerecht behandelt fühlte. Das machte sie so wütend, dass sie sich nicht in der Lage sah, die letzten 100 Meter Heimweg in Angriff zu nehmen.

Ich finde, das ist ein anschauliches Beispiel dafür, wie sehr sich Erwachsene in der Interpretation kindlichen Verhaltens täuschen können. Sowohl die jungen Frauen als auch ich haben Linas Geschrei spontan als Ausdruck allergrößten Schmerzes fehlgedeutet.

Bevor Sie also, in dem Moment, in dem es Konflikte mit dem jeweils anderen Elternteil gibt, voreilige Schlüsse zur seelischen Verfassung Ihres Kindes ziehen, tasten Sie sich sicherheitshalber vorsichtig und respektvoll an die tatsächliche Situation heran.

3. Auch, wenn es schwerfällt, kommentieren und bewerten Sie das Verhalten des anderen Elternteils nicht!

Konzentrieren Sie sich auf die Gefühlslage Ihres Kindes und signalisieren Sie Verständnis. Das reicht völlig, um Ihr Kind für eine Auseinandersetzung oder Klärung zu stärken. Sie können Ihr Kind wissen lassen, dass es auf Ihre Unterstützung zählen kann, falls es die braucht. Wenn Ihr Kind Ihre Hilfe braucht, wird es Sie ganz sicher darum bitten.

Zusammenfassung der drei Regeln:

1. Warten Sie ab, bis sich das Kind von selbst anvertraut.
2. Interessieren Sie sich für die Sicht des Kindes („Habe ich es richtig verstanden, dass...")
3. Konzentrieren Sie sich dabei auf die kindlichen Gefühle („...und das freut/ärgert/wundert dich?")

Das, was Frau Steffens ihr Credo nennt, ist mir in den letzten Wochen und Monaten fast schon selbstverständlich geworden. Mein Verhältnis zu Maya und Jakob hat sich dadurch verändert. Ich bin oft richtig beeindruckt und überrascht von ihren Vorschlägen zur Lösung und Gestaltung schwieriger Situationen. Ich glaube, ich habe sie häufig unterschätzt, und ein Teil meiner Erschöpfung rührte bestimmt auch daher, dass ich glaubte, immer wissen zu müssen, was für sie gut ist, für sie mitdenken und immer schon Lösungen bereithalten zu müssen.

Besonders verblüfft bin ich manchmal über den pragmatischen, wenig verkopften Umgang mit schwierigen Situationen, wie Mayas Weigerung, ihrem Vater die Klas-

senarbeiten zu zeigen. Wo ich mir den Mund fusselig geredet und mir die Seele aus dem Leib argumentiert hätte, um Markus zu einer (völlig aussichtslosen!) Änderung seiner Einstellung zu bewegen, da schafft die kleine Dame Tatsachen und stellt auf diese Weise klar, wer hier was von wem will und wer dann derjenige ist, der Bedingungen stellen darf. Wenn ich richtig informiert bin, wird sie eines ihrer Hefte am nächsten Wochenende „probeweise" mitnehmen, damit er es sich anschauen kann, aber „... nur, wenn Papa nichts dazu sagt! Das hat er versprochen!"

Mich beschäftigt die Frage, was denn aber mit solchen Eltern ist, deren Verhalten tatsächlich entweder eine Gefahr für ihre Kinder bedeutet oder solchen, die etwa aufgrund seelischer Erkrankungen nicht im erforderlichen Maße für ihre Kinder sorgen können. Trotz ihrer Schwierigkeiten sind auch sie als Eltern wichtig für ihre Kinder.

FachanwältInnen für Familienrecht werden immer mal wieder von scheidungswilligen MandantInnen aufgesucht, die den anderen Elternteil einer schwerwiegenden psychischen Erkrankung oder etwa einer Sucht überführen wollen, weil sie darin eine Gefahr für ihre Kinder sehen. Sie möchten mit dieser Begründung vor Gericht ein Kontaktverbot zu den gemeinsamen Kindern erwirken.

Man könnte jetzt über die Motive spekulieren. Eines könnte Richtung Rache weisen und als Versuch gewertet werden, den anderen zu verletzen. Nach all meinen Gesprächen mit Eltern in Trennungssituationen habe ich jedoch den Eindruck, dass die Gründe wesentlich vielschichtiger sind. Dieser Versuch entspringt wohl eher der ängstlichen Sorge um die Kinder. Danach ließe sich das Bemühen um ein juristisches Vorgehen gegen den anderen Elternteil als Ausdruck von Angst und Sorge deuten. Oft stellt sich in einem solchen Fall bei eingehender Beschäftigung mit der Vorgeschichte eines Elternpaares heraus, dass es dort Episoden gegeben hat, in denen sich nicht nur der klageführende Part, sondern auch die gemeinsamen Kinder durch Verhaltensweisen des anderen Elternteils extrem alleingelassen, überfordert oder bedroht gefühlt haben. Unter diesem Aspekt ließe sich der Versuch, auf gerichtlichem Wege ein Kontaktverbot zu erwirken, als eine extreme Zuspitzung des Wunsches erklären, die Kinder vor einer (weiteren) Verletzung oder Enttäuschung durch den anderen Elternteil zu schützen. JuristInnnen sind in diesen Fällen gut beraten, eine therapeutische Einschätzung einzuholen. Ich möchte hier einen betroffenen Vater vorstellen:

Ich habe Angst, dass du unserem Kind wehtust!

Ich bin trockener Alkoholiker. Meine Frau hat während unserer Ehe einiges aushalten müssen, das tut mir rückblickend wirklich sehr leid. Wir waren recht jung, als wir geheiratet haben. Ich habe anfangs noch gut verdient, wir haben gebaut und unsere beiden Mädels bekommen, die inzwischen 12 und 16 Jahre alt sind. Unsere Trennung vor vier Jahren war für mich mein persönlicher Tiefpunkt. Ich habe mir Hilfe gesucht und bin seither trocken. Ich besuche regelmäßig Selbsthilfegruppen, damit das auch so bleibt.

Vor einem Jahr war die Scheidung, wo man mir ein Umgangsrecht mit meinen Töchtern eingeräumt hat. Meiner Frau passt das nicht. Sie hat Angst, dass ich wieder trinken könnte und dass die Mädchen das dann ausbaden müssten. Ich weiß, dass es schlimm war für die Kinder. Deshalb bin ich auch damit einverstanden, wenn es eine ganz langsame Annäherung gibt, wo wir uns mal für eine Stunde an einem öffentlichen Ort treffen. Die Kinder haben langsam begriffen, dass ich mich verändert habe. Ich habe ihnen erklärt, dass Alkoholismus eine Krankheit ist, die den Charakter und die Persönlichkeit verändert und dass man diese Krankheit nur stoppen kann, wenn man absolut abstinent lebt.

Je mehr Vertrauen die Mädchen zu mir fassen, desto aggressiver wird meine Ex-Frau. Sie will, dass ich die Kinder in Ruhe lasse, weil sie der Meinung ist, dass es sowieso nur eine Frage der Zeit ist, bis ich wieder an der Flasche hänge und die Kinder enttäusche. Das sagt sie auch den beiden Mädchen. Die Große hat mir genau das letztens ins Gesicht geschleudert und ist dann gegangen. Ich habe seitdem nichts mehr von ihr gehört. Die Kleine kommt weiterhin zu den Verabredungen, doch wirkt sie sehr verkrampft und unsicher. Ich vermute, dass ihre Mutter es ihr nicht leicht macht.

Nun hat sie mir damit gedroht, zu meinem neuen Arbeitgeber zu gehen, um ihm von meiner Krankheit zu berichten, falls ich den Kontakt zu unseren Kindern nicht sofort abbreche. Sie sagt, sie will die Kinder davor schützen, dass ich sie noch einmal so verletze.

Alkoholismus – genau wie viele andere Suchtkrankheiten – betrifft immer die ganze Familie. Ein Slogan der Al-Anon, einer Selbsthilfegruppe für Angehörige lautet: „Der Alkoholiker kreist um die Flasche, die Angehörigen kreisen um den Alkoholiker."

Kinder alkoholkranker und süchtiger Eltern haben große Probleme, ein angemessenes Selbstbild zu entwickeln. Sie haben häufig Schwierigkeiten damit, ihre Bedürfnisse wahrzunehmen und gesunde Grenzen zu setzen. Die für alkoholkranke Familien typischen Auseinandersetzungen und Konflikte sind in der Regel traumatische Erfahrungen im Leben von Kindern und Jugendlichen. Vielfach fällt es den Ehe- und Beziehungspartnern – oft über lange Zeit – sehr schwer, die Krankheit des Partners als solche zu erkennen und die vergeblichen Appelle um Einsicht und Besserung aufzugeben. Dementsprechend schwierig und langwierig gestalten sich dann häufig auch die Prozesse, die schließlich zu einer räumlichen Trennung von der abhängigen Person führen. Versprechen, das Trinken oder die Sucht aufzugeben, sind bei diesen Auseinandersetzungen an der Tagesordnung, sie werden jedoch immer wieder gebrochen, weil Sucht eben keine Frage des Willens und der Charakterstärke ist, sondern eine ernstzunehmende körperliche und psychische Erkrankung. Verständlich also, wenn derartig traumatisierte Angehörige der Trockenheit oder dem Clean-Sein des Ex-Partners misstrauen.

Selbstverständlich wird niemand einer „nassen" süchtigen Person Kinder anvertrauen. Ist es, wie im Falle unseres Beispiels, gelungen, die Sucht zu stoppen, so gilt jedoch auch dort, dass seine Töchter nun mal nur diesen einen Vater mit genau dieser gemeinsamen Geschichte haben.

Bei Alkoholismus und Sucht im Allgemeinen kann das Risiko eines Rückfalls niemals sicher ausgeschlossen werden. Die Mutter aus dem Beispiel kann, so sehr sie sich das auch wünschen mag, ihre Kinder nicht sicher vor einer erneuten Enttäuschung schützen. Was sie aber tun kann, ist ihre Töchter gut über die Krankheit aufzuklären, insbesondere darüber, dass allein der Vater die Verantwortung für seine Abstinenz trägt. Sie kann mit ihnen ganz klare Abmachungen und Vorkehrungen darüber treffen, dass sie sich sofort melden und zurückziehen, wenn der Vater wieder trinken sollte. Ganz wichtig ist in diesem Fall, dass die Kinder wirklich verstehen, dass sie für eventuelle Rückfälle keine Verantwortung tragen und dass ein Kontaktabbruch in diesem Fall kein Verrat, sondern notwendiger und gesunder Selbstschutz ist. Dem Vater damit zu drohen, ihn bei seinem neuen Arbeitgeber zu denunzieren, ist eine Verzweiflungstat, die das Problem und die Sorge um die Kinder nicht lösen kann.

Je besser es gelingt, die möglicherweise traumatische Familiengeschichte mit professioneller Unterstützung oder mit Hilfe von Selbsthilfegruppen aufzuarbeiten, desto wirksamer wird der seelische Schutz der Kinder sein.

Eltern sind es gewohnt, Entscheidungen für ihre Kinder zu treffen. Im Falle einer solchen Familienkrankheit sind die Kinder jedoch selbst leidgeprüfte Experten. Es ist deshalb wichtig, sie in Entscheidungen, die sie und ihre Beziehung zu ihren Eltern betreffen, einzubeziehen und ihr Votum dann auch zu respektieren. Selbstverständlich müssen Eltern dann darauf achten, ihre Kinder dabei nicht zu überfordern.

Das gilt nicht nur für Alkoholismus und Sucht, sondern auch für Depressionen und jede andere Form psychischer Erkrankungen. Sicherlich ist ein manisch-depressives Elternteil während eines Schubs nicht in der Lage, angemessen auf die Bedürfnisse seines Kindes einzugehen, doch wenn diese Krankheit behandelt wird, spricht nichts dagegen, dass ein betroffener Vater oder eine Mutter sein/ihr Kind betreut.

Kinder haben ein Recht darauf, Informationen über den Verlauf und die Besonderheiten der Erkrankung von Vater oder Mutter zu erhalten. Das ist wichtig, damit sie deren manchmal vielleicht seltsames, aufgekratztes, aggressives, unkontrolliertes oder deprimiertes Verhalten nicht auf sich beziehen oder gar befürchten, der Anlass dafür zu sein. Die meisten Erkrankungen sind so gut behandelbar, dass der Alltag reibungslos bewältigt werden kann. Man muss gar nicht versuchen, die Bürde eines Kindes zu verharmlosen, dessen Vater oder Mutter dauerhaft psychisch erkrankt ist, dennoch gilt auch hier: Auch diese Kinder haben nur diese Eltern und eine Trennung sollte auf keinen Fall zwangsläufig das Ende des Kontakts zum betroffenen Elternteil bedeuten! Natürlich darf kein Kind zum Kontakt gezwungen werden, doch er sollte immer möglich sein. Darüber hinaus sollte ein Notfallplan entwickelt werden, damit ein Kind weiß, wie es sich im Falle eines Rückfalls oder eines erneuten Schubes verhalten kann.

Mein Gott, wenn ich mir das so vorstelle, dann kommen mir unsere Trennungsprobleme regelrecht banal vor! Ich kann mir vorstellen, dass Sucht, Alkoholismus, körperliche Gewalt und psychische Krankheiten gut gehütete Familiengeheimnisse sind, genauso wie die Vorzeichen und der Beginn einer Trennung. All das wirkt sich hinter verschlossenen Türen auf den weiteren Lebensweg von Kindern aus. Wäre ich die Ex-Frau des alkoholkranken Vaters gewesen und hätte es endlich geschafft, mich und meine Kinder durch eine Trennung aus diesem Bann zu befreien, mein erster Impuls wäre es gewesen, umzuziehen: möglichst weit weg und ganz neu anfangen, um dieses Kapitel unserer gemeinsamen Geschichte möglichst schnell abzuschütteln.

Der Wunsch, diesen Konflikten auszuweichen, ist sehr verständlich. Doch auch eine große räumliche Distanz ändert nichts daran, dass der Mensch, der aus dem Leben gestrichen werden soll, ein Elternteil ist – mit all den Folgen, die dies für die Entwicklung von Kindern hat. Bricht der Kontakt zu einem Elternteil völlig ab, kann das seinen fortgesetzten Einfluss auf die kindliche Seele nicht verhindern. Es ist deshalb wichtig, diesen Schritt gut und nachvollziehbar zu begründen, wie etwa im Falle häuslicher Gewalt, wo er durchaus angezeigt sein könnte.

Bei einem Kontaktabbruch tritt die kindliche Fantasie an die Stelle realer Erfahrungen. Dies führt dann nicht selten sogar zu einer Idealisierung des abwesenden Elternteils. Ein Kontaktabbruch verhindert, psychologisch betrachtet, eine angemessene Verarbeitung oder auch eine „Integration" negativer Erfahrungen und behindert so die persönliche Entwicklung. Kinder werden sich weiterhin mit dem fehlenden Elternteil beschäftigen. Dieser Vorgang verbraucht Energie, die der Aufmerksamkeit für die aktuelle Realität verlorengeht. Die Folgen können sogenannte „Anpassungsschwierigkeiten" sein, die sich bis zur Auffälligkeit steigern können. Anpassung im psychologischen Sinne meint die Fähigkeit, angemessen, flexibel und spontan auf die Anforderungen des Alltags und der Wirklichkeit zu reagieren.

Okay, Kinder brauchen also realistische Elternbilder! Gleichzeitig sind wir Vorbilder. Doch durch diese schlimme Trennungskrise habe ich mich selbst in einem psychischen Ausnahmezustand erlebt, weit davon entfernt, die Mutter zu sein, die ich gerne wäre. Besonders in der ersten Zeit war ich so mit mir, mit meinen Ängsten, meinem Zorn und meiner Hilflosigkeit beschäftigt, dass ich häufig allenfalls körperlich anwesend war. Ganz und gar verfügbar, aufmerksam und daran interessiert, wie es meinen Kindern ging, war ich zu dieser Zeit selten. Trotzdem habe ich anfangs versucht, so zu tun, als sei alles wie immer, habe manchmal ohne jede in-

nere Beteiligung vage Kommentare abgegeben, gehofft, dass die Kinder sich nicht streiten, dass alles irgendwie seinen Gang geht und es endlich Abend wird und ich mich meinen Grübeleien hingeben kann. Mittels der Ich-Botschaften konnte ich mich vorsichtig wieder vor die Tür meines Schneckenhauses wagen, in das ich mich zurückgezogen hatte. Ich übte zaghaft, den Kindern mitzuteilen, wenn ich traurig war – aber nicht ihretwegen – oder dass ich müde war und durcheinander, und dass wir drei uns zusammen neu einrichten müssten.

Das hört sich jetzt vielleicht trübselig an. Wir sind bei all diesem Bemühen jedoch keineswegs in humorlosem Psychosumpf versackt! Mir fällt eine Situation ein, in der ich mich mal wieder ganz in meine Gedanken versunken auf dem Sofa ausgestreckt hatte. Dort wurde ich von Jakob aufgeschreckt, der energisch an meinen Armen rüttelte und verlangte: „Mama, Mami, Mamilein, auch, wenn du jetzt ganz traurig bist, du musst (!) jetzt mitkommen und dir meine supersupitolle Wilde-Kerle-Höhle angucken! Un-be-dingt!!!“

Die Kinder haben gemerkt, dass ich nicht perfekt bin, aber sie glauben mir, dass sie nicht die Ursache meiner Schwierigkeiten sind. Sie haben sich ein realistisches Bild von mir machen können, eines, das sie einschätzen, auf das sie reagieren und an dem sie sich orientieren können. Das war und ist mein wertvollstes Instrument, mein Kompass in diesem Orkan, in den ich hineingeraten bin. Dieses Bemühen, bei mir zu bleiben, authentisch zu sein – was auch bedeutet, dass ich sage, wenn ich über irgendetwas nicht sprechen will – hat die Beziehung zu meinen Kindern insgesamt verändert, sogar verbessert.

Besonders bei Maya fällt mir auf, dass wir weniger Konflikte haben. Ich habe das Gefühl, sie strebt inzwischen stark in Richtung Pubertät. Das mache ich daran fest, wie betont, ja beinahe übertrieben erwachsen sie manchmal mit ihren Freundinnen umgeht. Manchmal muss ich mir das Lachen verkneifen, weil sie dann zusammen schon fast eine Parodie affektierten, pseudo-erwachsenen Gehabes aufführen. Sie will groß und erwachsen sein. Das bedeutet auch, dass sie ernst genommen werden will und in Entscheidungen einbezogen. Mit meinem Rüstzeug „Ich-Botschaft“ und „Vertrauen“ fällt es mir viel leichter, mit ihr ins Gespräch zu kommen als früher, wo ich dachte, ich müsste immer schon zu Beginn eines Gespräches wissen, was dabei herauskommen soll.

Das alles konnte sich so entwickeln, weil ich in der Beratungsstelle einen Rückzugsort gefunden habe, an dem es um mich und nur um mich geht, einen Ort, an dem ich mich sortieren und Klarheit gewinnen kann, eine Klarheit, die ich brauche, um Entscheidungen zu treffen und mein neues Leben in die Hand zu nehmen.

Zusammenfassend könnte ich auch sagen, dass ich versuche, ein realistisches Bild von mir zu vermitteln. Ich bin eben ich: Anna, Ex-Partnerin, Mutter, manchmal launisch und meinen Stimmungen ausgeliefert, mal ungerecht und allzu schnell bereit, mich in mich zurückzuziehen. Wenn meine Kinder trotzdem das Gefühl haben, dass ich sie liebe und für sie da bin, ja, sogar manchmal kategorisch verlangen, dass nun mal Schluss mit Traurigsein ist, was will ich dann noch mehr?!

Meine Kinder sind mir sehr, sehr wichtig. Sie sind ein bedeutender Teil meiner wahrgewordenen Lebensziele, ja, meiner Identität. Natürlich mache ich mir viele Gedanken um ihre Erziehung und darüber, wie sie aufwachsen sollen, und natürlich habe ich Vorstellungen und Wünsche, was ich ihnen mitgeben möchte, damit sie gesunde, glückliche und erfolgreiche Erwachsene werden können. Solange es mir gutgeht, ist es auch nicht so schwierig, mich im Großen und Ganzen an meine Grundsätze zu halten und mich an meinen Idealen zu orientieren.

Wenn es mir jedoch schlechtgeht, so wie in der ersten Zeit nach Markus' Auszug, fällt es mir schwerer, meine selbst gesteckten Grundsätze einzuhalten. Einer davon ist, dass meine Kinder nicht übermäßig fernsehen sollen. Sie sollen lernen, bewusst auszuwählen, was sie sehen möchten und den Fernseher ausstellen, wenn die Sendung vorbei ist. In meinen schlimmsten Zeiten jedoch habe ich Maya und Jakob sogar dazu aufgefordert, den Fernseher anzumachen, um zu sehen, was es gibt – einfach, weil ich Ruhe brauchte, weil es mir zu viel wurde, mich mit den beiden auseinanderzusetzen. Die perfekte Mutter war ich in diesen Situationen sicher nicht!

Ich konnte jedoch während dieser Zeit die beeindruckende Erfahrung machen, dass Kinder gar nicht so maßlos sind, wie ich gedacht hatte. Wenn ich dieses Angebot nämlich zu oft machte, überraschte mich Jakob beispielsweise, indem er maulte, mit dem Fuß aufstampfte und sich beschwerte: „Ich WILL aber nicht schon wieder fernsehen, ich will, dass du jetzt mitkommst, Mama!"

Für mich ist das rückblickend die beste Bestätigung, dass meine Erziehung in dieser Sache trotz allem Früchte getragen hat. Mein Handeln wider meine eigenen Grundsätze hat nicht zu einer dauerhaften Beeinträchtigung seiner Entwicklung geführt. Dazu bedürfte es, das habe ich in den vielen Gesprächen mit Frau Steffens begriffen, mehrerer schwerwiegender und dauerhafter „Alltagsvergehen".

„Kinder sind nicht aus Zucker", pflegte Großmutter Änne zu sagen. Sie hat noch die Entbehrungen des Krieges erlebt. Daran muss ich denken, weil es die in meiner heilen Welt und in Wohlstand geborenen Vorstellungen und Ansprüche doch etwas relativiert. Auch, wenn sich der Blick auf Kinder Gott sei Dank verändert hat, kann ich Maya und Jakob ruhig mehr zutrauen, als ich das normalerweise zu tun pflegte. Außerdem scheint es auch in der Erziehung Dinge zwischen Himmel und Erde zu geben, die wir Eltern nicht beeinflussen können.

Genauso ist es. Natürlich haben Eltern einen großen Einfluss auf die gesunde Entwicklung ihrer Kinder, und doch bringen diese auch etwas ganz Eigenes mit auf die Welt. Das ist etwas, das Eltern mehrerer Kinder immer wieder fasziniert feststellen. Manche Kinder scheinen sogar so etwas wie einen persönlichen Schutzschild zu haben, der ihnen selbst unter schwierigsten, ja manchmal traumatischen Lebensbedingungen eine gesunde Entwicklung ermöglicht.

Das Kindeswohl ist jedenfalls nicht dadurch ernsthaft gefährdet, dass ein Kind sich ein Wochenende lang nicht gründlich die Zähne putzt, an einem Tag unbegrenzt fernsehen darf oder eine ganze Woche im Monat lang nur Fast Food zu essen bekommt. Ab und zu sollten wir Eltern ein Stück von unserer kleinen, beschützten Alltagsinsel ins offene Meer des Lebens hinausschwimmen, und mit etwas Distanz unsere Maßstäbe zurechtrücken. Vielleicht hilft das, bei vermeintlichen Erziehungsfehlern des anderen Elternteils unseren Zorn und unsere Enttäuschung in Grenzen zu halten.

Wenn wir die Sorge über Verhaltensweisen des anderen Elternteils anhand sachlicher Informationen oder mithilfe professioneller Unterstützung überprüfen und uns noch dazu aufrichtig mit unserem Ärger auseinandersetzen, werden wir darauf stoßen, dass ein großer Teil des Ärgers unseren eigenen Enttäuschungen und Verletzungen durch die gescheiterte Erwachsenen-Beziehung entspringt und keine rein pädagogischen Gründe hat.

Eltern können nicht perfekt sein, denn Fehler lassen sich nicht vermeiden. Unsere Ansprüche und Ideale sind dennoch wichtig, weil sie der Maßstab sind, anhand dessen wir unsere Fehler erkennen, um aus ihnen lernen zu können. Umgekehrt lässt uns die Auswertung unserer Fehler erkennen, wann unsere Maßstäbe und Ideale völlig unrealistisch und überzogen sind. Dann können Fehler helfen, Erwartungen zu korrigieren.

Nachdem es in den vorigen Sitzungen darum ging, die grundsätzliche Beziehung des Kindes zum anderen Elternteil zu respektieren, ist es nun wichtig, es beiden zu überlassen, ihre Beziehung entsprechend ihrer Wünsche, Bedürfnisse und Eigenschaften auszugestalten. Für den Alltagselternteil ist es wichtig, dem Kind realistische Erfahrungen mit dem anderen Elternteil zu ermöglichen und auch seine Enttäuschungen und negativen Gefühle auszuhalten. Jedes Kind hat nun einmal Eltern mit Schwächen und Stärken, und solange das Kindeswohl davon nicht bedroht ist, sollten Kinder diese Erfahrung machen dürfen.

Sitzung 9

Jojo oder die ersten drei Lebensjahre

„Oft fragt die zweieinhalbjährige Sarah, ob sie heute mit Papa schwimmen gehe, oder sie fragt: ‚Ist heute Sonntag?' Das hat ihre Mutter auf die Idee gebracht, ihr so einen altmodischen Abreißkalender zu kaufen. Den hat sie neben Sarahs Bett gehängt. Das Datum der Sonntage sei da immer rot gedruckt, und für Sarah sei das eine gute Orientierung."

Eine Trennung mit Kindern unter drei Jahren birgt besondere Herausforderungen für Trennungseltern, weil Kinder in diesem Alter noch sehr auf eine feste Bezugsperson angewiesen sind und ein hohes Maß an Beständigkeit brauchen.

Gestern hat mich meine Freundin Jojo angerufen. Sie hatte gehört, dass Markus ausgezogen ist. Das hat sie ermutigt, mir ihre Geschichte zu erzählen. Ich war völlig schockiert, dass Jojo sich ebenfalls von ihrem Partner Kahan getrennt hat. Ihre Kinder sind gerade mal ein halbes Jahr und zweieinhalb Jahre alt.

Kahan stammt aus dem Iran. Er und Jojo haben sich im Studium kennengelernt: Die ganz große Liebe, die leider bei Kahans Familie auf wenig Akzeptanz stieß. Kahans Familie in seiner Heimat war davon ausgegangen, dass er nach dem Studium zurückkehren und die Arztpraxis seines Vaters übernehmen würde, für Jojo ein absolutes No-Go. Sie will in Deutschland bleiben und auch selbst ihrem Beruf nachgehen. Sie befürchtet, dass dies in Kahans Heimat schwieriger sein könnte. Mit der Geburt von Sarah, ihrem ersten Kind, kamen die ersten Konflikte auf, weil deutlich wurde, dass sich ihre Ansichten von der Beteiligung an der Kindererziehung und der Verteilung der häuslichen Pflichten doch erheblich unterschieden.

Das zweite Kind, der kleine Ben, war eigentlich noch nicht geplant gewesen. Nach seiner Geburt spitzten sich die Konflikte noch einmal zu, weil damit Jojos Situation vorerst festgeschrieben war. Als Ben etwa acht Wochen alt war, musste Kahan in seine Heimat reisen, weil sein Vater schwer erkrankt war. Er blieb dort sechs Wochen, bis sein Vater starb. Offenbar musste Kahan seinem Vater versprechen, nach Abschluss seiner Facharztausbildung in knapp vier Jahren in seine Heimat zurückzukehren, um dort die väterliche Praxis zu übernehmen. Das alles war geschehen, ohne dass er in irgendeiner Weise Rücksprache mit Jojo gehalten hatte. Sie sagt, ein Vertrauensbruch in dieser Dimension habe ihrer ohnehin angeschlagenen Beziehung den Todesstoß versetzt.

Sie war abwechselnd verzweifelt und wütend auf Kahan und sich selbst, weil sie so naiv gewesen war und geglaubt hatte, dass ihre Liebe alle kulturellen Unterschiede und Hindernisse einfach so überwinden würde. Immer wieder sagte sie: „Weißt du, ich glaube, ich träume, und dann denke ich, ich müsste jeden Moment aufwachen und feststellen, dass alles nur ein schrecklicher Albtraum ist!"

Wie bekannt mir das vorkommt! Genauso erging es mir am Anfang, nachdem Markus ausgezogen war.

Inzwischen sind vier Monate vergangen. Sarah geht seit ein paar Wochen in den Kindergarten und Ben ist ein gutes halbes Jahr alt. Kahan hat sich eine kleine Wohnung in der Nähe gesucht, eine Zwischenlösung, für das Zusammenleben mit kleinen Kindern völlig ungeeignet.

Beide waren sich einig, dass Kahan, solange dies noch möglich ist, den regelmäßigen, persönlichen Kontakt zu seinen Kindern aufrechterhält. Weil Ben noch so klein ist und Kahan meint, dass dies in seiner Wohnung nicht geht, haben sie vereinbart, dass er sonntags zu Jojo kommt und dort ein Stück Alltag mit den Kindern verbringt. Er spielt mit ihnen, isst mit ihnen zusammen Abendbrot, badet Ben und bringt beide Kinder ins Bett. Jojo bekommt so einen freien Abend in der Woche. Das klingt erstmal vernünftig, aber sie sagt, sie sei am Ende: Es sei unerträglich, diesen Mann so regelmäßig in ihrer privaten, ehemals gemeinsamen Umgebung zu haben. In der ersten Zeit sei jedes Mal eine schmerzhafte Hoffnung aufgeflammt, alles möge wieder so wie früher werden. Inzwischen aber verspüre sie einen beinahe körperlichen Widerwillen, wenn sie Kahan die Tür öffnen und ihn hineinlassen müsse. Hoffnung, dass die Zeit Linderung bringt, macht allerdings die neueste Entwicklung: Kahan bringt Sarah nun morgens in den Kindergarten. Die Treffen müssen also nicht mehr ausschließlich bei ihnen zuhause stattfinden.

Ich bewundere Jojo und kann gut verstehen, wie schwer es ihr gerade jetzt fällt, Kahan immer wieder in ihrer Wohnung begegnen zu müssen, obwohl sie sich Distanz wünscht, um ihre Trennung erst einmal verarbeiten zu können. So versucht sie, ihm nach Möglichkeit aus dem Weg zu gehen. Sie hat für sich einen Weg gefunden, indem sie sich dann in ihr Arbeitszimmer zurückzieht. Damit kommt sie gut zurecht, sagt sie.

Eine Trennung mit Kindern unter drei Jahren birgt besondere Fallstricke, weil Kinder in diesem Alter besondere Bedürfnisse haben. Obwohl sich Jojo Distanz zu ihrem Ex-Partner wünscht, machen es die beiden mit Blick auf ihre kleinen Kinder genau richtig: Der Kontakt zu beiden Elternteilen hilft dem Kind, das sogenannte Urvertrauen zu entwickeln.

Entwicklungspsychologen unterscheiden verschiedene Entwicklungsphasen. Für jede Phase lassen sich typische Entwicklungsfortschritte, Bedürfnisse und Entwicklungsaufgaben beschreiben, deren erfolgreiche Bewältigung für eine gesunde Entwicklung wichtig ist. Für das erste Lebensjahr besteht diese Entwicklungsaufgabe darin, Urvertrauen zu erwerben. Wir Menschen kommen völlig hilflos auf die Welt, ausgestattet mit einem starken Überlebenswillen, jedoch nicht fähig, ohne die Fürsorge unserer Eltern zu überleben. Unsere Wahrnehmung und auch das Zeitgefühl sind noch nicht entwickelt, so dass ein Säugling in den ersten Lebenswochen die Gegenwart als einen immerwährenden Zustand erlebt. Hunger und Schmerz machen dementsprechend große Angst, weil ein Baby noch nicht weiß, ob und wann diese Zustände beendet werden. Diese Urangst muss durch das Urvertrauen abgelöst werden. Dieses kann sich entwickeln, wenn ein Baby regelmäßig und zuverlässig versorgt, genährt und gepflegt wird, und wenn es Zärtlichkeit und Liebe erhält. Während seines ersten Lebensjahres erwirbt ein Kind auf diese Weise seine grundlegenden Ansichten über sich selbst und über die Welt, die während dieser Zeit noch nahezu ausschließlich durch die Eltern repräsentiert wird. Begegnen sie ihm liebevoll und zugewandt, fühlt es sich liebenswert, begegnen sie ihm ablehnend oder gar feindselig, fühlt es sich wertlos und ungeliebt.

Diese elementare Erfahrung nistet sich in unserer Persönlichkeit ein, denn auf unserem Lebensweg gehen keine Erfahrungen verloren, auch, wenn sie uns nicht immer bewusst zugänglich sind. So wird die Erfahrung von Urvertrauen zu diesem sehr frühen Zeitpunkt unseres Lebens wie in eine zur vielfachen Teilung bestimmte Zelle hineingeimpft, so dass die Information mit zunehmendem Lebensalter bis zur letzten Teilung erhalten bleibt und sich niemals ganz verliert. Gerade in Krisen wie die einer Trennung werden Ur-Erfahrungen wirksam und beeinflussen, wie wir diese Lebenssituation verarbeiten. Mit Urvertrauen können wir selbstbewusst und zuversichtlich durch Krisen gehen.

In unseren Sitzungen ist mir klargeworden, dass ein Kind dann Urvertrauen erwirbt, wenn seine Eltern zuverlässig auf seine Bedürfnisse reagieren. Ich ertappe mich immer wieder dabei, wie ich über meine eigene Kindheit nachdenke, die so zum Schlüssel für das Verständnis mancher Schwierigkeiten im Heute wird. So, wie meine Mutter es berichtet, war es wohl unvorstellbar, dass ein Baby mit im Elternbett schlief. Meine Mutter fühlte sich unter Druck, uns Kinder schon als Säuglinge zu „erziehen“, indem sie uns nur alle vier Stunden stillte, auch wenn wir noch so verzweifelt schrien.

Letztens habe ich mir einen Satz aufgeschrieben, weil er mir so gut gefiel:

„Kinder erlauben uns einen Blick in den Spiegel unserer eigenen Entwicklung, sie verhelfen uns zum besseren Verständnis unseres Selbst.“

Nach allem, was ich über das erste Lebensjahr gehört habe, halte ich es durchaus für möglich, dass meine grundsätzlich eher ängstliche Haltung jeglicher Veränderung gegenüber sowie mein Pessimismus, mit dem ich meine Perspektiven häufig spontan beurteile, vielleicht auch etwas mit meinen Erfahrungen als Baby zu tun haben. So richtig sattes Urvertrauen konnte ich da bestimmt nicht gewinnen. Das fällt mir besonders dann auf, wenn ich mich mit Jakob vergleiche, mit seiner fröhlichen, manchmal gar draufgängerischen Zuversicht.

Mir leuchtet ein, dass das erste Lebensjahr eine große Chance für die Ausbildung einer sicheren Beziehung zu beiden Eltern ist, und ich vermute, dass dies auch Kahan gelingen kann, wenn er weiterhin so regelmäßig Kontakt zu seinen Kindern hält.

Das stimmt. In dem Moment, in dem wie bei Kahan und seinem Sohn Ben durch die Elterntrennung der alltägliche, mühelose Kontakt zu einem Elternteil abbricht, ist es ideal, wenn Rituale im Kontakt mit dem getrennten Elternteil diese Lücke füllen. Dies gilt ganz besonders für das erste Lebensjahr. Für den Fortbestand der Beziehung zum Kind ist dabei nicht die Häufigkeit entscheidend, sondern vor allem die Stetigkeit.

Es gibt ein Bild von einem Yogi, der dies anhand einer brennenden Kerze beschreibt: Stößt man aus großem Abstand regelmäßig kleine Atemstöße in Richtung einer brennenden Kerze, wird diese bald erlöschen – das würde man aus derselben Entfernung mit einem zwar kraftvollen, aber unregelmäßigen Pusten niemals erreichen.

Soll heißen: Wenige unspektakuläre, aber regelmäßige und berechenbare Kontakte sind – übrigens nicht nur für kleine Kinder – wesentlich besser als unregelmäßig abgebrannte Feuerwerke sensationeller Begegnungen mit großen Attraktionen oder Geschenken.

Durch regelmäßige, möglichst gleichbleibende Rituale wie zum Beispiel das gemeinsame Abendessen oder das Baden kann ein kleines Kind nach und nach Erwartungen an seine Eltern entwickeln, die dann zuverlässig erfüllt werden sollten. Dies ermöglicht es dem Kind, mit der Zeit ein sicheres inneres Bild auch vom getrennt lebenden Elternteil zu entwickeln, der so seinem Kind vermitteln kann, dass er es liebt. Das Kind kann die so wichtigen Wurzeln ausbilden und sich als „ganz" erleben, als sicher und liebenswert.

Deshalb machen es Annas Freundin und deren Ex-Partner richtig, wenn der Vater seinen kleinen Sohn regelmäßig in seiner vertrauten Umgebung besucht und diese Besuche immer gleich ablaufen.

Ich spüre plötzlich eine unglaubliche Dankbarkeit und Erleichterung in mir, dass Maya und Jakob schon so selbstständig sind. Mir reichen momentan die unvermeidlichen Kontakte mit Markus beim Bringen oder Abholen völlig! Ich glaube, wären die Kinder noch so klein, wäre in meiner jetzigen Situation die Versuchung groß, Markus ganz außen vor zu lassen.

Jojos Tochter Sarah ist ja mit ihren fast drei Jahren schon etwas unabhängiger als ihr kleiner Bruder. Jojo sagt, Sarah liebt Kahan abgöttisch. Sie verbringt auch schon regelmäßig Zeit mit ihrem Vater außerhalb ihrer vertrauten Umgebung. Sie bewundert ihn und freut sich sehr auf die gemeinsamen Sonntage und den Abend mit ihrem Vater. In der letzten Zeit habe sie energisch darauf bestanden, seine Wohnung zu sehen. Sie wollte wissen, wie ihr Vater lebt, und bei alltäglichen Verrichtungen fragte sie immer wieder Dinge wie: „Hat Papa auch eine Badewanne?", oder „Hat Papa auch einen Fernseher?" Kahan hat ihr dann seine Wohnung gezeigt. Auch dieser Ausflug hat ihr gut gefallen.

Oft fragt Sarah, ob sie heute mit Papa schwimmen gehe, oder sie fragt: „Ist heute Sonntag?" Das hat Jojo auf die Idee gebracht, ihr so einen altmodischen Abreißkalender zu kaufen. Den hat sie neben Sarahs Bett gehängt. Das Datum der Sonntage ist da immer rot gedruckt, und für Sarah sei das eine gute Orientierung.

Das ist eine wunderbare Idee für Kinder dieses Alters, weil diese noch keinen sicheren Zeitbegriff haben. Mit diesem Abreißkalender schlägt Jojo zwei Fliegen mit einer Klappe: Sie hilft ihrer Tochter dabei, eine Vorstellung von Zeiträumen zu entwickeln, indem sie Tag für Tag ein Blatt von diesem Kalender abreißen kann. Sie kann sogar nachzählen und die Kalenderblätter anfassen, die die Tage repräsentieren. So bekommt sie eine Vorstellung für die Tage, die noch vergehen werden, bis sie wieder etwas mit ihrem Vater unternehmen kann. Über die gemeinsamen Fahrten zur Kita hinaus vermittelt Annas Freundin ihrer Tochter auf diese Weise eine ungeheure Sicherheit in den Fortbestand der Beziehung zu ihrem Vater, auch wenn er in ihrem häuslichen Alltag nicht mehr präsent ist.

Trennungskinder brauchen in den ersten drei Lebensjahren vor allem Regelmäßigkeit, Zuverlässigkeit und ein sensibles Gespür der Erwachsenen für ihre individuelle Belastungsgrenze im Hinblick auf eine Trennung von der primären Bezugsperson. Wenn es dann noch gelingt, ihnen altersgerechte, ganz konkrete Orientierungshilfen zu geben, wird es kleinen Kindern leichter fallen, sich in dieser Situation zurechtzufinden und sicher zu fühlen.

Ich bekomme langsam einen neuen Blick auf die kindliche Entwicklung. Das bringt Erinnerungen an meine eigene Kindheit zurück, die mir im Nachhinein wichtige Erkenntnisse über mich selbst ermöglichen. Ich kann nun auch viele Verhaltensweisen meiner Kinder während ihrer ersten Lebensjahre besser einordnen und verstehen.

Zum Beispiel haben beide Kinder irgendwann von sich aus beschlossen, keine Windel mehr tragen zu wollen. Das hat sich jeweils kurz vor dem Beginn des Kindergartens so ergeben. Ich erinnere mich daran, dass meine Mutter bei uns eingehütet hat, als Markus und ich zum ersten Mal nach Jakobs Geburt für ein Wochenende zu zweit verreist sind. Als wir zurückkamen, erzählte Maya, die Oma habe mit dem damals gut anderthalb Jahre alten Jakob geschimpft, als dieser die Windeln voll hatte. Sie hat ihn dann wohl auch noch aufs Töpfchen gesetzt.

Das brachte mir eine Erinnerung zurück, die ich so deute, dass ich selbst als Kind des Öfteren längere Zeit auf dem Töpfchen verbracht habe, denn es hat sich mir ein Bild eingeprägt, wie ich dort wartend und sitzend spielte. Wahrscheinlich sind wir noch sehr in Richtung Sauberkeit getrimmt worden. Wenn ich das jetzt dazu in Beziehung setze, dass Kinder dieses Alters einen so großen Wunsch nach Selbstständigkeit haben, dann widerspricht so eine „Erziehung" diesem Bedürfnis ja wohl extrem! Damals muss sich ja geradezu ein Machtkampf um die Kontrolle unserer Ausscheidungsfunktionen abgespielt haben. Ich bin fassungslos und empört über diese neue Erkenntnis! Frau Steffens sagt, Kinder, die lernen, dass sie ihre Ausscheidungsprozesse kontrollieren können, betrachten das als ihren Verdienst. Das könne man auch daran erkennen, dass sie anfangs stolz das Ergebnis präsentieren. Sie sagt, meine Erinnerungen deuten darauf hin, dass schon früh sehr stark in mein Bedürfnis nach Selbstbestimmung eingegriffen wurde und damit Zweifel in mein Selbstvertrauen gesät wurden. Sie sagt, Eltern, die ihren Kindern so die Kontrolle über ihre Ausscheidungsvorgänge entreißen, erschüttern damit den Stolz der Kinder auf ihre Unabhängigkeit. Wenn Eltern ihre Kinder in dieser Entwicklungsphase spüren lassen, dass sie ihre Erwartungen enttäuscht haben, markiert das oft die Geburtsstunde der Scham.

Das sind Gefühle, die sich bei mir schnell einstellen, wenn ich befürchte, den Erwartungen anderer nicht gerecht zu werden! In meiner Kindheit wurde mein Wunsch nach Autonomie allzu rasch als unzulässiger Eigensinn verurteilt. Darüber werde ich noch weiter nachdenken. Es ist wohl etwas dran an dem, was ich da über die Bedeutung unserer ersten Lebensjahre erfahren habe. Jedenfalls kann ich mir damit die Ursache mancher meiner Schwierigkeiten erklären. Für mich ist es total spannend, mein neues Wissen über die kindliche Entwicklung auch auf meine eigene Geschichte anzuwenden.

Die Entwicklungsaufgabe eines Kleinkindes während des zweiten und dritten Lebensjahres besteht in der Erprobung seiner Autonomie. Zwei wesentliche Entwicklungsfortschritte machen dies möglich: das freie Laufen und das Beherrschen der Körperfunktionen, was es ihm schließlich ermöglicht, auf eine Windel zu verzichten.

Damit erlangt ein Kind in diesem Alter zwei wesentliche Fähigkeiten, die es aus der unmittelbaren Abhängigkeit von seinen Eltern befreien. Ein sicher gebundenes Kind dieser Altersgruppe lechzt geradezu nach Autonomie. Gleichzeitig braucht es seine Bezugspersonen als eine Art Tankstelle, zu der es von seinen anstrengenden und aufregenden Ausflügen in die Selbstständigkeit regelmäßig zurückkehren kann, um

Energie und Zuversicht für neue Abenteuer zu tanken oder sich nach Missgeschicken trösten zu lassen. Es ist also oftmals hin- und hergerissen in seiner Ambivalenz, sich von der Bezugsperson lösen zu wollen und der Erkenntnis, dass ihm das zu diesem Zeitpunkt noch nicht vollständig gelingt. Dieses Hin- und Hergerissen-Sein zwischen dem Wunsch nach Selbstständigkeit und der Erfahrung seiner Abhängigkeit äußert sich häufig in den für dieses Alter typischen Trotzreaktionen und Wutanfällen. Diese Verhaltensweisen und unausgeglichenen Gemütszustände sind also ein Indiz für eine gesunde Entwicklung – anstrengend ist diese Zeit für die Eltern dennoch.

Aus Studien weiß man, dass kleine Kinder, die diese Sicherheit nicht erwerben konnten, zu „Beschattern" ihrer Bezugspersonen werden, anstatt mutig ihre Autonomie zu erproben. Sie verbrauchen die Energie, die sie zum Wachsen und Erproben neuer Fähigkeiten einsetzen könnten, dafür, die Bezugspersonen zu beobachten, um sich immer wieder ängstlich ihrer Gegenwart zu versichern.

Mir leuchtet es total ein, dass die Trotz- und Wutanfälle der Kleinkindzeit Ausdruck einer riesengroßen Frustration sind. Sie sind die Folge dessen, dass etwas, das Kinder sich vornehmen, nicht klappt und sie dann doch wieder die Abhängigkeit von ihren Eltern spüren müssen.

Schade, dass ich das nicht schon so sehen konnte, als meine Kinder in diesem Alter waren, denn besonders Mayas Wutanfälle, die sie oft auch in der Öffentlichkeit hatte, habe ich gefürchtet. Ich konnte das häufig überhaupt nicht einordnen und kam richtig ins Schwitzen, wenn es mir nicht gelingen wollte, sie zu beruhigen.

Während dieser Zeit bräuchte man quasi übermenschliche Fähigkeiten, um jederzeit geduldig, unbeirrt und ermutigend auf ein Kind mit oft so anstrengendem, widersprüchlichem Verhalten eingehen zu können. Dem anderen Elternteil, auch wenn es im Fall einer Trennung nicht mehr mit dem Kind zusammenlebt, kommt zu diesem Zeitpunkt daher eine große Bedeutung zu: als weiterer Beziehungspartner des Kindes, der den Radius erweitert, innerhalb dessen das Kind die für seine weitere Entwicklung so notwendigen Autonomie-Erfahrungen ausprobieren und trainieren kann. Außerdem verschafft er der Hauptbezugsperson Entlastung und legt durch regelmäßigen Kontakt einen Grundstein für eine verlässliche Beziehung zu seinem Kind. In dieser Phase ist es auch wichtig für das Kind, seine Eltern – zumindest in intakten

Familien – in einer loyalen und solidarischen Liebesbeziehung zu erleben. Diese Tatsache beschert einem Kind für die Entwicklung eines realistischen Selbstbildes notwendige Enttäuschungen.

Die Psychotherapeutin Alice Miller hat in ihrem Buch, „Das Drama des begabten Kindes" ein sehr anschauliches Beispiel für diese unvermeidliche Erfahrung geschildert:

Wenn zwei das Gleiche tun, ist es nicht dasselbe

Ein Elternpaar mit einem kleinen, etwa zweijährigen Kind ging sommertags spazieren. Da es warm war, kauften sich die Erwachsenen jeweils ein Eis am Stiel. Der kleine Junge streckte seine Arme aus und wollte auch eins, doch die Eltern gaben ihm zu verstehen, dass er noch zu ungeschickt sei, um mit einem eigenen Eis zurechtzukommen. Sie sprachen liebevoll und freundlich mit dem Kind und boten ihm an, von ihrem Eis abzubeißen und mitzuessen.

Doch das Kind wollte ein eigenes Eis. Es schmollte, weinte und lehnte das elterliche Angebot ärgerlich ab. Obwohl die Eltern es gut meinten und ihre Gründe hatten – und sei es nur, dass das Kind sich nicht bekleckern oder das Eis verlieren sollte – obwohl sie freundlich waren und dem Kind anboten, das Eis mit ihm zu teilen, fügten sie dem Kind eine für dieses Alter typische Kränkung zu. Dem Jungen in diesem Beispiel geht es nicht vorrangig um das Eis. Ihm geht es darum, mit den Eltern gleichberechtigt zu sein. Mit der Verwehrung des eigenen Eises spürt er seine Ohnmacht und seine Abhängigkeit. Er spürt den Unterschied zwischen seinen Eltern als Erwachsenen und ihm als Kind.[1]

Diese Szene macht deutlich, wie kränkend es für Kleinkinder in einer intakten Familie ist, aus der elterlichen Gemeinschaft ausgeschlossen zu sein und mit ihrer kindlichen Abhängigkeit konfrontiert zu werden. Grundsätzlich ist dies für ihre gesunde Entwicklung eine unentbehrliche Erfahrung, weil sie nur so ihr manchmal geradezu grandioses Selbstbild korrigieren können.

Im Gegensatz zu einer Zwei-Eltern-Familie ergibt sich diese Erfahrung in Ein-Eltern-Familien weniger zwangsläufig, weil der erwachsene Partner fehlt, der beispielsweise auf einem exklusiven, das Kind ausschließenden Gespräch besteht. Umso wichtiger

[1] vgl. Miller, A.: Das Drama des begabten Kindes. Frankfurt a.M. 1979. S.109ff.

ist es, dass Alleinerziehende im sozialen Miteinander ihre Erwachsenen-Grenze dem Kind gegenüber ganz bewusst wahren, denn nur so ermöglichen sie ihm eine realistische Vorstellung von seinem Platz im sozialen Gefüge. Dies geschieht zum Beispiel, wenn Eltern Besuch von erwachsenen Freunden haben und sich diesen auf eine erwachsene Weise, nämlich im Gespräch über Dinge, die das Kind vermutlich noch nicht versteht, zuwenden – auch, wenn das naturgemäß den Protest eines Kindes herausfordert. So ging es auch der Mutter im folgenden Beispiel:

Mein Kind quengelt, sobald ich mich anderen Erwachsenen zuwende.

Immer, wenn ich spontanen kurzen Besuch bekomme oder mit meinem dreijährigen Kind kurz bei jemandem vorbeischaue, der keine Kinder hat, laufen diese Treffen nach demselben Muster ab: Meine Tochter besteht nach kürzester Zeit darauf, dass ich mich ihr zuwende. Sie zerrt dann an mir herum, macht tollpatschige Dinge, von denen ich inzwischen glaube, dass sie das mit Absicht macht, schubst mich oder meine Freundinnen und attackiert sie mit Ausrufen wie „blöde …!" Diese Besuche dauern nie länger als eine halbe bis eine Stunde, mal schnell einen Kaffee zusammen trinken und eine Verabredung für abends treffen, etwas ausleihen, eine Einladung überbringen oder so etwas. Ich überlege wirklich, ob ich diese kurzen Treffen demnächst ganz sein lasse, denn wir sind am Ende immer beide völlig erledigt.

Solche Alltagssituationen, die alle Eltern kennen, haben für Kinder – und da gerade für Einzelkinder von Alleinerziehenden – eine wichtige Bedeutung. Sie sind elementar bedeutsam für die gesunde Entwicklung, weil sie einem Kind nach und nach zu einem realistischen Selbstbild verhelfen, so dass es sich nicht abwechselnd als den Riesen seiner Träume und den Zwerg seiner Enttäuschungen erleben muss. Ein gesundes Kind lernt, diese Erfahrungen nicht als unvereinbare Gegensätze, sondern als sich ergänzende Erfahrungen zu verarbeiten. Es gelangt irgendwann zu der Einsicht, dass es sowohl selbstständig, als auch auf die Eltern angewiesen ist, ganz so, wie es seinem Entwicklungsstand tatsächlich entspricht. Es ist deshalb wichtig, dass Eltern es auch mal aushalten, wenn sie ihr Kind enttäuschen. Ein entscheidendes Merkmal seelischer Gesundheit ist nämlich die Fähigkeit, die Welt und sich selbst realistisch sehen und angemessen reagieren zu können.

Für Alleinerziehende kann hier der Kontakt zu den Großeltern hilfreich sein, wenn diese verfügbar sind und eine positive Bindung zum Elternteil und zum Kind haben. Hier werden sich ganz von selbst immer wieder Situationen ergeben, in denen das Kind einmal für kurze Zeit zurückstecken muss.

Es stimmt, früher hat es sich oft einfach so ergeben, dass Markus und ich die Kinder aus Gesprächen oder Situationen ausgeschlossen haben, weil wir uns als erwachsene Partner aufeinander bezogen haben. Solche Situationen gibt es in unserem neuen Familienalltag einfach nicht mehr. Wenn ich Dinge tun will, bei denen ich meine Ruhe haben möchte, erledige ich sie abends, wenn die Kinder schlafen. Mir fällt es schwer, mich abzugrenzen, wenn sie etwas von mir wollen. Das war anders, als Markus noch da war. Zu zweit ist so etwas einfacher. Es wäre also gut, wenn ich mich bewusst darum bemühen würde, mich als alleinerziehende Mutter im Alltag von meinen Kindern nicht ganz und gar vereinnahmen zu lassen, indem ich meine Erwachsenen-Inseln ihnen gegenüber verteidige. Ich sollte mir angesichts ihres vielleicht manchmal wütenden Protests vor Augen halten, dass ich ihnen gerade eine wichtige Erfahrung ermögliche. Bei diesem Gedanken muss ich lächeln, aber irgendwie fühlt er sich richtig und gut an!

Doch zurück zu Jojo: Ich muss ehrlich zugeben, dass ich mir nicht sicher bin, ob ich es schaffen würde, mich so wie sie zu verhalten und das Wohl meiner Kinder derart über meinen persönlichen Schmerz, meine Enttäuschung und meine Wut zu stellen. Ich könnte es nicht ertragen, Markus wieder und wieder in meinem, unserem ehemaligen gemeinsamen Zuhause zu haben. Woher nimmt Jojo nur diese Kraft? Und was kann man machen, wenn es einem nicht so gut wie ihr gelingt, sich selbst zugunsten der Kinder so zurückzunehmen?

Gott sei Dank ist es in der Regel nur eine – die dritte – Phase, in dem der Kontakt mit dem Ex-Partner als so unerträglich empfunden wird. Ich würde Eltern von Kleinkindern daher immer raten, diesen Konflikt über die Häufigkeit der Kontakte zu regulieren. Weniger ist dann mehr. Wenn Eltern das Gefühl haben, freier entscheiden zu können, dann verändert dies bereits die Einstellung und die Bereitschaft von Eltern, dem anderen entgegenzukommen.

Eltern sollten sich nach einer Trennung stets im Klaren darüber sein, dass auch ihr Umgang miteinander über die Beziehung des Kindes zu beiden Elternteilen entscheidet. Diese Beziehung wiederum hat entscheidenden Einfluss darauf, wie das Kind seine Entwicklungsaufgaben meistert. So reduziert sich der unmittelbare Kontakt zum Ex-Partner dann von selbst. In der Regel sollte es keinen Grund geben, dem anderen Elternteil einen Kontakt im Rahmen der gegebenen Möglichkeiten zu verweigern. Vielleicht gelingt es dem überwiegend alleinerziehenden Elternteil, die freie Zeit als Entlastung zu sehen und für sich zu nutzen.

Ich habe mir vorgenommen, Jojo anzurufen oder besser noch, zu besuchen, um ihr einmal zu sagen, wie sehr ich es bewundere, welche Einschränkungen sie den Kindern zuliebe auf sich nimmt. Das meine ich ganz ernst, meine Bewunderung ist echt. Wenn ich sie besuche, tue ich ihren Kindern ganz nebenbei auch noch etwas Gutes, indem ich ihre Mama auf die Erwachsenen-Insel entführe, die wir dann für ein gutes Stündchen verteidigen werden. Eine Idee, bei der ich lächeln muss.

Regelmäßigkeit und Beständigkeit sind besonders für Kleinkinder unerlässliche Voraussetzungen für eine gesunde Bindung an ihre Eltern. Rituale sind eine gute Möglichkeit, die Beziehung zu Kindern in diesem Alter zu festigen. Das gilt ganz besonders für den vom Kind getrennt lebenden Elternteil.

Die Qualität der gemeinsamen Zeit ist wichtiger als die Häufigkeit, und kurze, sich wiederholende Unternehmungen sind manchmal sinnvoller, als mehrere Stunden miteinander zu verbringen. Dies gilt vor allem, je kleiner ein Kind ist.

Frustrationen sind in diesem Alter unvermeidlich und wichtig für die gesunde kindliche Entwicklung. Dies sollte vor allem Alleinerziehende ermutigen, sich gelegentlich kleine, erwachsene Freiräume zu verschaffen. Das kann ein Telefonat sein, das nicht sofort unterbrochen wird, weil ein Kleinkind es fordert, oder eine vertretbare Wartezeit, Situationen also, die sich in Zwei-Eltern-Familien zwangsläufig ergeben wie beispielsweise, dass Eltern ihr Gespräch beim Frühstück nicht sofort unterbrechen, wenn das Kind einen Joghurt verlangt.

Sitzung 10

Jakob oder das Kindergartenalter

„Befragt man Dreijährige, wen sie heiraten wollen, so antworten Mädchen in der Regel: „meinen Papa!“, und die Jungen „meine Mama natürlich!“

Obwohl es bei unserem letzten Gespräch nicht direkt um meine Kinder ging, habe ich viel über deren erste Lebensjahre nachgedacht. Sowohl Maya als auch Jakob haben ihrem ersten Tag im Kindergarten aufgeregt und mit Freude entgegengesehen. Die Eingewöhnung war kein Problem. Ich konnte beide sogar schon eher als erwartet ganz allein in der Einrichtung lassen. Offenbar haben wir unseren Job als Eltern ganz gut gemacht, denn beide Kinder hatten die erforderliche Sicherheit und Selbstständigkeit, um diesen neuen Lebensabschnitt selbstbewusst in Angriff nehmen zu können.

Ich erinnere mich daran, wie schwierig das bei meinem jüngeren Bruder Andreas war. Lange Zeit gab es Tränen, wenn unsere Mutter ihn auf meinem Schulweg im Kindergarten ablieferte, um dann mit unserer jüngsten, gerade geborenen Schwester wieder nach Hause zu gehen. Andreas war als Kind immer eher ängstlich und zurückhaltend. Ich glaube, er musste sehr früh selbstständig werden, weil es das Leben meiner Mutter mit drei Kindern erleichterte und nicht, weil Andreas sich das so wünschte.

Mein Vater kam in unserer unmittelbaren Erziehung gar nicht vor. Er hat viel gearbeitet. So etwas wie Windeln wechseln, ein Kind in den Kindergarten bringen oder ein Baby baden wäre ihm niemals eingefallen. Ich weiß noch, dass es mich sonderbar berührte und fast ein bisschen neidisch machte, wenn der Vater meiner Kindergartenfreundin Anja ihr Komplimente machte, indem er sie lächelnd „meine hübsche Prinzessin" nannte. Das von meinem Vater zu erwarten, wäre unvorstellbar gewesen. Markus jedoch, den Maya während ihrer Kindergartenzeit ganz besonders anhimmelte, hat mit zärtlichen Neckereien und Komplimenten für seine Tochter nicht gespart.

Da hat Annas Ex-Partner seiner Tochter etwas sehr, sehr Gutes getan, denn die zentrale Entwicklungsaufgabe, die ein Kind in der Zeit zwischen seinem dritten und sechsten Geburtstag zu bewältigen hat, ist die Entwicklung seiner geschlechtlichen Identität. Der Begriff der Identität ist von zentraler Bedeutung im Zusammenhang mit der psychischen Entwicklung von Menschen. Und auch im Zusammenhang mit der geschlechtlichen Identität lassen sich anhand des Fünf-Säulen-Modells seine unterschiedlichen Facetten sehr schön verdeutlichen:

Der Aspekt der Leiblichkeit liegt auf der Hand, da die körperlichen Unterschiede zwischen Jungen und Mädchen die Voraussetzung für die damit verknüpften Beobachtungen, Erfahrungen und Verhaltenserwartungen sind. Mit den körperlichen Unterschieden eng verbunden ist der Erwerb von detaillierten Kenntnissen darüber, dass Männer und Frauen bei der Fortpflanzung eine unterschiedliche Bedeutung haben.

Im Hinblick auf das soziale Miteinander zeigen Frauen und Männer aufgrund ihrer Geschlechtszugehörigkeit erkennbar unterschiedliche Verhaltensweisen im Umgang mit anderen Menschen, und sie haben in einer mehrheitlich heterosexuell geprägten Umwelt ein charakteristisches Verhalten dem anderen Geschlecht gegenüber.

Männer und Frauen ergreifen, was den Aspekt von Arbeit und Leistung betrifft, zum Teil unterschiedliche, für das jeweilige Geschlecht typische Berufe. In einer Partnerschaft oder einer Familie sind sie unterschiedlich unabhängig im Hinblick auf ihr Einkommen, und noch immer verdienen Frauen für dieselbe Arbeit häufig weniger Geld als ihre männlichen Kollegen. Gerade Mütter bleiben, solange die Kinder klein sind, deutlich öfter zu Hause als Väter und sind oft von ihren Männern finanziell abhängig.

Schließlich gibt es einen eindeutigen Unterschied in der Auffassung darüber, was einen „richtigen" Jungen oder ein „typisches" Mädchen ausmacht. Das, was Jungen oder Mädchen tun oder besser lassen sollten, wird also unterschiedlich bewertet. Wenn in der Fachliteratur also davon die Rede ist, dass die zentrale Entwicklungsaufgabe für die frühe Kindheit die Entwicklung der geschlechtlichen Identität ist, dann bedeutet das, dass sich Kinder im Kindergartenalter intensiv mit all diesen Aspekten ihres Junge-Seins beziehungsweise Mädchen-Seins auseinandersetzen. Dies tun sie im gemeinsamen Spiel mit Gleichaltrigen, das nun besonders wichtig wird. Kinder lernen vor allem durch Nachahmung ihrer sozialen Umwelt und da vor allem durch die Imitation ihrer Eltern. Sie beobachten genau, was ihre Eltern tun und erfahren so, was einen Mann – ihren Papa – und was eine Frau – ihre Mama – ausmacht.

Die Puppenecke im Kindergarten erfreut sich großer Beliebtheit, denn dort spielen Jungen wie Mädchen in Rollenspielen häusliche Alltagsszenen nach, die ungeachtet aller gesellschaftlichen Veränderungen seit Jahrhunderten Vater-Mutter-Kind spielen heißen. Weitere beliebte Rollenspiele sind die ebenfalls seit jeher als Doktorspiele bekannten Rollenspiele, die sich der Erforschung der Geschlechtszonen und der anatomischen Unterschiede zwischen Jungen und Mädchen widmen. Daneben spielen Mädchen Verkleidungsspiele als Prinzessin, Braut oder feine Dame, während die Jungen Gangster oder Cowboy-und-Indianer-Spiele favorisieren, die sich ebenfalls seit eh und je unveränderter Beliebtheit erfreuen. Wenngleich es inzwischen immer auch Jungen gibt, die „Rosa-Spiele" ausprobieren und Mädchen, die lieber Cowboy spielen, zeigen diese Spiele grundsätzlich an, dass sich eine Orientierung in Richtung einer geschlechtlichen Identität vollzieht. Beim Ausprobieren und Nachahmen verfallen Kinder noch in Extreme. Viele Mädchen beispielsweise tragen nur noch Kleidchen. Sie beschränken sich auf die Farben rosa, pink und lila, und Jungen lehnen ihr Verhalten an besonders männliche Fantasiefiguren wie zum Beispiel Supermann an.

Mit dem Zeitpunkt der Einschulung erreichen die kindlichen Vorstellungen davon, was genau Jungen und was Mädchen ausmacht, den Höhepunkt der Rigidität im Geschlechterverhalten. Dies verleitet ErzieherInnen im Kindergarten dazu, bisweilen scherzhaft von „kleinen Mackern" und „kleinen Zicken" zu sprechen. Jungen spielen hauptsächlich mit Jungen, und Mädchen bleiben ebenfalls unter sich. Einen Jungen als Mädchen und ein Mädchen als Jungen zu bezeichnen, kommt in dieser Zeit meistens einer schweren Beleidigung gleich.

Jede Entwicklungsphase hält für ein Kind ganz typische und unvermeidbare Frustrationen bereit. Es macht unangenehme, enttäuschende Erfahrungen, die es in sein Bild von sich und der Welt integrieren muss, und je besser ihm dies gelingt, desto lebenstüchtiger und gefestigter ist ein Kind. Die bisher bedeutsamsten Kränkungen resultieren aus der Erfahrung, den erwachsenen Eltern unterlegen und aus ihrer Solidargemeinschaft ausgeschlossen zu sein. In einer intakten Familie bemüht sich ein Kind im Kindergartenalter diese Erfahrungen so zu kompensieren, dass es einen gleichberechtigten Platz in der Elternbeziehung zu beanspruchen versucht, indem es beginnt, mit dem gleichgeschlechtlichen Elternteil um die Gunst des gegengeschlechtlichen Elternteils zu konkurrieren. Indem sie dieses Verhalten nachahmen, beanspruchen sie einen gleichberechtigten Platz an der Seite des in der Mehrheit gegengeschlechtlichen Elternteils. Sie wollen die Konkurrenz um die Mutter/den Vater für sich entscheiden. Befragt man Dreijährige, wen sie heiraten wollen, so antworten Mädchen in der Regel „meinen Papa!", und Jungen „meine Mama natürlich!"

Für Trennungskinder im Kindergartenalter ist diese Situation besonders heikel. Wie wir schon gesehen haben, neigen sie dazu, sich tendenziell für die Trennung ihrer Eltern verantwortlich zu fühlen. Erfahren sie durch eine einfühlsame Umwelt keine behutsame Relativierung dieses Schuldgefühls, so sind sie schon damit einmal grundsätzlich überfordert. Wenn der Vater dann auch noch aus dem gemeinsamen

Haushalt auszieht, dann kann man sich vorstellen, dass dies das Schuldgefühl eines Jungen einerseits noch steigern, er andererseits aber auch so etwas wie einen stolzen, etwas größenwahnsinnigen Triumph empfinden könnte, als Sieger aus der Konkurrenz mit dem Vater hervorgegangen zu sein, weil der das Feld räumt. Im Extremfall könnte ein Junge zwischen den beiden Polen Schuld und Triumph hin- und hergerissen sein. Eine Situation, die, wie man sich unschwer vorstellen kann, zu einem immensen psychischen Druck führt.

Die kindliche Illusion, den Vater vertrieben zu haben und nun seinen Platz einnehmen zu können, artikuliert sich nicht selten in treuherzigen Sätzen wie: „Nun, wo Papa weg ist, da bin ich dein Mann!" Wird diesem Wunschbild nicht einfühlsam, aber deutlich und bestimmt widersprochen, so kann das bei einem Vierjährigen eine psychische Überforderung auslösen, die sich dann zum Beispiel in einer erhöhten Aggressionsbereitschaft zeigen könnte.

Je jünger ein Kind ist, desto enger sind bei ihm noch Psyche und Körper miteinander verwoben. Das gilt auch noch für Kindergartenkinder. Das ist etwa daran zu erkennen, dass sich Kinder dieses Alters noch mit dem ganzen Körper freuen oder vor Aufregung zappeln. Wenn ein Kind im Kindergartenalter seelischen Druck aufbaut, so liegt es nahe, dass auch dieser sich körperlich entlädt. Das kann durch eine erhöhte Unruhe geschehen, aber auch dadurch, dass ein Kind die körperliche Auseinandersetzung sucht, durch die es seine Spannungen aufzulösen versucht.

So wie Juli, der Held aus „Kein Tag für Juli" von Kirsten Boie, in dem für Juli an einem Tag einfach alles schiefläuft. Zu guter Letzt hat er auch noch Turnen im Kindergarten, und weil seine Jogginghose in der Wäsche ist, muss er die Jeans anziehen, und dann, heißt es dort:

„... kriegt er natürlich den Jeansknopf nicht zu, und die Mädchen sagen ‚Haha, kleines Baby!' Und da muss er ihnen ganz schnell eine scheuern."[1]

Denn manchmal „müssen" dann auch Sachen zerstört werden oder ein Kind löst seine Anspannung, indem es mit voller Wucht gegen etwas tritt. Wir Erwachsenen kennen solche Versuche des Spannungsabbaus auch, wenn wir zum Beispiel wütend Türen knallen.

---

[1] Boie, K.: Kein Tag für Juli, Weinheim und Basel 1991

Ich frage mich, ob Jakobs Raufereien auch Ausdruck dessen sind, dass er unter starkem seelischem Druck steht, weil er glaubt, seinen Vater vertrieben zu haben. Ich lasse die neuen Informationen auf mich wirken. Während die Bilder unseres gemeinsamen Alltags vor meinem geistigen Auge vorbeiziehen, fällt mir auf, dass Jakob seit dem Auszug von Markus darauf besteht, dessen Platz bei Tisch einzunehmen. Gerade gestern erst hat er mir versichert, dass er jetzt auf mich aufpassen werde. Ich habe mir ein Lachen verkneifen müssen und mich bei ihm für seine hehren Absichten bedankt. Mir war nicht klar, wie ernst Jakob seine Absicht nimmt, seinen Vater an meiner Seite zu ersetzen. Wenn ich mich jedoch in seine Lage versetze, kann ich erkennen, dass dies seine Beziehung zu Markus belastet. Es wäre nur zu verständlich, wenn er seinem Vater gegenüber tatsächlich so etwas wie ein schlechtes Gewissen hätte, weil er sich auf kindlich magische Weise nicht nur für dessen Auszug verantwortlich fühlt, sondern auch noch als vermeintlicher Nutznießer dieser Situation. Der arme kleine Kerl!

Seit einiger Zeit versucht er mich davon zu überzeugen, dass er nun mit mir in unserem Elternbett schlafen könne. Ich habe das bislang abgelehnt. Meine Kinder wissen, dass sie nachts jederzeit zu mir kommen können, wenn sie schlecht geträumt haben oder anderen Trost brauchen, aber die abendliche Ruhe vor dem Schlafengehen, diese stille Zeit für mich, die möchte ich nicht teilen. Mir geht das Beispiel der Mutter nicht aus dem Kopf, von der ich bei unserem letzten Gespräch hörte:

Mama, jetzt bin ich doch dein Mann!

Es ist total süß! Seitdem mein Ex-Partner ausgezogen ist, versucht der Kleine mit seinen fünf Jahren dessen Platz einzunehmen. Er ist mit seinen Spielsachen in das Arbeitszimmer meines Ex-Mannes umgezogen und hat dessen Platz in meinem Bett eingenommen. Letztens hat er zu mir gesagt: „Mama, du musst nicht traurig sein, dass Papa weg ist, jetzt bin ich dein Mann!" Ich war so gerührt! Unglaublich, so niedlich!

Nachdem, was ich inzwischen über die kindliche Entwicklung weiß, läuft es mir bei den Entzückensausrufen dieser Mutter kalt den Rücken hinunter. Natürlich ist es rührend, wenn ein kleiner Junge seiner Mutter so ausdrücklich seine Liebe zeigt. Was diese Mutter jedoch im selben Maße unterschätzt, in dem auch ich Jakob belächelt habe, ist die Ernsthaftigkeit, mit der unsere Söhne versuchen, den Mann an unserer Seite zu ersetzen. Damit begeben sie sich in eine Situation, die sie total überfordert, weil sie, wenn ich das richtig verstanden habe, einerseits versuchen, erwachsen und männlich zu sein und sie sich andererseits ihrem Vater gegenüber wie ein Königsmörder fühlen und das mit einem schlechten Gewissen bezahlen.

Vielleicht hätte ich Jakob in der Situation, als er mir sagte, dass er mich nun beschützen würde, antworten sollen, dass ich das nett von ihm finde, dass es aber so ist, dass ich erwachsen und seine Mama bin, und ich deshalb auf ihn aufpassen werde.

Ich nehme mir fest vor, ihn heute Abend nach dem Baden tüchtig durchzuknuddeln und ihn auf beiden Armen wie ein Baby zu tragen. Ich werde unser Spiel von früher spielen und ihm immer wieder entzückt sagen, dass er mein Baby ist. Sicher wird er sich wehren, aber das gehört zu unserem Spiel. Ich werde ihn festhalten und ihn unermüdlich neckend „mein Baby" nennen, bis wir beide kichernd ins Bett fallen. Solche Spiele werde ich von nun an ganz bewusst und regelmäßig mit ihm spielen. Ich werde jede sich bietende Situation nutzen, um ihm beiläufig zu sagen oder klarzumachen, dass er keine Schuld hat an unserer Trennung, dass die gar nichts mit ihm zu tun hat, und ihn auf seinen Platz auf der Kinderebene verweisen.

Anna kennt ihren Sohn am besten und das, was sie sich da vorgenommen hat, wird ihm sicher helfen, Abstand zu seinen entwicklungsbedingten Größenfantasien zu bekommen. Er darf Kind sein, sich sicher und geborgen fühlen. Da haben irrationale Schuldgefühle keine Angriffsfläche. Wenn es Anna gelingt, Jakob behutsam immer wieder auf seine wahre Größe zurückzuführen und ihm dabei das Gefühl zu vermitteln, dass sie ihn liebt, so, wie er ist, als ihren großen Sohn, auf den sie stolz ist und als ihr Kind, das sich bei seiner Mama sicher und geborgen fühlen darf, dann wird sie viel Druck von ihm nehmen, und so hat es mich nicht gewundert, dass sich dies schon bald auch positiv auf sein Verhalten im Kindergarten ausgewirkt hat. Anna könnte ihm auch sagen, dass es gut war, dass sein Papa ihr Mann war, denn sonst hätte sie ja ihn und Maya nicht. Sie kann ihm sogar sagen, dass sie manchmal wütend und manchmal traurig ist über die Trennung und dass sie zwar im Moment keinen neuen Mann will, dass sie aber vielleicht später mal wieder einen kennenlernen wird. Damit betont sie bewusst, dass sie im Gegensatz zu Jakob erwachsen ist und auch, wenn sich ihre Spekulationen über eine mögliche neue Partnerschaft auf die Zukunft beziehen, so macht dies ihrem Sohn doch deutlich, dass er als ihr Partner nicht infrage kommt. Das alles zusammen wird ihn sehr entlasten.

Natürlich haben auch kleine Jungen in intakten Familien den Wunsch, dem Vater ebenbürtig, ja, überlegen zu sein. Irgendwann gegen Ende der Kindergartenzeit haben Kinder in der Regel die Aussichtslosigkeit ihrer Bemühungen eingesehen. Hat ein Junge wie Jakob einfühlsame Eltern, die ihn in seiner Enttäuschung nicht allein lassen, dann vollzieht sich ganz allmählich in seiner Seele die Einsicht, dass er seinen Vater nicht verdrängen kann. Von dieser Erkenntnis angeschubst, verwandelt sich in Zwei-Eltern-Familien und bei Kindern mit einer tragfähigen Beziehung zum Vater die Rivalität vom Sohn zum Vater langsam in den Wunsch, genauso werden zu wollen wie der Vater. Auf diese Weise kann ein Junge die bisweilen anstrengende Eifersucht auf seinen Vater schließlich aufgeben. Das ist, theoretisch betrachtet, ein genialer psychologischer Kunstgriff, denn die Identifikation mit seinem Vater und der damit verbundene Versuch, diesem nachzueifern, löst die Konkurrenz auf. Sie lässt den Jungen wieder beide Eltern uneingeschränkt lieben und sichert ihm im Gegenzug die Zuneigung beider Eltern. Am Ende dieser Entwicklungsphase könnte ein Junge dies zusammenfassen, indem er sagt: „Wenn ich genauso werde wie Papa, dann findet Mama mich genauso toll wie jetzt Papa."

Für Mädchen gilt umgekehrt natürlich dasselbe. Auch sie geben eines Tages die Rivalität zur Mutter auf, um ihr in ihrer Geschlechterrolle nachzueifern. Die Zuneigung des Vaters für die Mutter ist also das Vehikel für den Wunsch, einmal genauso werden zu wollen wie sie, denn, „wenn mir das gelingt, dann wird Vater mich genauso mögen", denkt das kleine Mädchen.

Regelmäßiger Kontakt zum Elternteil des gleichen Geschlechts ist daher in diesem Alter besonders wichtig. Das gilt auch, wenn ein Elternteil ausgezogen ist und somit im Familienalltag nicht mehr täglich als Modell zur Verfügung steht. Wir haben ja schon darüber gesprochen, dass die Regelmäßigkeit Einbußen in der Häufigkeit des Kontakts sehr gut kompensieren kann.

Von weiterer, ganz entscheidender Bedeutung ist jedoch der Umstand, dass die Eltern einander nicht mehr lieben und begehren, ja oftmals sogar in wütende Konflikte verstrickt sind. Damit entfällt durch die Trennung der Eltern eine wichtige, initiale Voraussetzung dafür, dass kleine Jungen ihrem Vater nacheifern wollen. Das ist, psychologisch betrachtet, der bedeutendste Unterschied zu Kindern, die in einer Familie aufwachsen, in der sich die Eltern liebend und solidarisch zugetan sind. Allerdings können andere Bezugspersonen im persönlichen Umfeld wie zum Beispiel der Großvater oder ein Onkel diese Erfahrung ersetzen. Auch ein neuer Partner der Mutter kann unter bestimmten Voraussetzungen diese Funktion übernehmen, wenngleich natürlich der getrennt lebende Vater in der Regel die emotional wichtigere Bezugsperson bleibt.

Es ist von ungeheurer Wichtigkeit, dass ein Vater nicht abfällig oder aggressiv über die Mutter spricht oder sie gar vor dem Kind schlechtmacht. Im Idealfall macht sich der Vater klar, welch ein bedeutsames Vorbild er für seinen Sohn ist und in welche Konflikte er ihn stürzt, wenn er die Mutter herabsetzt.

Aber auch das diesbezügliche Verhalten der Mutter ist von enormer Bedeutung für den Sohn. Wenn sie den Vater abwertet und schlechtmacht, stürzt sie den Jungen in ebenso große Konflikte, weil sie nicht nur einen Teil seiner Wurzeln und seiner Identität, sondern auch noch sein Vorbild diskreditiert und infrage stellt.

Alles das, was wir über den Umgang mit Jungen im Kindergartenalter gesagt haben, gilt natürlich auch für den Umgang mit Mädchen. Wenn es gelingt, sie immer wieder möglichst sanft aber bestimmt aus ihren Wunschfantasien zurück in die Wirklichkeit zu holen, indem man ihnen deutlich macht, dass sie Kinder sind, die der erwachsene Vater liebt und beschützt, dass sie jedoch keineswegs als seine Partnerin in Betracht kommen, dann werden auch Mädchen schnell mit der veränderten Situation zurechtkommen und ihre entwicklungsbedingten Schuldgefühle abschütteln können.

Das Beispiel des nächsten Vaters zeigt, dass vieles, was wir über die Situation von Jungen im Kindergartenalter erfahren haben, auch für Mädchen dieser Altersgruppe gilt:

Papa, jetzt bin ich deine Frau!

Immer, wenn mich meine vierjährige Tochter besucht, will sie den Tisch decken und mich umsorgen. Sie möchte dann „Vater-Mutter-Kind" spielen. Ihre Puppe ist das Kind, und ich muss von der Arbeit nach Hause kommen. Sie begrüßt mich dann und befragt mich nach meinem Tag und solche Sachen. Wenn sie bei mir übernachtet, dann möchte sie mit mir in einem Bett schlafen und letztens hat sie mir gesagt: „Papa, du musst nicht traurig sein, dass Mama nicht hier ist, du hast ja mich, ich kann jetzt deine Frau sein.

Mädchen haben zwar häufig den Vorteil, dass die Mutter als Vorbild im Alltag erhalten bleibt, doch bekommt dieses Vorbild durch die Trennung einen Riss. Sie vermissen ihren Vater als denjenigen, dessen Anerkennung ihnen so unendlich viel bedeutet und an dem sie ihre Vorstellungen von weiblichem Verhalten ausprobieren können.

Für ein Mädchen im Kindergartenalter belastet die Trennung vom Vater immer auch das Verhältnis zur Mutter. Eine Trennung zu diesem Zeitpunkt verunsichert es im Hinblick auf die Vorstellungen von der eigenen Weiblichkeit. Wenn der Vater die Mutter verlässt, weil diese ihm nicht mehr liebenswert und begehrenswert erscheint, dann beschädigt dies die Mutter als Vorbild und verunsichert ein kleines Mädchen im Hinblick auf seinen Wunsch, der Mutter uneingeschränkt nachzueifern. Man kann sich vorstellen, dass ein kleines Mädchen, das seinen Vater liebt und im Alltag sehr vermisst, seiner Mutter grollt. Es ist denkbar, dass die Tochter fürchtet, die Liebe ihres Vaters zu verlieren, und ihrer Mutter die Schuld daran gibt.

Es ist also für ein kleines Mädchen dieser Altersgruppe von ganz entscheidender Bedeutung, dass es dem Vater gelingt, sich weiterhin möglichst wertschätzend und respektvoll der Mutter gegenüber zu verhalten. Vielleicht ist dies leichter, wenn Väter sich klarmachen, wie wichtig die Mutter als Vorbild für Töchter in diesem Alter ist. Im Idealfall gelingt es beiden Eltern im Kontakt mit ihren Kindern gute Eigenschaften des Ex-Partners und der Ex-Partnerin zu betonen, wenn sie diese bei ihren Kindern wiedererkennen. Mit Rücksicht auf die emotionale Verfassung in der jeweiligen Phase der Trennung kann man versuchen, neutrale, allgemeine Eigenschaften zu finden, um echt zu bleiben und sich nicht zu verbiegen.

Wenn es den Eltern gelingt, die Liebe ihrer Kinder für den Ex-Partner zu respektieren, dann werden sie vielleicht sogar unabhängig von dessen Charaktereigenschaften anerkennend sagen können: „Du bist ja schon fast genauso geschickt wie dein Vater!", oder: „Du kannst ja schon genauso schön singen wie deine Mutter." Es ist wichtig, zu den guten Zeiten der Beziehung zu stehen, denn aus denen sind die Kinder schließlich hervorgegangen. Wenn sich Eltern emotional dazu in der Lage sehen, dann können auch Erzählungen, Erinnerungen an gemeinsame Erlebnisse, das Anschauen von Fotos oder Filmen dazu beitragen, das innere Gefühl von Zerrissenheit eines Kindes zu lindern oder aufzulösen. Allerdings sollte dies immer unter der Prämisse geschehen, dass der Wunsch dazu vom Kind ausgeht und nicht der erwachsenen Trauer über den Verlust entspringt.

Ich erinnere mich an einen dreijährigen Jungen, der seinem Vater strahlend erzählte, dass er mit dem Teddy gespielt und diesem ein Pflaster auf den Arm geklebt habe. Seine Mutter habe ihn gelobt und gesagt, er könne bestimmt mal ein genauso guter Krankenpfleger werden wie sein Papa. Seine Eltern waren erst ein paar Monate getrennt und diese Mutter war noch ziemlich wütend auf ihren Ex-Partner. Trotzdem ist es ihr gelungen, ihrem Sohn gegenüber Respekt vor dem väterlichen Beruf zu zeigen. Damit signalisiert sie ihrem Sohn, dass sie bei aller Spannung, die auf der Paarebene zwischen den Eltern herrscht, die emotionale Bedeutung der Vater-Sohn-Beziehung respektiert. Durch ihr Handeln unterscheidet sie deutlich und für das Kind nachvollziehbar zwischen der Erwachsenenebene und der Beziehung des Kindes zu seinen Eltern.

Eltern, denen dies nach einer Trennung gelingt, bringen ihrem Kind gegenüber zum Ausdruck, dass sie bei allen Konflikten auf der Paar-Ebene immer die Wurzeln der kindlichen Identität respektieren. Wenn dieses Bemühen erfolgreich ist, dann haben Trennungskinder manchen Kindern aus intakten Familien sogar etwas voraus, nämlich die Fähigkeit, Familienkonflikte zu prüfen und realistisch einzuordnen, anstatt sie generell auf sich zu beziehen.

Ich habe mir vorgenommen, mich darauf zu konzentrieren, in welcher Beziehung Markus zu seinen Kindern steht. Er ist und bleibt ihr Vater. Es geschieht etwas Merkwürdiges, wenn ich mich auf diese Tatsache konzentriere: Dann ist es so, als ob er sich damit ein Stück weiter von mir entfernt. Ich sehe ihn dann wie durch eine Milchglasscheibe, die meine Gefühle filtert, so dass ich ihm irgendwie sachlicher begegnen kann. Ich finde das so merkwürdig, weil für mich alles, was mit den Kindern zu tun hat, eigentlich sehr emotional ist.

Ich habe das Gefühl, dass mich die Auseinandersetzung mit meiner Trennung, mit meinen Gefühlen, Zweifeln und Ängsten, immer wieder auf mich selbst zurückgeworfen und mich mit meinen Erwartungen und Bedürfnissen konfrontiert hat. Ich bin dabei, mich selbst besser kennenzulernen und stelle manchmal überrascht fest, dass ich Vorstellungen, die ich von mir hatte, korrigieren muss.

Mittlerweile habe ich eine Vorstellung davon, wie eine – meine – Seele und die von Kindern, arbeitet. Aber ich kann inzwischen auch die Bedürfnisse, die egozentrische Logik und die Denkweise meiner Kinder besser einordnen und verstehen. Gerade kleine Kinder stellen kausale Verbindungen zwischen Ereignissen her und sehen sich selbst oft als VerursacherInnen. Ein typisches Beispiel dafür ist ein Kind, das denkt, die Sonne scheine, weil es seinen Teller leer gegessen hat.

In dem Maße, in dem ich begreife, was Markus und ich als Eltern, sowohl zusammen als auch einzeln, für Maya und Jakob bedeuten, gelingt es mir immer besser, meine Kinder als eigenständige Persönlichkeiten mit eigenen Rechten, Wünschen und Bedürfnissen, aber auch Enttäuschungen zu sehen. Konkret bedeutet das gerade, dass ich Umstände, die mit ihrer Beziehung zu Markus zu tun haben, nicht mehr unmittelbar auf mich beziehen muss. Da entsteht ein kleines bisschen Abstand, der, glaube ich, uns allen guttut.

Für drei- bis sechsjährige Kinder sind Eltern nicht nur Rollenvorbilder für ihre geschlechtliche Identität, sondern auch für den Unterschied zwischen Kindern und Erwachsenen. Deshalb ist es gerade in dieser Entwicklungshase besonders wichtig, die Grenzen zwischen Kindern und Erwachsenen sensibel zu wahren.

Keinesfalls sollten Kinder das Gefühl bekommen, den/die PartnerIn ersetzen zu können, denn das überfordert sie, indem es Schuldgefühle schürt und ihre entwicklungsbedingte Ambivalenz verstärkt.

Sitzung 11

Maya oder das Grundschulalter

„Wenn die Kinder am Wochenende bei mir sind, dann unterscheiden sich diese Tage nicht nennenswert von unserem Alltag, außer, dass wir ausschlafen, im Schlafanzug frühstücken und langsamer in die Gänge kommen. Oft erledige ich am Wochenende Dinge im Haushalt, für die ich in der Woche keine Zeit habe und verdonnere dann zu allem Überfluss die Kinder auch noch dazu, sich zu beteiligen, indem sie ihre Zimmer aufräumen sollen. Neulich gab Maya noch einmal ordentlich Salz auf meine Wunde, indem sie sich beschwerte und maulte, ihr sei langweilig, und das sei es bei Papa nie."

Ich frage mich, was Maya im Hinblick auf ihren Vater im Alltag wohl am meisten vermisst. Sie ist acht. Die für ein Kindergartenkind so wichtige Erfahrung, dass ihr Vater sie in der Entwicklung ihrer weiblichen Identität bestätigt, hat sie ja noch im gemeinsamen Familienalltag erlebt. Doch wie geht es nun weiter?

Die nächste Entwicklungsphase lässt sich für die Grundschulkinder als Altersgruppe der Sechs- bis ungefähr Neunjährigen beschreiben. Auch ihnen lassen sich typische Entwicklungsfortschritte und Bedürfnisse zuordnen. Während Kinder im Kindergartenalter sehr viel Zeit mit Rollenspielen verbringen, in denen sie so tun als ob, lechzt ein gesundes Kind zum Zeitpunkt seiner Einschulung danach, endlich etwas „Richtiges"[1] zu tun: Kinder möchten nun an der Erwachsenenwelt teilhaben. Sie wollen lernen und verstehen sowie eine Anerkennung für ihre Leistung. Diese Anerkennung ist für ein Kind im Grundschulalter ganz wichtig. Besonders gut lernen Kinder dieses Alters, wenn sie Erfolgserlebnisse haben und für ihre Selbstständigkeit gelobt werden. Freundschaften mit gleichaltrigen Kindern gewinnen an Bedeutung. Diese bilden erstmals ein Gegengewicht zur Familie. Grundschulkinder werden zunehmend selbstständiger.

Die grundlegende Entwicklungsaufgabe für diese Altersgruppe lässt sich als das Streben danach beschreiben, sich entsprechend ihrer Möglichkeiten und Interessen zu einer zunehmend eigenständigen Persönlichkeit zu entfalten. Dazu gehört, dass Kinder sich in ihrer körperlichen Geschicklichkeit üben und, wie es im Fachjargon heißt, grundlegende „Kulturtechniken" wie Lesen, Schreiben und Rechnen erwerben. Sie erlernen einen angemessenen Umgang mit Gleichaltrigen, entwickeln ihr Gewissen als individuelle moralische Instanz und eine differenziertere Rolle als Junge oder Mädchen. Letzteres geschieht nach wie vor hauptsächlich in der Beziehung zu beiden Eltern beziehungsweise den erwachsenen Bezugspersonen in ihrer näheren Umgebung. Die extremen Zuspitzungen der geschlechtstypischen Spiele der Kindergartenzeit relativieren sich und ihr geschlechtsspezifisches Verhalten bekommt einen immer differenzierteren Realitätsbezug. Kinder haben auch während dieser Zeit so viel mit Wachsen, Reifen und Gedeihen, mit dem Lernen und der Entwicklung ihres individuellen Potenzials zu tun, dass sie ihre Energien dafür vollständig brauchen.

Ich persönlich bin davon überzeugt, dass Kinder dieses Alters eine sichere Umgebung benötigen. Darunter verstehe ich gerade auch im Trennungsfall gefestigte, bere-

[1] vgl. Erikson, E. H.: Identität und Lebenszyklus. Frankfurt am Main 1973

chenbare und zuverlässige Beziehungen zu beiden Eltern, einen regelmäßigen Tages- und Wochenverlauf und einen Ort, von dem sie ausgehen und zu dem sie zurückkehren können. Grundschulkinder brauchen gerade in ihrem Bemühen um mehr Selbstständigkeit einen verlässlichen Rahmen, der ihnen Sicherheit gibt, weil er ihnen so die volle Konzentration auf ihre gesunde Entwicklung ermöglicht.

Für Kinder dieses Alters geht es jetzt darum, auszuprobieren, welche weiblichen oder männlichen Verhaltensweisen für sie als Persönlichkeit stimmig sind. So stellen sie sich Fragen wie: „Muss ich, um mich als „richtiges" Mädchen zu fühlen, tatsächlich immer rosafarbene Röcke tragen?" und „Darf ich beim Nähkurs in der Schule mitmachen, obwohl ich ein Junge bin?"

Die Mutter hat in diesem Lebensabschnitt eine besondere Vorbildfunktion für ihre Tochter. Sie dient ihr als Modell dafür, die während der Kindergartenzeit teilweise stark überzeichneten Vorstellungen von der weiblichen Rolle an konkrete Situationen anzupassen und mit realistischen Inhalten zu füllen. Dasselbe gilt umgekehrt für die Funktion der Väter für ihre Söhne. Je nachdem, wie die Eltern selbst ihre Geschlechterrolle ausfüllen, ermöglichen sie ihren Kindern die wertvolle Erfahrung, dass Männer sehr wohl auch traurig sein können und manchmal weinen, so wie auch Frauen sehr wohl einer Erwerbsarbeit nachgehen und Stärke zeigen können, mit der sie schwierige Situationen gelassen meistern. Während dieser Zeit bekommen die Geschlechterrollen neben dem Schwarz-Weiß der vorausgegangenen Entwicklungsphase viele Grautöne, bis dann mit Erreichen des Jugendalters aus dem Klischee eine differenzierte, realistische und funktionierende Identität geworden ist.

Väter dienen als konkrete Vorbilder für konkrete männliche Interessen und Lebenswelten. Sie liefern ihren Söhnen Anregungen für die Erweiterung ihres männlich ausgerichteten Verhaltensrepertoires. Jungen ahmen viele dieser Verhaltensweisen nach und probieren sie auch bei ihren Müttern aus. Sie werden diese Verhaltensweisen umso eher festigen, wenn sie den Eindruck haben, dass sie damit auch die Anerkennung und das Wohlwollen ihrer Mütter erregen. Dasselbe gilt umgekehrt für die Bedeutung von Müttern und Vätern für ihre Töchter im Grundschulalter.

Man kann sich gut vorstellen, dass die Bestätigung, die ein Junge oder ein Mädchen vom gegengeschlechtlichen Elternteil für Verhaltensweisen erfahren, die sie dem gleichgeschlechtlichen nachahmen, ein Gefühl von Ganzheit und Stimmigkeit erzeugt, das große Sicherheit gibt.

Ich muss spontan daran denken, wie stolz mir Maya letztens davon berichtete, dass Markus sich sehr beeindruckt von ihrem zweiten Platz beim Sportfest gezeigt hat. Er hat ihr offenbar gesagt, wie stolz er auf sie war, weil sie wochenlang trainiert hatte. Er sagte, er freue sich darüber, dass sie glücklicherweise meinen sportlichen Ehrgeiz geerbt habe, nicht seine Bequemlichkeit.

Da hat Maya die Erfahrung machen dürfen, dass beide Eltern stolz sind auf ihre Leistung – unabhängig davon, ob sie zusammenleben oder getrennt sind. Dieselbe Erfahrung kann natürlich ein gleichaltriger Junge machen, der während eines Wochenendes den Hund seines Freundes hütet, zuverlässig schon früh mit dem Hund Gassi geht und vom Vater eine Anerkennung dieser Leistung erfährt. Wenn dieser ihm etwa sagt, dass er – der Sohn – glücklicherweise ein Frühaufsteher wie seine Mutter sei und nicht so ein Langschläfer wie er als Papa.

Unabhängig von einer Trennung haben gerade Väter von Grundschulkindern die Chance, Mädchen auch in traditionell eher männlichen Eigenschaften und Interessen zu bestätigen und Jungen umgekehrt ein Vorbild für Verhaltensweisen und Interessen zu sein, die tendenziell eher Mädchen zugeschrieben werden. Das können sie tun, indem sie zum Beispiel mit ihrer Tochter gemeinsam ein Fahrrad reparieren oder mit ihrem Sohn Weihnachtskekse backen.

Bislang war ich oft wütend auf Markus. Dann habe ich ihm innerlich gegrollt, ihm vorgeworfen, er würde es sich auf meine Kosten leicht machen als Vater. Je mehr ich mich mit der Bedeutung von Müttern und Vätern auseinandersetze, desto neutraler kann ich unsere Unterschiedlichkeit im Umgang mit unseren Kindern bewerten. Ich kann sehen, dass es sinnvoll ist, wenn Elternteile auf unterschiedliche Aspekte in der Erziehung Wert legen und sich somit ergänzen. Das leuchtet mir mittlerweile ein. Und mir wird klar, dass Konflikte manchmal unausweichlich sind – einfach, weil wir zwei Menschen sind, die verschiedene Auffassungen von Dingen haben. Ich merke, wie diese Erkenntnis meine Sicht verändert, auch wenn Markus' Umgang mit unseren Kindern meine Toleranz manchmal erheblich strapaziert. Das ist besonders dann der Fall, wenn ich den Eindruck habe, dass er den Kindern immer etwas Besonderes bietet, entweder im Sinne besonderer Unternehmungen oder indem er ihnen Dinge erlaubt, von denen er eigentlich wissen sollte, dass ich da skeptisch bin. So gefällt es mir gar nicht, dass er als Technikfreak die Kinder zum Umgang mit den elektronischen Medien anregt, wo ich mich darum bemühe, den Medienkonsum so gering wie möglich zu halten.

Was Anna da beschreibt, ist typisch für Konflikte zwischen getrennten Eltern mit Kindern im Grundschulalter. Grundschulkinder nehmen mit wachsendem Interesse an der Welt der Erwachsenen teil. Ein Dauerbrenner unter den Konflikten resultiert daraus, dass Medien, Handys und Computer zunehmend auch zum Teil des Kinderlebens werden – und damit Konfliktpotenzial für die Beziehungen sowohl zwischen Eltern und Kind als auch zwischen den Elternteilen bieten. Technik als solche ist ein eher männliches Thema. Untersuchungen zufolge schätzt der überwiegende Teil der Männer seine persönliche Kompetenz hier höher ein, als das die Mehrheit der Frauen für sich tut.[2] Tendenziell erleben Kinder im Zusammensein mit ihren Vätern einen freizügigeren Umgang mit elektronischen Geräten als bei ihren Müttern. Andere typische Konfliktfelder zwischen Eltern von Grundschulkindern sind vor allem Regeln zum Tagesablauf, Fragen der Ernährung und das Ausmaß tolerierter Selbstständigkeit (siehe Sitzung 7), denn hier trauen Väter ihren Kindern wesentlich früher als Mütter mehr zu.

Erwischt! Genau das sind immer wieder meine Themen. Erst letztens war ich entsetzt, als ich hörte, dass Markus Maya allein mit öffentlichen Verkehrsmitteln zu einer Freundin am anderen Ende der Stadt hat fahren lassen. Das gehört dann ja wohl in die Rubrik „Was trauen Mütter und Väter ihren Kindern an Selbstständigkeit zu?". Ich frage mich, ob manche Konflikte nicht einzig und allein den Unterschieden zwischen den Elternteilen geschuldet sind und damit nichts, was man persönlich nehmen müsste.

Bei allem, was Väter zum Ärger von Müttern und Mütter zum Ärger von Vätern anders machen, gilt auch hier: „Vive la differénce!" Auch, wenn es manchmal schwerfällt, dies zu akzeptieren. Kinder wissen genau, was sie von ihrer Mutter und was sie von ihrem Vater zu erwarten haben. Sie können sehr gut zwischen dem unterscheiden, was Vater oder Mutter erlauben und was sie bei dem einen oder der anderen tun-

[2] vgl. Medienpädagogischer Forschungsverbund Südwest (Hrsg.): FIM-Studie 2016. Familie, Interaktion, Medien. Untersuchung zur Kommunikation und Mediennutzung in Familien. Stuttgart 2017

lichst unterlassen sollten. Wie schön wäre es hier, wenn das Vertrauen in die Kinder so stark ist, dass die bloße Unterschiedlichkeit der Eltern die gesunde Entwicklung im Normalfall kaum beeinträchtigen wird.

Das heißt nicht, dass die gemeinsame Zeit mit Kindern ausschließlich vor dem Computer stattfinden sollte. Kinder im Grundschulalter können sich für fast alles begeistern. Möglichkeiten, die gemeinsame Zeit sinnvoll zu verbringen, gibt es also genügend. Die grobe Faustregel, wonach sich die Zeiten, in denen Kinder stillsitzen und sich konzentrieren mit Zeiten der Bewegung und des Aufenthalts an der frischen Luft in etwa die Waage halten sollten, kann eine gute Orientierung für die Auswahl von Aktivitäten sein.

Der Veranstaltungsteil unserer Zeitung wird von Markus reichlich strapaziert! Ich bin manchmal ganz schön frustriert darüber, dass mir offenbar die Rolle der langweiligen Alltagsmama zukommt, während Markus als schillernder Sonntagsvater attraktive Freizeitevents nur so aus dem Ärmel schüttelt.

Wenn die Kinder am Wochenende bei mir sind, dann unterscheiden sich diese Tage nicht nennenswert von unserem Alltag, außer, dass wir ausschlafen, im Schlafanzug frühstücken und langsamer in die Gänge kommen. Oft erledige ich am Wochenende Dinge im Haushalt, für die ich in der Woche keine Zeit habe und verdonnere dann zu allem Überfluss die Kinder auch noch dazu, sich zu beteiligen, indem sie ihre Zimmer aufräumen sollen. Neulich gab Maya noch einmal ordentlich Salz auf meine Wunde, indem sie sich beschwerte und maulte, ihr sei langweilig, und das sei es bei Papa nie.

Auch hier beklagt Anna etwas, das ich gerade von Müttern immer wieder höre. Ich pflege an dieser Stelle ein begeistertes Plädoyer für die Langeweile zu halten, denn Grundschulkinder müssen Langeweile haben, das ist richtig gut für ihre Gesundheit! Langeweile ist die Brutstätte der Kreativität, davon bin ich überzeugt! Ich erzähle bei diesem Thema so gerne die Geschichte vom Langeweile-Ingo, denn keine Altersgruppe klagt an Wochenenden und während der Schulferien mehr über Langeweile als Vorschüler und Grundschulkinder!

Der Langeweile-Ingo

Eine lebenskluge und erfahrene Erzieherin in einem Hort für Grundschulkinder hatte vor Jahren eine knapp einen Meter große Stoffpuppe nach dem Vorbild der sogenannten Waldorfpuppen genäht. Das ist eine Schlenkerpuppe ohne Mimik, die eine Projektionsfläche für die Gefühle der damit spielenden Kinder bieten soll. Diese Puppe fristete nackt in ihrem von den Jahren schon speckigen, ehemals hautfarbenen Trikotstoff ihr Dasein im düsteren Toberaum. Dort saß sie, schmuddelig und mit hängenden Gliedmaßen auf abgewetzten Matratzen, wo sie während der Schulzeit kaum beachtet wurde.

Ihre große Stunde schlug während der Ferienzeiten. Getauft hatte die Erzieherin sie auf den Namen „Langeweile-Ingo". Kamen nun Kinder mit der Klage zu ihr, dass ihnen langweilig sei, pflegte sie ihnen zu antworten: „Na, dann setz dich doch zum Langeweile-Ingo, dem geht's genauso!" Wenige Minuten später bot sich dem Betrachter für gewöhnlich ein trostloses Bild trauter Zweisamkeit des gelangweilten Kindes mit dieser Puppe. Mal lehnten Puppe und Kind gelangweilt aneinander, mal knibbelte das Kind an einer Puppenhand, während beide in Langeweile vereint stumpf vor sich hinblickten. Doch dieser Zustand dauerte nie lange an. Immer war der Langeweile-Ingo kurz nach einem solchen Stell-dich-Ein wieder allein in eine Ecke geworfen, während sein ehemaliger Leidensgenosse sich tatendurstig mit Materialien für einen kühnen Plan versorgte oder vergnügt mit einer Horde Kinder auf dem Gelände des Horts verschwand.

Der Langeweile-Ingo! Was für eine Geschichte! Ich sehe die Kinder förmlich vor mir! Ich möchte dieses Bild festhalten, um es bei der nächsten Beschwerde von Maya abrufen zu können, anstatt mich in Schuldgefühle oder Konkurrenz zu Markus zu verstricken! Hoch lebe der Langeweile-Ingo!

Mit diesem Bild vor Augen leuchtet es auch mir ein: Wie sonst sollen Kinder die Erfahrung machen, dass unangenehme Gefühle nicht ewig anhalten? Und wie sollen sie lernen, dass sie die aus eigener Kraft überwinden können, dass sie nicht erwarten können, immer von anderen, sprich, von ihren Eltern, daraus erlöst zu werden? Wir beklagen manchmal den Wunsch unserer Kinder, stets und ständig unterhalten zu werden – und haben dies doch selbst herangezüchtet, indem wir ihnen die Verantwortung für jede Missstimmung abnehmen. Ich schüttle den Kopf über so viel erwachsene Blindheit.

Ich glaube, Langeweile ist ein Gefühl, das in den Alltag gehört. So betrachtet wertet es den Alltag doch gar nicht ab! Vielleicht bin ich hier nur auf einen weiteren Punkt gestoßen, an dem sich die Aufgaben und die Qualität von Alltagseltern und Sonntagseltern wieder einmal unterscheiden?

Was uns diese Erzieherin lehrt, ist, dass gerade Grundschulkinder auch einmal die Möglichkeit brauchen, in eine negative Stimmung einzutauchen. Sie lernen dabei, dass diese Stimmungen vergehen und dass sie ihnen gute Ideen bescheren, wenn sie die Geduld aufbringen, diese Langeweile auszuhalten. Sie erwerben und trainieren auf diesem Wege die für ihre gesunde Entwicklung so wichtige Fähigkeit der Frustrationstoleranz. Vielleicht nimmt es Trennungseltern etwas von dem Druck, ihren Kindern stets etwas Besonderes und Interessantes bieten zu müssen. Ein bisschen Alltag mit beiden Eltern zu teilen ist sicher gerade für Trennungskinder eine wertvolle Erfahrung.

Langeweile ist ein gutes Übungsfeld für Kinder, um den Umgang mit Frustrationen zu erlernen. Ich war eine Weile in einer Drogenberatungsstelle beschäftigt und arbeitete dort mit einer Gruppe von Eltern, deren jugendliche Kinder abhängig waren. Die Geschichten der Eltern waren in einem Punkt völlig identisch: Sie alle hatten es nicht mit ansehen können, wenn ihr Kind, gleichgültig ob im Kindergarten, in der Nachbarschaft oder in der Schule, Frustrationen hatte aushalten müssen. Wenn es Ungerechtigkeiten ausgesetzt, in Konflikten mit Gleichaltrigen unterlegen war – oder eben einfach nur Langeweile hatte. Sie alle hatten sich regelmäßig dafür eingesetzt, die Ursachen für Enttäuschungen ihrer Kinder zu beseitigen. Diese, im Nachhinein oft unter Bitterkeit hervorgebrachte Erkenntnis, hat mich damals sehr beeindruckt, denn alle Eltern waren sich rückblickend einig, dass sie ihren Kindern damit die Chance genommen hatten, einen angemessenen Umgang mit Frustrationen zu erlernen. Diese Fähigkeit stellt nämlich ein kostbares Instrument zur erfolgreichen Bewältigung von im Leben unvermeidbaren, schwierigen Situationen dar.

Für Eltern ist das Aushalten ihrer gelangweilten Kinder wiederum ein gutes Übungsfeld zur Unterscheidung zwischen ihren persönlichen Belangen und denen ihrer Kinder. Sie dürfen sich nämlich klarmachen, dass es gar nicht ihre Aufgabe als Erwachsene ist, ihren Kindern aus der Langeweile herauszuhelfen.

Natürlich erfordert dies ein Gespür für das Maß, denn sicherlich tut es Kindern nicht gut, wenn sie den ganzen Tag sich selbst überlassen sind. Doch sollten Eltern ihren Kindern grundsätzlich die Erfahrung zu ermöglichen, solche Enttäuschungen aus eigenem Antrieb zu überwinden. Das gilt insbesondere für Schulkinder, deren Alltag ja davon bestimmt ist, dass sie mit Anforderungen und Angeboten von außen nur so gefüttert werden. Es ist gut, wenn auch Trennungskinder manchmal in die Situation kommen, sich selbst eine Beschäftigung suchen zu müssen.

Es gelingt mir immer besser, unsere Trennung und die daraus resultierenden Folgen aus der Sicht unserer Kinder zu beurteilen. Dadurch gewinne ich manchmal einen erleichternden Abstand zu meiner persönlichen Situation und erlange gleichzeitig eine wohltuende Standfestigkeit, mit der ich Entscheidungen eindeutiger, sicherer treffen und Situationen selbstbewusster beurteilen kann.

Gefühle, besonders die heftigen, negativen Gefühle von Wut, Trauer und Einsamkeit, relativieren sich oft in dem Moment, wo ich mich ganz bewusst frage, ob sich eine Situation für Maya und Jakob nicht vielleicht ganz anders als für mich darstellt. Das, was mir zu Beginn unserer Trennung wie eine riesengroße Hürde, eine übermenschliche Belastung erschien, nämlich, meine persönliche Krise bewältigen und gleichzeitig für meine Kinder da sein zu müssen, hat sich dank unserer Gespräche häufig sogar ins Gegenteil verkehrt, denn ich erhalte dadurch immer öfter die Bodenhaftung zurück.

Ich glaube, das allerwichtigste und hilfreichste Instrument dafür ist der Versuch, zwischen meiner Situation, meinen persönlichen, erwachsenen Bedürfnissen und denen meiner Kinder zu unterscheiden. Keine Frage, ich liebe meine Kinder, aber durch meine ständige Reflexion hat sich diese tief emotionale Sicht auf die beiden um die Dimension eines staunenden, beinahe ehrfürchtigen Respekts erweitert. Da ist so eine Achtung davor gewachsen, dass sie unabhängige kleine Persönlichkeiten sind, die ihren eigenen Weg gehen werden, auf dem ich sie ein Stück begleiten darf. Neulich habe ich ein wunderschönes Gedicht von dem libanesisch-amerikanischen Dichter und Philosophen Khalil Gibran gefunden, das dies in Worte fasst:

Eure Kinder sind nicht eure Kinder.
Sie sind die Söhne und Töchter der Sehnsucht
des Lebens zu sich selber.
Durch euch kommen sie, doch nicht von euch.
Und sind sie gleich bei euch,
so gehören sie dennoch euch nicht.
Eure Liebe möget ihr ihnen geben,
doch nicht eure Gedanken.
Denn sie haben ihre eigenen Gedanken.
Ihre Körper möget ihr versorgen, doch nicht ihre Seelen.
Denn ihre Seelen wohnen im Hause des Morgen,
das ihr nicht besuchen könnet,
nicht einmal in euren Träumen.
Ihr möget streben zu werden wie sie,
doch suchet nicht, sie euch gleich zu machen.
Denn das Leben schreitet nicht rückwärts, noch hält es sich auf mit Gestern.
Ihr seid der Bogen, von dem eure Kinder,
gleich lebenden Pfeilen, abgesandt werden.
Der Schütze sieht das Ziel auf dem Pfade der Unendlichkeit, und er biegt euch
mit seiner Kraft, dass seine Pfeile schnell fliegen mögen und weit.
Gebogen zu werden durch des Bogners Hand, sei euch Glück.[3]

Natürlich habe ich während unserer Gespräche über Trennungskinder im Grundschulalter immer wieder Maya vor Augen gehabt und versucht, das, was ich da höre, auf sie zu beziehen. Ich habe den Eindruck, dass Grundschulkinder damit beschäftigt sind, ihre Selbstständigkeit in kontrollierten Bahnen zu üben. Es geht darum, sich in die Welt der Erwachsenen hineinzuwagen, Lohn für Leistung und ein differenzierteres Selbstbild als Mädchen beziehungsweise als Junge zu bekommen. In mir klingt nach, dass Frau Steffens sagte, dies alles könne gut gelingen, wenn die Kinder einen sicheren Ort haben, von dem sie ausgehen und zu dem sie zurückkehren können. Das erinnert mich an eine hitzige Diskussion im Anschluss

[3] Gibran, K.: Der Prophet, Hyperionverlag, München 1925, S. 13f.

an einen Elternabend in Mayas Klasse. Da hat ein Vater mit dem Argument, dass Kinder mit Schulbeginn schon sehr selbstständig seien, ziemlich vehement dafür plädiert, dass sich getrennte Eltern spätestens dann die Betreuungszeiten ihrer Kinder „gerecht" teilen sollten. Seiner Meinung nach gäbe es keinen Grund mehr dafür, dass Kinder in diesem Alter im Alltag ausschließlich bei der Mutter leben sollten. Das beschäftigt mich seither, denn ich kann mir das eigentlich nicht als eine optimale Lösung vorstellen.

Bei uns war es ja so, dass Markus mit unserer Trennung weg vom beschaulichen Stadtrand wieder mitten in die Stadt gezogen ist. Wir waren uns ohne jede Diskussion sofort und stillschweigend einig, dass die Kinder ihren Lebensmittelpunkt bei mir, in ihrem alten Zuhause behalten sollen. Jakobs Kindergarten ist genauso zu Fuß zu erreichen wie Mayas Grundschule. Sie haben dort und in der Nachbarschaft Freunde und ihr Elternhaus ist ihr Zuhause.

Ich werde Frau Steffens beim nächsten Mal fragen, ob es entwicklungspsychologische Anhaltspunkte dafür gibt, dass die Forderung dieses Vaters gerechtfertigt ist.

Statistiken[4] zeigen, dass dieser Vater mit seiner Auffassung nicht allein ist, denn die verzeichnen für die Altersgruppe der Sechs- bis Neunjährigen zum ersten Mal einen, wenn auch sehr geringen, Zuwachs an alleinerziehenden Vätern – auch wenn diese nach wie vor im Vergleich mit den alleinerziehenden Müttern insgesamt eine zahlenmäßig eher kleine Gruppe darstellen.

Glaubt man Zeitungsberichten oder dem Internet, dann sind es meistens die Väter, die sich mit dem Schulbeginn ihrer Kinder das sogenannte „Wechselmodell" wünschen. So heißt nämlich im offiziellen Zusammenhang dieses ursprünglich aus Schweden stammende Betreuungsmodell für Kinder geschiedener oder getrennter Eltern, das eine Gleichverteilung beziehungsweise annähernde Gleichverteilung der Betreuungszeiten von Mutter und Vater vorsieht. Dieses Modell ist unter Eltern sehr umstritten.

In den folgenden Beispielen möchte ich sowohl einen Befürworter als auch eine Gegnerin dieses Modells zu Wort kommen lassen.

---

[4] vgl. Statistisches Bundesamt (Hrsg.): Datenreport 2021, Kap. 2 Familie, Lebensformen und Kinder, S. 55

Das Wechselmodell ermöglicht es uns, Familie zu bleiben

Unsere Kinder sind 9 und 14 Jahre alt. Die Jüngere besucht die Grundschule, die Ältere das Gymnasium. Vor zwei Jahren haben wir uns getrennt. Wir haben diesen Prozess mit Blick auf unsere Kinder von einem Psychologen in der Erziehungsberatungsstelle begleiten lassen. Das war im Nachhinein eine sehr gute Entscheidung, weil wir dort viele Rückmeldungen und Anregungen dafür bekommen haben, wie es gelingen kann, trotz der Trennung als Eltern weiterhin miteinander im Gespräch zu bleiben. Ich glaube, das ist das A und O.

Die Kinder kommen immer dienstags und donnerstags zu mir, und wenn ich sie jedes zweite Wochenende habe, dann bleiben sie von Donnerstag bis Dienstag. Während der ersten Zeit hatte die Kleine an beiden Tagen Sport in den letzten beiden Stunden, so dass der Turnbeutel eine gute Eselsbrücke war, um daran zu erinnern, dass sie nach der Schule zu mir kam. Ich habe mir nach meinem Auszug eine Wohnung in unserem Stadtviertel gesucht, so dass der Schulweg für die Kleine sich kaum verändert, die Große fährt eh mit dem Bus und hat dieselbe Haltestelle.

Diese Regelmäßigkeit entlastet mich sehr. Ich kann auch mal Sachen für mich machen. Das war ein Knackpunkt in unserer Beziehung. Ich fühlte mich sehr eingeengt. So ist das optimal, und ich bin mit meinem Leben sehr zufrieden, so dass ich die Zeit mit den Mädchen extrem genießen kann.

Die Beratungsstelle haben wir als Backup beibehalten. Wenn schwierige Entscheidungen bezüglich besorgniserregender Verhaltensweisen unserer Kinder anstehen – wir hatten da zum Beispiel eine Zeitlang das Problem, dass die Große abends einfach nicht ins Bett wollte und am nächsten Morgen nicht rauskam – dann machen wir einen Termin und holen uns ein kompetentes Feedback. Das ist eine gute Entscheidung! Vor allem hilft es uns dabei, unsere persönlichen Konflikte zu erkennen. So verhindern wir, dass die unseren Umgang mit den Kindern negativ beeinflussen.

Das Wechselmodell erleichtert eine individuelle Aufteilung der Kinderbetreuung und damit ein maßgeschneidertes Konzept für einzelne Familien. Wenn Eltern sich heute auf das Wechselmodell verständigen, dann praktizieren sie das in ganz unterschiedlicher Verteilung. Nicht immer teilen sie die gemeinsame Zeit mit den Kindern paritätisch zwischen sich auf. Da gibt es neben 50/50 auch noch 60/40 oder 70/30 und mehr in ganz individueller Ausgestaltung. Diese wird häufig durch elterliche Arbeitszeiten und Lebensumstände bestimmt.

Doch auch auf Seiten der Kinder sollte ganz genau hingeschaut werden. Der Entwicklungsstand, die Möglichkeiten eines Kindes sowie vor allem seine Bedürfnisse müssen genau betrachtet werden, damit sie dieses Betreuungsmodell nicht überfordert. Für einen 16-Jährigen ist es möglicherweise von Bedeutung, ob seine Eltern auf dem Land oder in der Stadt wohnen; für ein Kind, das noch gestillt wird, sieht ein Wechselmodell kleinere Zeiteinheiten vor als bei einer Zwölfjährigen, deren Vater oder Mutter aus beruflichen Gründen je ein halbes Jahr im Ausland und in der Heimat lebt. Die Gründe für eine unterschiedliche Ausgestaltung des Wechselmodells sind also so verschieden wie die Familien. Ich möchte auch hier stark dafür plädieren, die persönlichen elterlichen Motive und Konflikte auf der Erwachsenenebene von den Bedürfnissen der Kinder zu trennen, um diese in den Fokus zu rücken und die Lösung zu finden, die für das Kind am besten ist.

Unstrittig ist, dass ein solches Modell mehr Kommunikation unter den Eltern erfordert als das Residenzmodell, das den hauptsächlichen Wohnsitz eindeutig bei einem der beiden Eltern verortet. Immer gilt es, sich mit den Motiven der Erwachsenen auseinanderzusetzen, die sich für das Wechselmodell engagieren. Nur so kann sichergestellt werden, dass die betroffenen Kinder davon profitieren. Ungünstig ist es, wenn Erwachsene dies hauptsächlich fordern, um eigene Wünsche und Bedürfnisse damit zu befriedigen, wie das folgende Beispiel nahelegt:

Meinem Ex geht es überhaupt nicht um die Bedürfnisse der Kinder

Nachdem ich mich von meinem Partner getrennt und er eine eigene Wohnung bezogen hatte, bestand er darauf, dass die Kinder abwechselnd je eine Woche bei ihm und bei mir wohnen sollten. Den Kindern versprach er Dinge wie eine Spielkonsole mit eigenem Fernseher, sie durften sich „coole" Möbel aussuchen und solche Dinge.

Er hat sich schwergetan, unsere Trennung zu akzeptieren. Er nimmt es mir übel, dass ich einen neuen Partner gefunden habe. Weil wir verheiratet sind, wird er versuchen, seine Interessen über einen Anwalt durchzusetzen. Ich habe Angst vor dem Prozess, der unseren Umgang mit den Kindern regeln soll. Meine Anwältin sagte, dass seine Chancen für die Durchsetzung einer Wechselregelung nicht schlecht stehen. Kinder sind doch keine mathematische Größe und kein Besitz, den man „gerecht" aufteilen kann! Die Kleine geht gerade in die erste Klasse, unser Ältester in die vierte. Wir sind hierhergezogen, als mein Großer acht Monate alt war, seine Schwester ist hier geboren, das ist ihr Zuhause! Um wen geht es bei diesem Streit überhaupt: um die Kinder oder um die Bedürfnisse ihres Vaters?

Wir haben das jetzt einen Monat lang ausprobiert. Das Resultat ist, dass unsere Tochter völlig überfordert damit ist, sich zu merken, wann sie wo ist. Vor vier Wochen ist das so eskaliert, dass sie nach der Schule zu ihrem Vater gegangen ist – obwohl es meine Woche war. Sie musste dringend auf die Toilette, traf dort aber niemanden an. In ihrer Not hat sie in die Hose gemacht, denn sie hat zwar einen Schlüssel, dreht den jedoch immer, wenn sie aufgeregt ist oder es schnell gehen muss, in die falsche Richtung. Wir üben das, aber an diesem Tag ist es schiefgegangen. Es war schrecklich! Ich war zu Hause, wartete mit dem Mittagessen auf sie und begann, mir Sorgen zu machen. Als ich meinen Ex-Mann anrief erfuhr ich, dass er gar nicht zu Hause war. Ich erteilte unserem Sohn den Auftrag, zu Hause die Stellung zu halten und fuhr zu seinem Vater, wo ich die Kleine völlig aufgelöst auf den Stufen vor seiner Tür sitzend vorfand.

Ich habe diesem Hin und Her danach sofort ein Ende gemacht! Die Kinder bleiben in ihrem Zuhause, sie können jedes zweite Wochenende zu ihrem Vater. Dort können sie dann auch mit ihren neuen Sachen spielen – aber während der Schulzeit gibt es einen geregelten Alltag, basta! Beiden Kindern hat meine Entscheidung gutgetan. Sie mosern zwar nach wie vor, wenn sie mich zu streng finden und behaupten, bei Papa sei alles toller, können aber damit offenbar ganz gut leben, dass es „Bonbons" wie die Spielkonsole nicht jeden Tag gibt.

Ich habe den Eindruck, dass es ihm gar nicht in erster Linie um die Kinder geht. Ich glaube, er kommt mit der Trennung nicht klar und benutzt die Kinder, um mir mein Leben zu erschweren und um seine alten Rechte zu demonstrieren. Wie soll ich mit so einem Mann umgehen, den ich auf einer Erwachsenenebene überhaupt nicht erreiche, wenn es um unsere Kinder geht?"

Dieses Beispiel verdeutlicht, was passiert, wenn Eltern das Wechselmodell praktizieren, ohne sich über die Belange ihrer Kinder miteinander auszutauschen. Nur eine angemessene Kommunikationsbereitschaft stellt sicher, dass Eltern im Blick haben, ob dieses Modell ihre Kinder möglicherweise (noch) überfordert.

Verlassene Väter scheinen auf den ersten Blick häufig die Verlierer in einer Trennung zu sein, wenn – wie im obigen Fall – die Kinder ihren Hauptwohnsitz bei der Mutter behalten. Es ist viel verlangt, doch wirklich lohnenswert, wenn es gerade ihnen gelingt, mit Blick auf das Kindeswohl die Kommunikation mit der Mutter aufrechtzuerhalten. Hier kann eine Begleitung durch einen Therapeuten oder eine Erziehungsberatungsstelle sehr hilfreich sein. Vor allem wird so sichergestellt, dass die Lösung für eine Kontaktregelung zwischen Eltern und Kindern die individuellen Voraussetzungen auf allen Seiten betrachtet.

Die Geschichte dieses Vaters hat mich sehr berührt, ja aufgewühlt, denn zu Beginn unserer Trennung ging es mir nicht anders. Ich erinnere mich gut an dieses Gefühl, dass alles ins Rutschen kommt, was mir wichtig ist, das Gefühl, auf Treibsand zu stehen, nicht mehr zu wissen, wie es weitergehen soll. Der Verrat von Markus, hinter meinem Rücken bereits eine neue Familie zu planen. Dieser wahnsinnige Schmerz, den ich kaum aushalten konnte und der mich nicht mehr schlafen ließ. Wenn ich mir vorstelle, dass ich zu diesem Zeitpunkt auch noch räumlich aus meiner vertrauten Umlaufbahn geschossen worden wäre, mich allein in einer neuen Wohnung wiedergefunden hätte, mit dem Gefühl, Markus macht jetzt eine neue Familie auf mit unseren Kindern – ich glaube, ich wäre zerbrochen, denn eine zusätzliche räumliche Trennung von meinen Kindern hätte meinen Schmerz ins Unerträgliche gesteigert.

Auch in der Frage des Wohnsitzes sollte es um das Wohl des Kindes gehen. Dabei sind die Eltern für ihre Kinder verantwortlich – und nicht umgekehrt! Dies auseinanderzuhalten ist besonders schwierig, wenn ein Elternteil sehr unter der Trennung leidet. Es ist daher sehr wichtig, dass Eltern in Trennungssituationen ihre Motive gewissenhaft prüfen, bevor sie Entscheidungen treffen. Immer dann, wenn das Leid der Erwachsenen gelindert und deren „Ansprüche" auf die gemeinsamen Kinder befriedigt werden sollen, könnte dies aus psychologischer Sicht zu einer Parentifizierung führen. Dies bedeutet, dass sich die Rollen zwischen Eltern und Kindern umkehren. Eine Parentifizierung liegt immer dann vor, wenn Kindern das Gefühl vermittelt wird, sie seien für das Wohlergehen ihrer Eltern verantwortlich. Ganz sicher bekommt es Kindern nicht gut, wenn im Zusammenhang mit dem Wechselmodell von einer „gerechten" Aufteilung gesprochen wird, denn dies nimmt allein die Interessen der Erwachsenen ins Visier. Wenn sich das Wechselmodell etabliert, entbindet es Eltern mit Blick auf das Wohl ihrer Kinder nicht, die individuellen Voraussetzungen ganz genau zu prüfen und die konkrete Ausgestaltung sowohl an den eigenen Möglichkeiten, als auch an den Bedürfnissen der Kinder auszurichten.

In jedem Fall sollte ausgeschlossen werden, dass das irrationale Verantwortungsgefühl von Kindern genährt wird. Wenn Kinder glauben, sie müssten ihren Eltern gerecht werden, dann werden, psychologisch betrachtet, Verantwortlichkeiten pathologisch verschoben, und das ist eine Überforderung.

So habe ich das bisher noch nicht betrachtet, aber es leuchtet mir ein: Allein die Forderung nach einer „gerechten" Verteilung der Betreuungszeiten zwischen den Eltern macht es Kindern ja schon unmöglich, sich dem zu widersetzen, ohne dass sie damit Mutter oder Vater benachteiligen. Ich glaube, dass es manchmal für Kinder schwer sein kann, unter diesen Umständen ihre Wünsche offen zu äußern.
Ich versuche mir dennoch die konkrete Umsetzung des Wechselmodells vorzustellen:

Maya hat eine tolle Lehrerin, die gleich zu Beginn alle Eltern eingeladen hat, um ihnen ihr Konzept vorzustellen. Die Kinder sollen erfahren, dass die Verantwortung für die Organisation ihres Schulalltags bei ihnen liegt. Sie sollen frühzeitig lernen, sich zu organisieren und ihre Aufgaben eigenverantwortlich zu erledigen. Die Lehrerin versicherte uns, dass es völlig in Ordnung sei, wenn Hausaufgaben oder Mitteilungen an die Eltern einmal vergessen würden. Das gehöre dazu, wenn man in die Eigenverantwortung hineinwachse. Sie bat uns Eltern um Vertrauen in sie und in unsere Kinder, wobei sie uns versicherte, dass sie wisse, wie schwer es sei, sich als Eltern mit der Kontrolle zurückzuhalten.

Wenn ich mir vorstelle, dass ein Grundschulkind neben dieser Eigenverantwortung auch noch Schulsachen hin- und hertragen soll, den Überblick behalten muss, wer neue Hefte kauft, wenn die alten voll sind, wer die Mitteilungen für Eltern bekommt und wen es fragen kann, ob der Beitrag für die Klassenkasse bereits bezahlt wurde, dann verknotet sich schon mein erwachsenes Hirn. Wie soll das erst ein Grundschulkind allein schaffen? Wie soll es sich merken, mit wem es für welche Klassenarbeit üben will und ob der Wandertag stattfindet, wenn es bei der Mutter oder beim Vater ist? Und diesen enormen Anforderungen soll ein Kind im Grundschulalter auch noch vor dem Hintergrund gewachsen sein, dass es sich für das Wohlergehen seiner Eltern verantwortlich fühlt?

Die Einschulung markiert den Beginn eines neuen Lebensabschnitts, der einen wichtigen Grundstein für den weiteren schulischen und den späteren beruflichen Erfolg legt. Dafür sollten Kinder ihre gesamte Energie einsetzen dürfen, finde ich, und sich nicht aufreiben und verzetteln in Schuldgefühlen und einem Wandeln zwischen den Welten! Ich finde, dass wir für unsere Kinder eine stimmige Regelung gefunden haben, eine Regelung, mit der wir alle gut leben können.

So wie Anna denken gerade viele Mütter über das Wechselmodell. Ihre Gedanken machen deutlich, wie wichtig es ist, dass getrennte Eltern miteinander kommunizieren können. Strikt und klar getrennte Ebenen zwischen Eltern und Kind stellen einen regelmäßigen, berechenbaren Alltag und eine verlässliche Beziehung zu beiden Eltern sicher.

Für alle von Anna angeführten organisatorischen Belange im Austausch mit der Schule gibt es meiner Erfahrung nach Lösungen, die die Erwachsenen finden müssen, auch, wenn Kinder im Grundschulalter zum ersten Mal in ihrem Leben spürbar unabhängiger von der unmittelbaren Anwesenheit ihrer Eltern werden. Äußerlich sichtbar wird das kindliche Streben nach mehr Eigenständigkeit und Unabhängigkeit von den Eltern auch dadurch, dass Eltern zunehmend als peinlich empfunden werden. Peinlich ist vor allem, was die Intimität der Beziehung und die natürlich weiterhin bestehende Abhängigkeit von den Eltern öffentlich sichtbar macht. Zärtlichkeiten wie Abschiedsküsse vor der Schule, öffentliche Zurechtweisungen oder gemeinsame Auftritte in der Lebenswelt der Kinder sind ihnen ganz besonders unangenehm, denn sie schrumpfen die gefühlte und ersehnte Unabhängigkeit auf ein ernüchterndes Maß.

Kinder übernehmen jetzt die Verantwortung für ihre persönlichen Belange und schließen Freundschaften mit Kindern, die sie sich selbst aussuchen. Kinder berufstätiger Eltern bewältigen den Zeitraum eines vollen Arbeitstags ohne ihre Eltern, wenn sie etwa nach der Schule noch einen Hort besuchen.

Eine gute Beziehung zu den Eltern hängt also nicht mehr von der Menge der gemeinsam verbrachten Zeit ab, sondern vielmehr von der Qualität des Miteinanders. Der Neurobiologe Gerald Hüther hat es einmal in einem Fernsehinterview so ausgedrückt: Entscheidend sei nicht die Dauer der gemeinsam verbrachten Zeit von Eltern und Kindern, sondern Momente, in denen gemeinsam etwas existenziell Wichtiges erlebt werde, etwas, das Kindern „so richtig unter die Haut" gehe.

Betrachtet man diese Aussage des Hirnforschers im Zusammenhang mit der unterschiedlichen Bedeutung, die beide Eltern für die gesunde Entwicklung ihrer Kinder haben, so bedeutet dies für Familien, die sich gegen das Wechselmodell entscheiden, dass Eltern den Mangel an Quantität mit einem Elternteil durch emotional bedeutsame Erlebnisse ausgleichen können.

Kinder brauchen Langeweile, deshalb ist völlig unnötig, dass Alltags- und Sonntagseltern um die tollsten Freizeitangebote konkurrieren.

Natürlich wollen alle Grundschulkinder an technischen Errungenschaften und Social Media teilhaben, das führt nicht nur in Trennungsfamilien zu Konflikten. Auch hier zeigt sich wieder, dass sich Mütter und Väter optimal ergänzen, wenn sie ihre Unterschiedlichkeit akzeptieren und miteinander reden können.

Kindern im Grundschulalter tut es gut, wenn sie das Gefühl bekommen, dass Vater und Mutter Ähnlichkeiten mit dem jeweils anderen Elternteil und damit ihre Wurzeln und Zugehörigkeit respektieren.

Die zunehmende Selbstständigkeit von Grundschulkindern fördert die Diskussion um das Wechselmodell. Hier ist es wichtig, im Einzelfall die Voraussetzungen zu prüfen und sich an den kindlichen Bedürfnissen und Möglichkeiten zu orientieren.

Kinder dieser Altersgruppe verführen strittige Eltern durch ihre zunehmende Selbstständigkeit und ihre inzwischen ausgeprägten empathischen Fähigkeiten manchmal dazu, sie zu überfordern, indem sie bei ihnen Trost und Verständnis für die Kränkungen durch den Ex-Partner suchen. Vorsicht, denn dies fördert möglicherweise eine Parentifizierung und gefährdet die gesunde kindliche Entwicklung.

Sitzung 12

Das „Halbe“ und Geburtstage im Allgemeinen

„Ich bin dabei, unsere Trennung zu verarbeiten. Doch in dem Maße, in dem mir das gelingt, schwillt wie zum Hohn Katrins Bauch! Ich würde am liebsten in einem Mauseloch verschwinden; ich bin eine einzige offene Wunde. Musste denn gleich diese Schwangerschaft sein?“

Es geht auf Weihnachten zu. Von den Kindern weiß ich, dass die Geburt ihres Halbgeschwisterchens bevorsteht. Es ist manchmal kaum auszuhalten. Ich versuche herauszufinden, warum mich das so trifft, mich so sehr verletzt, dass ich mit den Tränen kämpfe, wenn ich nur daran denke.

Ich bin dabei, unsere Trennung zu verarbeiten. Doch in dem Maße, in dem mir das gelingt, schwillt wie zum Hohn Katrins Bauch! Ich würde am liebsten in einem Mauseloch verschwinden; ich bin eine einzige offene Wunde. Musste denn gleich diese Schwangerschaft sein? Das macht sofort alles so offiziell und so endgültig. Während ich noch dabei bin, überhaupt zu begreifen, was da mit uns passiert ist, hat er schon ein Kind gezeugt, ein Haus gekauft und sich für ein Leben mit einer neuen Frau entschieden! Das verkrafte ich nicht! Das kann doch alles nicht wahr sein!

Verdrängung und Verleugnung sind sogenannte „Abwehrmechanismen", mit denen sich die Seele vor Überforderung schützt. Die Frage: „Warum macht es mir so viel aus, dass mein Ex-Partner eine neue Familie gründet"? konfrontiert Betroffene mit all ihren Gefühlen des Scheiterns, ihren Träumen, Enttäuschungen und ihren Selbstzweifeln sowie der großen Angst, als Ein-Eltern-Familie mit der neuen Familie des Ex-Partners nicht mithalten zu können.

Ich lasse die Zeit vor unserer Trennung Revue passieren. Der Nebel lichtet sich: Fragen tauchen auf, ich weiß nicht mal mehr genau, wer sie gestellt hat. Fragen, die mich meistens nur ein kleines bisschen irritierten, weil sie wie zufällig unsere Partnerschaft hinterfragten. Das waren Feststellungen und Nachfragen: dass Markus aber viel für seinen Betrieb unterwegs sei, oder ob wir denn in diesem Jahr einen Familienurlaub zusammen machen würden. Manchmal waren es auch vordergründig anerkennende Kommentare, wie ich das nur immer alles so gut schaffen würde: die Kinder, das Haus und dann noch die Arbeit.

Wenn mir die Fragen allzu nervtötend oder zudringlich erschienen, parierte ich sie mit einem dezenten Hinweis auf unseren Lebensstandard, der es mir ermöglichte, regelmäßig bezahlte Hilfen in Anspruch zu nehmen.

Ja, ich war stolz auf unseren Lebensstandard! Ich komme aus einfachen Verhältnissen. Mein Vater war als kleiner Beamter ein Familienvorstand alter Schule. Natürlich war inzwischen auch bei ihm angekommen, dass Mädchen das gleiche Recht auf Bildung haben wie Jungen. Für ihn jedoch war das einzig Gute an einem Studium seiner Tochter, dass es ihre Chance auf eine gute Partie erhöhte. Die materielle Sicherheit war in unserer Familie so wichtig, dass sich ihr alle anderen Fragen unterordneten. Als ich nach der Schule mit meinen Freundinnen für eine Woche nach Griechenland fahren wollte, galt der Kommentar meines Vaters nicht etwa dem Land und sein Interesse nicht unseren Motiven. Seine etwas schmallippig vorgebrachte Frage lautete vielmehr: „Kannst du dir das denn auch leisten?" Schulden machen ist etwas, das aus seiner Sicht gar nicht geht. Mein Taschengeld war im Gegensatz zu dem meiner Klassenkameradinnen immer so knapp bemessen, dass ich schon früh begann, kleine Jobs anzunehmen, um mir Dinge leisten zu können, die in anderen Familien auch mal ganz und gar gesponsert wurden. Selbst Geschenke hatten immer auch nützlich zu sein. Das ist übrigens ein Grund, warum unter den Geschenken für meine Kinder immer ganz bewusst etwas ist, das nur Spaß macht oder schön ist – das alles sein darf, alles, aber auf keinen Fall nützlich!

Es wäre daher nicht ehrlich, wenn ich behaupten würde, dass mir Markus' beruflicher Erfolg, seine Selbstständigkeit und der damit verbundene Wohlstand nichts bedeutet hätten. Ich war sehr stolz darauf und auch, wenn ich nicht arrogant auf andere herabgesehen habe, denen es erheblich schlechter ging, so war mir dieser Unterschied doch immer sehr bewusst. Ganz und gar abhängig von einem Mann wollte ich dennoch nie sein. Deshalb habe ich, wenn auch mit den Kindern nur noch in begrenztem Umfang, immer weiter in meinem Job gearbeitet. Nur das Anhängsel dieses erfolgreichen Mannes zu sein, wäre mir zuwider gewesen. In der Rolle der selbstständigen, emanzipierten Partnerin und Mutter seiner Kinder jedoch gelegentlich an seiner Seite zu repräsentieren, das habe ich gerne getan.

Bei uns zu Hause, in meiner Kindheit, gab es keine offenen Konflikte, weil keine Befindlichkeiten geduldet wurden. Hatte man als Kind etwas falsch gemacht, wurde nicht laut und temperamentvoll geschimpft, wie etwa bei meiner Freundin Beate. Bei uns wurde missbilligend geschwiegen. Ich habe nicht gelernt, Dinge offen anzusprechen, die mich bewegen. Ich kann Probleme auf einer sachlichen Ebene diskutieren, um so nach Ursachen und Lösungen zu suchen. Aber einen Satz auszusprechen wie: „So, wie du mich in der letzten Zeit ignorierst, das tut mir weh", fällt mir unglaublich schwer. Ich erinnere mich an eine Situation als Kind, in der ich meiner Patentante einen obligatorischen Dankesbrief für ein Geschenk schrieb. Meine Mutter kam hinzu, las ihn und kommentierte missbilligend, dass ja beinahe jeder Satz mit „ich" beginne. Kopfschüttelnd fragte sie mich, ob ich nicht noch einmal darüber nachdenken wolle.

Es war wie eine Offenbarung, durch die Gespräche mit Frau Steffens behutsam und beharrlich immer wieder zu diesem bis dahin quasi verbotenen Reich meines Selbst zurückgeführt zu werden, indem ich lernte, meine Anteile, meine Gefühle und Bedürfnisse in den Situationen zu erkennen, die mir so zu schaffen machten. Ich erinnere mich an eine der ersten Begegnungen, als ich völlig aufgedreht und durcheinander in diesem wunderbaren Sessel saß. Frau Steffens fragte mich, was ich fühlte, wenn ich darüber spekulierte, dass Markus mich wohl schon länger mit seiner Kollegin betrogen haben musste. Ich weiß noch, wie ungewohnt mir diese Frage erschien. Ich hielt inne, überlegte einen Moment und dann hatte ich meine Antwort wohl mit den Worten „Nun, ich denke ...", begonnen. Da hakte sie ein und fragte mich freundlich, ob es mir nicht auch aufgefallen sei: Sie habe mich nach meinen Gefühlen gefragt und dabei auf mein Herz und meinen Bauch gezielt. Ich hingegen habe aus meinem Kopf heraus, mit meiner Ratio, geantwortet. Das hat mich verblüfft und nachhaltig beeindruckt, denn das war eine Beobachtung, die ich allein niemals gemacht hätte. Ich musste mich konzentrieren und in mich hineinhorchen. Was waren meine Gefühle gewesen? Nach all den Monaten, in denen ich um meine Fassung gerungen, nach Argumenten gesucht hatte, die meine Ängste in Schach halten und abschwächen sollten, fragte diese Frau nach meinen Gefühlen und zog damit einen Stein aus der Mauer meines ohnehin schon maroden Staudamms, so dass die Tränen nur so zu strömen begannen.

Ich spürte, wie unsicher, wie tief verletzt, von Selbstzweifeln zerfressen und furchtbar erschöpft ich von dem steten Bemühen war, mich mit dieser verstörenden Realität zu arrangieren. Ich spürte, wie anstrengend es gewesen war, mir immer wieder einzureden, dass ich meine Ängste überbewertete, um meine Hoffnung auf eine Rückkehr zur Normalität zu nähren. Allein hätte mich diese Erkenntnis überfordert – aber in meinem Ohrensessel habe ich einen Platz gefunden, an dem ich meinen schrecklichen Gefühlen vorsichtig begegnen konnte. Denn um nichts anderes geht es hier, als darum, dass ich mir selbst darüber klar werde, was genau mit mir los ist. So konnte ich nach und nach meine Position bestimmen, mir meiner „selbst bewusst" werden.

Ich lernte zu erkennen, was ich wollte, was mir möglich war und was ich dafür zu leisten bereit war. Im Klartext hieß das, endlich zur Kenntnis zu nehmen, dass diese Beziehung unwiederbringlich gescheitert und vorbei war. Nachdem ich über Monate versucht hatte, vor der Realität zu fliehen, musste ich mir nun die Trümmer meines Lebens anschauen, um sie aufräumen und sortieren zu können. Ich musste mich mit mir auseinandersetzen, um für die nächsten Schritte Schuhe zu finden, die mir wirklich passten und nicht wieder in solche zu schlüpfen, die entweder zu groß und damit hinderlich für meinen neuen Weg oder viel zu klein wären, so dass ich mir nur weitere Blasen und Verletzungen holen würde. Ich brauchte passende, bequeme Schuhe für einen sicheren Stand, um mein inneres Gleichgewicht wiederzuerlangen.

Wir beide haben einen Anteil daran, dass unsere Beziehung zerbrochen ist. Ich erkenne, dass ich schon viel, viel eher mit Markus hätte reden müssen! Er behauptet, er habe mehrere Anläufe unternommen, mit mir über unsere Situation zu sprechen, jedoch ohne jeden Erfolg. Er sei einfach nicht zu mir durchgedrungen. Losgegangen sei das alles, als es diese Schwierigkeiten in der Firma gab. Markus hatte Mitarbeiter entlassen müssen. Es stimmt: Er sah schlecht aus in dieser Zeit, war kaum noch zu Hause. Er wirft mir vor, meine einzige Frage sei damals, als er mich gebraucht habe, gewesen, ob wir bei einem Konkurs mit unserem Privatvermögen haften würden, so wenig habe ich mich für ihn und seine Belange interessiert! Das stimmt so natürlich nicht, aber es ist wahr, dass ich mir große Sorgen darüber gemacht habe, ob wir im schlimmsten Fall aus unserem schönen Haus ausziehen müssten.

Ich kann rückblickend selbst kaum begreifen, wie blind ich war. Doch mir hat diese für mich undurchschaubare Krise in der Firma Angst gemacht. Ich habe mich also auf unser Privatleben konzentriert und verbissen so weitergemacht wie bisher. Da wird das mit Katrin angefangen haben. Ich mag gar nicht daran denken, wie sie Seite an Seite für die Sache gekämpft haben. Mir wird übel bei dieser Vorstellung! Und ist Markus' Sicht nicht auch verlogen? Dieser ganze berufliche Stress hat alle seine Energien abgezogen. Für mich, für uns, für die Familie blieb nichts übrig. Toll, wenn man dafür dann auch noch selbstlose Motive anführen kann wie: Es war doch nur zu eurem Besten! Ich habe Markus den Rücken freigehalten, er hat heimlich eine neue Beziehung aufgebaut und dann auch gleich ein Kind gemacht! Bevor ich überhaupt gemerkt habe, was los ist, schafft er Tatsachen! Das ist so demütigend, tut so weh! Vor allem, wenn ich mir vorstelle, dass ich mich nach außen hin krampfhaft darum bemüht habe, das Bild unserer heilen Familie aufrecht zu erhalten, indem ich immer neue Gründe für sein Fehlen in unserem Leben (er-)fand. Ich könnte im Erdboden versinken vor Scham, wenn ich heute daran denke. Ich fühle mich gedemütigt, bloßgestellt und der Lächerlichkeit preisgegeben!

Da beschreibt Anna, was Beratung leisten kann. Dazu sind ausgebildete TherapeutInnen, BeraterInnen und Coaches da: Unsere Aufgabe ist es, Menschen in Krisensituationen einen geschützten Raum zu bieten, wo wir sie dabei begleiten, Möglichkeiten auszuprobieren und zu finden, um ihre individuellen Probleme so zu lösen, dass sie zu ihrer Persönlichkeit und ihren Lebensbedingungen passen.

Dazu müssen sich Menschen häufig erst einmal selbst wiederfinden, denn oft sind sie sich im Strudel krisenhafter Ereignisse sozusagen abhanden gekommen. Sie reagieren, sie spüren die Verantwortung für ihre Kinder, die zentnerschwer auf ihren Seelen lastet. Sie funktionieren, sind erschöpft und so überfordert, dass sie sich gar nicht mehr fragen können, was sie selbst eigentlich wollen – und wie sie ihre Wünsche und Bedürfnisse befriedigen können.

Gerade Eltern werden durch ihre Kinder oft an ihre eigene Geschichte erinnert. Damit haben sie die Chance, den Hintergründen ihrer Ängste und Verletzungen nachzuspüren, die ihrem eigenen inneren Kind bisweilen die Führung im Umgang mit ihren Kindern überlassen. Dies ist der erste Schritt zur Auflösung alter, überholter Muster und macht den Weg frei, sowohl die persönliche Entwicklung, als auch die gesunde Entwicklung der Kinder voranzubringen. Auch in einer professionellen Beratung können solche Erfahrungen aufgedeckt, angeschaut und aufgelöst werden – genauso wie es Anna macht.

Ich bin so unendlich froh, dass Maya die Zeit, in der sie so ungeheuer auf Babys abfuhr, bereits hinter sich gelassen hat! Ich könnte es nicht ertragen, wenn die Kinder nun auch noch voller Vorfreude und Begeisterung der Geburt ihres Halbgeschwisters entgegenfieberten.

Was mir solche Angst gemacht hat, waren meine Vorstellungen, die Klischees, die ich mit mir herumgetragen habe: Unser „Projekt Familie" ist gescheitert und nun beginnt dort ein neues, erfolgreiches Projekt, das unsere Kinder faszinieren und begeistern könnte. Mein Neid darauf, dass Markus diese Chance auf einen Neuanfang hat, während ich mich frage, wie ich die Spuren unseres Scheiterns beseitige und den Rest verwalte. Und dann diese fremde Schwangerschaft als Zeichen für die Endgültigkeit, für die Aussichtslosigkeit des letzten Fünkchens Hoffnung darauf, dass wir wenigstens noch eine klitzekleine Chance auf einen Neuanfang als Paar hätten.

Ich frage mich, welche Bedeutung die Schwangerschaft und die Tatsache, dass Markus noch einmal Vater wird, für die beiden hat. Neulich Abend habe ich den Atem angehalten, als Jakob von Maya wissen wollte, ob das denn nun ein richtiges Geschwisterbaby werden würde. Maya antwortete prompt, ganz so, als habe sie selbst bereits über diese Frage nachgedacht. „Nee, Jakob, ganz richtig nicht, denn dann wäre Mama ja seine Mama. Das ist so halb ein Geschwister. Du bist mein ganzer Bruder, aber das neue Baby nur halb." Jakob überlegte eine Weile und sagte dann entschieden: „Ich will das halbe Geschwister nicht – außer es wird ein Junge und er kann supergut Fußball spielen!"

Ein Teil meiner Ängste schien also Gott sei Dank unbegründet zu sein. Eine solche Attraktion schien die Aussicht auf das Kind nicht zu sein, dass sie Markus' neue Familie einem Leben mit mir sofort vorziehen würden.

Meine Freundin Betty hat mir ein Buch geliehen: „Oma lässt grüßen und sagt, es tut ihr leid". Darin spricht Elsa, die Protagonistin, die etwas jünger als Maya ist, immer nur von dem „Halben", wenn es um die Schwangerschaft ihrer Mutter in deren neuer Beziehung geht. An einer Stelle im Buch heißt es, Elsa …

„… kann darauf schlecht antworten, denn sie will Mama nicht sagen, dass sie gar nicht große Schwester werden will. Will nicht, dass irgendjemand erfährt, dass sie dieser schreckliche Mensch ist, der sein eigenes Halbgeschwisterchen hasst, nur weil alle das Halbe viel mehr liebhaben werden als Elsa."[1]

Mir wird klar, dass einige Aspekte meiner Gefühle bezüglich der Schwangerschaft von Markus' neuer Partnerin sich gar nicht so sehr von denen meiner Kinder unterscheiden. Unsicherheit, Eifersucht, Angst vor der neuen Situation – die bange Frage danach, wie sich die Geburt eines Halbgeschwisterkindes auf die eigene Rolle und unser, wenn auch getrenntes Familiengefüge auswirken könnte. All das sind Fragen, die meine Kinder beschäftigen. Wie töricht von mir anzunehmen, ein Baby sei für sich genommen immer schon eine Attraktion! Dazu müsste es irgendein Baby sein, eines, das kommt und wieder geht, eines, dessen Eltern nicht zur Hälfte die eigenen Eltern sind.

Die Geburt eines Halbgeschwisters verändert noch einmal deutlich die Position von Kindern im Familiengefüge. Das verunsichert und bringt auch Gefühle wie Eifersucht und Abwehr hervor – genauso wie Elsa sie beschreibt. Wenn es dann gelingt, quasi als Zaungast dieser Ereignisse die Kinder zu begleiten, sich für ihre Gedanken und Gefühle zu interessieren, ohne die Geschehnisse zu bewerten oder gar abzuwerten, dann ist das eine unvergleichliche Chance für eine respektvolle und vertrauensvolle Beziehung zu den Kindern. Nur so ist es den Kindern möglich, sich als eigenständig und wirksam bei der Lebensgestaltung in einer Trennungsfamilie zu erfahren.

Ich kann mir vorstellen, dass es gut wäre, dieser ungewissen, etwas unheimlichen Perspektive etwas entgegenzusetzen, das Bestand hat und Sicherheit bietet. Frau Steffens hat mich aufgefordert, mich einmal genau darauf zu konzentrieren und mich zu fragen, was bleibt und Sicherheit gibt.

Sicher bleibe ich die Mutter meiner Kinder, und wir alle drei bleiben auch die Alltagsfamilie in unserem vertrauten Zuhause. Das ist eine konstante, ziemlich beruhigende Perspektive. Wenn ich es so betrachte, wird sich unser Alltag durch Markus' neues Kind nicht ändern. Wie gebannt habe ich bisher versucht, die Schlange zu ignorieren, vor der ich wie ein Kaninchen hockte und mich machtlos und einer diffusen Bedrohung ausgeliefert fühlte. Nun, da ich mich zum ersten

[1] Backman, F.; Oma lässt grüßen und sagt, es tut ihr leid, Frankfurt a.M. 2015, S. 186

Mal ganz bewusst und ganz konkret damit beschäftige, stelle ich fest, dass das gar nicht meine Baustelle ist. Nicht meine Baustelle! Es ist die Beziehung der Kinder zu ihrem Vater, die sich möglicherweise verändern wird. Bei uns bleibt erst mal alles beim Alten. Eine Woge warmer Zuversicht flutet im Kielwasser dieser Erkenntnis. So lange habe ich versucht, die unweigerlich näher rückende Geburt zu ignorieren. Ich habe diese Gedanken so radikal aus meinem Leben verbannt, dass sie mich in meinen Träumen heimsuchten. Nun, wo ich es mir ganz bewusst und mit beiden Füßen fest auf dem Boden stehend anschaue, stelle ich fest, dass es mich weit weniger betrifft, als ich mir das habe vorstellen können.

Beinahe muss ich darüber lachen, als mir klar wird, dass mir dieses neue Geschwisterchen fast wie eine Attraktion erschienen war, so wie ein Haustier, etwas, das die Kinder klasse finden und von dem sie nicht genug kriegen können, etwas, wogegen unser Alltag nur enttäuschend abfallen kann.

Ja, ich bin neidisch und ich empfinde es als eine himmelschreiende Ungerechtigkeit, dass Markus einfach so eine neue Familie gründet! Eine neue Familie, die mir für mich völlig unerreichbar zu sein scheint. Ja, ich fühle mich bloßgestellt und gedemütigt, weil jeder Depp errechnen kann, wie lange ich mir und anderen etwas vorgemacht habe. Und ja, ich könnte immer noch heulen darüber, was er mir da angetan hat! Trotzdem bemerke ich zum ersten Mal noch etwas anderes. Neben all der Trauer und der auflodernden Wut ist da eine ungewohnte Ruhe, weil ich eine Grenze erkannt habe: die Grenze zwischen seinem und meinem Leben. Da ist ein kleiner Gartenzaun um meinen Vorgarten herum entstanden, und mit ihm hält eine Erleichterung darüber Einzug, dass ich für all das, was jenseits dieses Zaunes geschieht, nicht mehr verantwortlich bin.

Ich kann meinen Kindern weiterhin die Sicherheit eines regelmäßigen Alltags und meiner Liebe bieten. Die wird ihnen hoffentlich dabei helfen, die gewaltigen Veränderungen im Leben ihres Vaters gut zu verarbeiten – und das allein ist wirklich wichtig!

Allerdings weiß ich nicht, wie ich damit umgehen soll, wenn sie dann irgendwann womöglich begeistert mit Fotos heimkommen, die sie mir zeigen wollen. Ich weiß nicht, ob ich es aushalten werde, wenn sie von ihrem Halbgeschwisterkind erzählen, und ich weiß nicht, wie es sein wird, wenn sie Dritten in meinem Beisein erzählen, dass sie nun ein Baby-Geschwister bei ihrem Vater haben. Mir wird richtig schlecht, wenn ich daran denke. Frau Steffens hat mir vorgeschlagen, diese Ängste mit ihr zusammen vorzusortieren. Sie will mir dabei helfen, die tatsächliche Entwicklung abzuwarten und dann mit mir gemeinsam überlegen, wie ich mich dann meinen Kindern gegenüber verhalte, wenn es so weit ist.

Das ist eine beruhigende Aussicht! Mit dieser Perspektive gelingt es mir, meine Angst und meine Unsicherheit in Schach zu halten, um mich auf das zu konzentrieren, was ist und nicht auf das, was sein könnte. Dazu passt das Gespräch eines Zen-Meisters mit seinen Schülern, das ich manchmal lese, wenn ich meine Gedanken daran hindern möchte, in eine beunruhigende Zukunft voraus zu galoppieren:

Einige Schüler fragen ihren Zen-Meister, warum er so zufrieden und glücklich ist: Der Zen-Meister antwortet:
„Wenn ich stehe, dann stehe ich,
wenn ich gehe, dann gehe ich,
wenn ich sitze, dann sitze ich,
wenn ich esse, dann esse ich,
wenn ich liebe, dann liebe ich …"
„Das tun wir auch", antworteten seine Schüler, „aber was machst du darüber hinaus?", fragten sie erneut. Der Meister erwiderte:
„Wenn ich stehe, dann stehe ich,
wenn ich gehe, dann gehe ich, wenn ich …"
Wieder sagten seine Schüler: „Aber das tun wir doch auch Meister!"
Er aber sagte zu seinen Schülern:
„Nein – wenn ihr sitzt, dann steht ihr schon,
wenn ihr steht, dann lauft ihr schon,
wenn ihr lauft, dann seid ihr schon am Ziel."[2]

Ja, ich will versuchen, mich auf den Augenblick zu konzentrieren, anstatt mich weiter sinnlos aufzureiben in meiner Angst vor dem, was kommen könnte. Die Musik spielt im Hier und Jetzt! Alles andere entzieht sich ohnehin meiner Kontrolle.

[2] o. V., o. T., online unter www.achtsamkeit-hd.de/achtsamkeit.html

Annas Gedanken verdeutlichen ihren Gewinn an Selbsterkenntnis. Das ist der Bonus, der Trennungseltern geschenkt wird, wenn sie beginnen, ihr eigenes Verhalten zu reflektieren. Wenn sie die Motive ihrer bis dahin verdrängten Ängste hinterfragen, wird dadurch zwangsläufig ein innerer Prozess angestoßen, der sie in ihrer persönlichen Entwicklung voranbringt.

Zu akzeptieren, dass der Ex-Partner eine neue Familie gründet, ist eine große Herausforderung. Wenn wir jedoch begreifen, dass dies etwas ist, das wir nicht beeinflussen können, obwohl es das Leben unserer Kinder betrifft, wenn wir verstehen, dass wir das nur akzeptieren, also hinnehmen können – mit all der damit verbundenen Trauer und Enttäuschung – dann bekommen wir den Blick frei für unsere Kinder und die Herausforderungen, die die neue Rolle im Familiengefüge nach der Geburt eines Halbgeschwisters für sie mit sich bringt.

Anna hat also schon einige Hürden genommen. Sie ist dabei, sich mit ihrem Schmerz auseinanderzusetzen. Sie stellt sich ihren Ängsten, und sie arbeitet an einer neuen Perspektive. Sie hört ihren Kindern zu, hat einen Eindruck von deren Gefühlen und Unsicherheiten. Ihre Kinder vertrauen ihr, und das ist viel wert. Ich kann vorwegnehmen, dass die drei in die neue Situation genauso hineinwachsen werden wie in ihren Familienalltag ohne den Vater. Niemand verlangt in solchen Situationen fertige, vorbildliche Lösungen! Solange Anna darauf achtet, dass sie ihre Kinder nicht mit ihren Erwachsenen-Sorgen belastet, sie sich weiterhin darum bemüht, ihre, aus der Paarbeziehung resultierenden Gefühle von denen ihrer Kinder zu unterscheiden, so lange wird sie für ihre Kinder die Mutter sein, auf die sie sich auch in unsicheren Situationen verlassen können, und das ist großartig!

Ein Gutes hat diese Situation jedoch: Ich muss mich mit Markus nicht über die Aufteilung der Weihnachtsfeiertage streiten, denn da hat er mich schon kleinlaut gefragt, ob es für mich ok ist, wenn ich ihm wegen des errechneten Geburtstermins um diese Zeit den Rücken freihalte. So, wie der gestrickt ist, hätte er sicherlich irgendeinen „gerechten" Vorschlag aus dem Hut gezogen, der mich womöglich sehr unter Druck gesetzt hätte. Ich habe allerdings darum gebeten, dass die Kinder erst von der Geburt erfahren, wenn das Baby da ist, denn ich habe keine Lust darauf, mir Weihnachten durch eine Live-Berichterstattung über Wehen und Fehlalarm vermiesen zu lassen. Das war merkwürdigerweise auch in Ordnung.

Ich habe den Kindern gesagt, dass ich gern Heiligabend mit ihnen verbringen möchte, und die beiden schienen ganz verwundert über die Möglichkeit, dass das anders sein könnte. Maya hat mich erstaunt angesehen und fast vorwurfsvoll gesagt, dass das ja wohl „normal" sei, dass Kinder an Heiligabend zu Hause seien. „Ja, das finde ich auch! Da hast du natürlich recht", habe ich gesagt und damit war dieses Thema dann auch schon erledigt. Mir fällt immer wieder auf, wie kompetent und pragmatisch Kinder sind, wenn es darum geht, angemessene und stimmige Lösungen für Konflikte zu finden, die aus der Trennung resultieren. Vorausgesetzt, man bemüht sich um Aufrichtigkeit und bleibt bei sich, mit dem, was man sagt. Kinder sind manchmal sogar in der Lage, Blockaden und Befindlichkeiten ihrer Eltern zu berücksichtigen. So wie Maya, die letztens zu ihrem Bruder sagte: „Ich glaube, Mama möchte nicht, dass Katrin uns besucht, weil sie noch zu traurig ist, dass Papa jetzt die Katrin liebt."

Ich glaube, auch hier gilt, dass wir bei jeder Regelung darauf achten müssen, die Kinder nicht in einen Loyalitätskonflikt zu bringen. Wir können ihre Wünsche berücksichtigen, aber die Verantwortung für die Entscheidungen müssen wir Erwachsenen übernehmen. Je sicherer sie sich sein können, dass wir das als Eltern so handhaben, desto eher werden Kinder ihre eigenen Wünsche und Bedürfnisse artikulieren.

Während ich mal wieder über meine Kinder nachdenke, spüre ich Respekt vor diesen kleinen Menschen in mir aufsteigen, der mich stolz macht und mich sehr rührt. Ich war so stark mit mir beschäftigt und damit, dass sie mir vertrauen sollen, dass mir die Erkenntnis abhandengekommen ist, dass ich auch ihnen vertrauen kann!
Ich habe mich soeben entschieden, Mayas Weihnachtsstatement vorläufig auf alle uns drei betreffenden Familienfeiern anzuwenden. Ihren Geburtstag werden die Kinder ebenfalls zu Hause feiern – auch dann, wenn er zufällig auf ein Wochenende fällt, das sie turnusgemäß bei ihrem Vater verbringen würden. Dazu stehe ich und dafür werde ich mich einsetzen! Darüber darf sich ihr Vater im Zweifelsfall auch aufregen, das wird nichts daran ändern, dass wir unser alljährliches Geburtstagsritual abhalten werden, nur ab jetzt eben ohne ihn. Wie und wann die Kinder ihren Geburtstag dann mit Markus feiern, können sie gerne mitentscheiden! Ich spüre eine unglaubliche Erleichterung dabei, zu Hause aktiv zu definieren. Es tut mir gut, diese Entscheidung zu treffen, ohne mich dabei mit Markus abzustimmen oder um sein Einverständnis zu werben. Die Kinder müssen sich nicht aufteilen, um es ihren Eltern recht zu machen.

Bis zum Ende der Grundschulzeit ist dies sicher grundsätzlich eine gute Lösung. Wenn die Kinder eine sichere, vertrauensvolle Beziehung zu beiden Eltern haben und ihre Verbindung zum jeweils anderen Elternteil respektiert wird, werden sie sich melden, wenn sie ausprobieren wollen, wie es ist, am Geburtstag beim anderen Elternteil aufzuwachen und dort zu feiern. Zunächst jedoch wird diese Entscheidung die Kinder entlasten, weil sie sich nicht entscheiden müssen.

Wenn es um die Aufteilung und die Gestaltung von Familienfeiern geht, ist in jedem Fall eine klare Entscheidung, zu der die Erwachsenen stehen, besser als faule Kompromisse, mit denen sie sich nicht wohlfühlen und damit ihre Kinder verunsichern würden. Kinder, denen eine solche Entscheidung zunächst einmal abgenommen wird, fühlen sich so sicher, dass sie schon protestieren werden, wenn sie etwas anderes wollen. In diesem Zusammenhang hier das Beispiel einer weiteren Mutter:

Gemeinsame Rituale beibehalten?

Zwei Monate, nachdem mein Partner ausgezogen war, hatte meine Tochter ihren achten Geburtstag. Unsere Trennung war schwierig, denn ich habe meinen Partner verlassen. Er hat das lange nicht einsehen wollen und ewig gekämpft. Für mich war sein Auszug eine Riesenerleichterung. Als er dann kurz vor dem Geburtstag vorschlug, er würde morgens früh vorbeikommen, um sie gemeinsam mit mir wie gewohnt mit unserem Ritual zu wecken, schien mir das sehr plausibel. Schließlich kann ja das Kind nichts dafür, dass wir uns getrennt haben, da braucht sich an seinem Tag ja nichts zu ändern. Der Papa ist dann auch nachmittags nach der Arbeit wie gewohnt zu ihrem Kindergeburtstag gekommen und hat bei der Organisation mitgewirkt.

Im Nachhinein weiß ich, dass ich im nächsten Jahr gern auf das gemeinsame morgendliche Ritual verzichten möchte, denn ich hatte das Gefühl, dass das sowohl bei ihrem Vater als auch bei unserer Tochter große Hoffnung darauf genährt hat, dass alles wieder „gut" werden könnte, eine völlig unrealistische Hoffnung, denn für mich ist diese Beziehung sowas von vorbei, dass ich das nicht beschreiben kann. Ich hoffe, dass mein Gefühl mich nicht trügt, wenn ich glaube, dass Klarheit uns allen guttun würde, und dass ich nicht zu egoistisch bin, wenn ich das durchzusetzen versuche.

Viele frisch getrennte Eltern, mit denen ich gesprochen habe, haben es in der ersten Zeit genauso gemacht wie diese beiden. Doch den meisten Eltern geht es dann so wie der Mutter, dass sie dies schon bald als irgendwie unpassend empfinden. Ich glaube auch, dass gerade in solchen Konstellationen, in denen sich ein Partner noch große Hoffnung auf eine Versöhnung macht, leicht eine Atmosphäre entstehen kann, in der ein Kind die so wichtige Orientierung verliert. Zu groß ist meiner Meinung nach die Gefahr, dass ein Kind wieder in den Sog einer Rolle gerät, in der es meint, Verantwortung für die unklare Situation zwischen den Eltern übernehmen zu müssen, und das tut Kindern einfach nicht gut.

Ich würde eine solche Entscheidung immer vom Grad der inneren Klarheit der beteiligten Erwachsenen abhängig machen. Kindern die Entscheidung darüber abzuverlangen, wo sie ihren Geburtstag, Ostern oder Weihnachten feiern wollen, hieße für sie, sich für und gegen einen Elternteil zu entscheiden. Deshalb ist es richtig, dass die Eltern ihnen diese Entscheidung erst einmal abnehmen. Nur so erlangen Kinder eine Sicherheit, die es ihnen dann mit der Zeit auch erlaubt, Wünsche zu artikulieren, die von dieser Regelung abweichen. Wichtig ist jedoch, dass dieser Impuls dann von den Kindern ausgeht.

Einigen sich die Eltern auf andere Modelle, so ist das auch in Ordnung, nur sollte das im wirklichen Einvernehmen geschehen. Gelingt dies nicht, so halte ich es für eine gute Idee, Familienfeiern im Alltag anzusiedeln, also jeweils bei dem Elternteil zu feiern, bei dem sich die Kinder gerade aufhalten.

Inzwischen sind wir im neuen Jahr angekommen. Es hat geschneit in der vergangenen Nacht und ich habe mich entschieden, mich zu Fuß auf den Weg in die Beratungsstelle zu machen. Nachdem ich es mir in meinem Sessel bequem gemacht habe, fällt mein Blick auf den verschneiten Garten. Alles wirkt so anders, nur die unter den Schneehauben versunkenen Konturen der kahlen Bäume und des Vogelhäuschens unmittelbar vor dem großen Fenster lassen das Vertraute erahnen. Auch mein Leben, unser Familienleben, hat sich verändert. Das Baby ist da. Es ist merkwürdig, dass sich diese inzwischen zur Tatsache gewordene, bange Aussicht eigentlich kaum auf mein reales Leben auswirkt. Die Angst vor diesem Ereignis scheint größer gewesen zu sein als die tatsächlichen Konsequenzen für mich und die Kinder. Diejenigen, die es betrifft, für die es etwas verändert, sind weit weg, dazwischen kaltes Niemandsland, in dem so vieles verschwindet wie unter diesem Schnee, der auch das gnädig verhüllt, das wehtun könnte.

Und als wenn ich in die Zukunft sehen könnte, ist dann auch wirklich eingetroffen, was ich die ganze Zeit befürchtet hatte. Natürlich kamen die Kinder mit roten Wangen und ganz aufgeregt von ihrem ersten Besuch bei ihrem Halbgeschwisterkind zurück, und natürlich hatten sie zwei Fotos dabei, auf denen jeweils einmal Maya und einmal Jakob das Baby im Arm hielten. Ich zwang mich, die Fotos anzuschauen und konnte in dem Moment beinahe körperlich spüren, wie ein Bann brach. Irgendwas wurde schlagartig anders. Ich war zurückgekehrt aus dem Reich der Träume, der Ängste und Befürchtungen, und angekommen in der Wirklichkeit. Es war, als raunte mir das Foto zu: „So ist das nun."

Ich lebe mein Leben getrennt vom Vater meiner Kinder, und der hat eine neue Familie: eine neue Frau und ein neues Kind. Ab jetzt ist das die Wirklichkeit. Ich muss wohl sehr traurig ausgesehen haben beim Betrachten der Fotos, denn Jakob schmiegte sich an mich und fragte bange: „Bist du traurig Mama? Warum bist du denn so traurig?"

Und ich konnte plötzlich sagen: „Weißt du, ich muss daran denken, wie es war, als ihr so klein wart. Wie schön es war, wie sehr wir uns gefreut haben und nun macht es mich natürlich ein bisschen traurig, dass es unsere Familie, so wie wir damals waren, nicht mehr gibt." „Ich bin aber froh, dass es hier bei uns kein Baby gibt", sagte Jakob und Maya nickte versonnen. „Ja", sagte ich, schüttelte meine Traurigkeit ab und klatschte in die Hände „und nun gibt es für die großen Kinder, die es hier gibt, Abendbrot und deshalb möchte ich darum bitten, dass sich die Herrschaften die Hände waschen!"

Und so ist es wirklich: Das Leben, der Alltag geht weiter. Hier und jetzt ändert sich vorläufig erst mal nichts. Ich glaube, ich werde mich hier in der nächsten Zeit mit den Dämonen meiner Ängste auseinandersetzen müssen, damit, welche Bedeutung ich diesem Ereignis beimesse, wie ich die neue Situation bewerte. Ich glaube, dass das für mich ganz wichtig ist, wenn ich es schaffen will, mich auch innerlich endgültig von Markus und von meiner Idee einer heilen Familie zu verabschieden. Es ist vor allem auch wichtig, wenn ich meine Belange von denen der Kinder tren-

nen will, um sie ihren eigenen Weg finden zu lassen. Und dann erinnere ich mich nur noch daran, wie Frau Steffens mir durch den Nebel meiner Tränen mit dieser mir inzwischen so vertrauten Geste die Box hinüberreicht, damit ich ihr die bitter nötigen Taschentücher entnehmen kann.

Nun ist Anna an einem Punkt angekommen, der es ihr ermöglicht, den Dingen, so wie sind, ins Auge zu blicken. Sie kann nun realistisch auf sich, die Kinder und Markus mit seiner neuen Familie blicken und feststellen, dass sie nur eine indirekte Verbindung, nämlich über die Auswirkungen auf Maya und Jakob, zu deren Halbgeschwister hat. Diese Erkenntnis erleichtert es ihr, sich auf ihre Kinder und deren Gefühle zu konzentrieren und ihre eigenen Gefühle aus dieser Beziehung herauszuhalten.

Annas Erkenntnis stellt einen Meilenstein in der persönlichen Entwicklung von Trennungseltern dar. Aus den Trümmern des „Wir" des einstigen Liebespaares haben sie begonnen, das „Ich" herauszulösen, um vom eigenen Feld hinüber in das des anderen Elternteils zu schauen. Dies lässt uns nach und nach unserer realistischen Grenzen bewusst werden. Wir beginnen zu erkennen, dass wir weder für den/die andere/n, noch für dessen/deren Handeln und Beziehung zu unseren Kindern verantwortlich sind. Wir haben oft nicht einmal mehr Einfluss darauf. Wo wir bisher zusammen beide Hälften bespielt haben, nutzt nun jede/r seine/ihre Seite, um sein/ihr neues Leben und die Beziehung zu den gemeinsamen Kindern zu gestalten. Solange die Mittellinie respektiert wird und der Ball dabei im eigenen Feld bleibt, sind Enttäuschungen und Konflikte eine gute Möglichkeit, eigene Erwartungen und Bedürfnisse so zu hinterfragen, dass ganz neue Perspektiven möglich werden. Auch, wenn dieser Prozess schmerzhaft ist, ist er eine ganz große Chance für die persönliche Entwicklung.

Der Schmerz über das Scheitern einer Familie beruht letztlich auf unrealistischen Vorstellungen davon, wie Familie als solche und wie ein Paar als Eltern funktioniert. Die Ursachen hierfür finden sich in den Lebensgeschichten, die diese Vorstellungen maßgeblich geprägt haben.

Eine Trennung bietet somit immer auch die Chance, bedeutsame Eindrücke aus der eigenen Geschichte zu überprüfen und gegebenenfalls zu korrigieren. Anna tut dies, indem sie erkennt, dass sie sich mit Markus einen Partner gesucht hat, der die Erwartungen ihrer Eltern an einen beruflich erfolgreichen Partner erfüllt, der damit aber gleichzeitig eine eher traditionelle Rollenverteilung einfordert, die von ihr verlangt, beruflich zurückzustecken und ihm mit Haus und Kindern den Rücken freizuhalten. Während ihrer Ehe hat Anna das nicht infrage gestellt, und nun bietet ihr die Trennung die Möglichkeit, auch ihre eigene Rolle in einem Familiengefüge ganzheitlich auf ihre Bedürfnisse abzustimmen.

Dennoch sind Klischees von einer „heilen Familie" oder wie eine Mutter sie nennt „Rama-Familie" immer noch weitverberbreitet und im Unterbewusstsein wirksam. Wenn der Ex-Partner/die Ex-Partnerin nach der Trennung ein weiteres Kind mit einer neuen Partnerin/ einem neuen Partner bekommt, dann leben diese Vorstellungen beim anderen oft wieder auf und alte Wunden schmerzen wieder. Häufig höre ich von Betroffenen, sie wunderten sich darüber, weil sie dachten, dass sie mit der alten Beziehung bereits abgeschlossen hätten. Immer wieder höre ich den Satz: „Jetzt macht sie/er mit ihm/ihr, was uns nicht gelungen ist." oder „Sie/er hat uns einfach mal gegen eine neue Familie eingetauscht."

Die Geburt eines neuen Geschwisterkindes stellt im Leben des zuvor geborenen Kindes immer eine Krise dar, das ist bei Trennungskindern nicht anders. Es ist gut, wenn sich Eltern dann darauf konzentrieren können. Je klarer sich die Erwachsenen über ihre eigenen Gefühle sind, um so offener können sie in dieser Situation ihren Kindern begegnen und für sie da sein, wenn sie etwa mit Eifersucht oder Unsicherheiten bezüglich ihrer neuen Rolle im Patchwork-Gefüge zu kämpfen haben.

Sitzung 13

Mein Kind – dein Kind?

„Funktioniert Elternliebe nicht immer auch so, dass da dieses Bewusstsein ist, dieses Kind, diese Kinder sind auch ein Teil von mir? Bei mir war das jedenfalls ganz, ganz stark so."

Warum ist es bei einer Trennung so verdammt schwierig, zwischen den eigenen Belangen und denen der Kinder zu unterscheiden? Es gab Zeiten, da konnte Markus mir gar nichts recht machen, was die Kinder anbelangte. Und ich beginne zu erkennen, dass es mir viel weniger um die Kinder ging als um mich.

Kam oder brachte er die Kinder zu spät, sah ich darin ein Zeichen seiner Gleichgültigkeit und Unzuverlässigkeit, brachte er sie pünktlich zurück, so wertete ich das als Ausdruck dessen, dass er nur ja keine Minute zu viel mit ihnen verbringen wollte. Am allermeisten aber traf mich seine Gleichgültigkeit. Ich habe mir lange Zeit besonders viel Mühe damit gegeben, die Rucksäcke der Kinder zu packen, ihnen nur gute Sachen mitgegeben, so als ob ich beweisen wollte, wie gut es den Kindern bei mir ging. Ich stellte mir vor, dass anderen auffallen würde, wie gut das Kleid Maya stand, oder wie funktional und ausgetüftelt kindgerecht Jakobs Anorak war. Fantasien waberten durch mein stolzes, angestrengtes Mutterhirn, in denen andere Menschen Markus fragen würden, wo er denn die Klamotten gekauft hätte, und dann müsste er zugeben, dass ich es war, die die Kinder so super ausstattete. Das ist jetzt vielleicht ein bisschen übertrieben, aber in die Richtung ging das schon. Ich wollte beweisen, was für eine gute Mutter ich bin. Das sollte bei Markus ankommen. Eine Mutter, die an alles denkt, die den Kindern sogar für den kurzen Weg zu ihm oder für etwaige Ausflüge gesunden Proviant mitgab, großartig eben! Und wenn dann das schöne Kleid völlig verdreckt, von den guten Hausschuhen nur einer, der Anorak gar zerrissen zurückkam oder aber die Kleidung in den Rucksäcken völlig unberührt war, war das wie ein Schlag in mein Gesicht. Ich fühlte mich beinahe verhöhnt, auf jeden Fall missachtet und übersehen. Mir schien es, als würde meine Verbindung zu meinen Kindern verleugnet, einfach gekappt in dem Moment, als er die Kinder übernahm und sich der großartigen Selbsttäuschung hingab, dass ich völlig überflüssig wäre, weil Super-Daddy „das Kind schon ganz alleine schaukelt"!

Es ist ein so merkwürdiges Gefühl, wenn die Kinder zu Markus gehen und dort sogar übernachten. Okay, Maya übernachtet jetzt hin und wieder bei einer ihrer Freundinnen, aber das ist immer nur für eine Nacht und ein ganz großes Abenteuer. Ich kenne die Eltern und die anderen Kinder. Ich kenne die Räumlichkeiten, ich weiß aus eigener Erfahrung, wie diese Partys ablaufen, und wenn ich Maya am nächsten Mittag abhole, dann gibt es noch einen kleinen Schwatz mit den Eltern, wo ich dann ein Stimmungsbild einfange und einen Eindruck bekomme von dem, was die Kinder erlebt haben.

Ich weiß nicht, wie Markus lebt. Ehrlich gesagt: Ich will's gar nicht wissen! Ich weiß auch nicht, was die drei oder fünf – und bei dieser Vorstellung dreht sich mir sowieso der Magen um – da so zusammen machen.

Der Vater meiner Kinder, ehemals mein engster Vertrauter, hat sich in einen zeitweise bedrohlich unberechenbar gewordenen Fremden verwandelt, vor dem ich mich schützen muss, weil er mir weh tut. Und diesem Menschen vertraue ich nun meine Kinder an! Da kann ich nur mein Mantra runterbeten: „Ganz ruhig, Anna, er ist ihr Vater, sie lieben ihn, sie brauchen ihn, lass los, sie können nichts dafür!"

Anna spricht hier von „meinen Kindern". So wie ihr fällt es vielen Trennungseltern schwer, weiterhin von „unseren" Kindern zu sprechen und zu denken. Das liegt daran, dass Kinder nicht nur körperlich die Nachfahren ihrer Eltern sind, sie repräsentieren auch einen Teil von deren Psyche, das ist ganz normal. In der Psychologie spricht man davon, dass Kinder durch die Eltern „narzisstisch besetzt" seien, was nichts anderes bedeutet, als dass Kinder auch als eine Erweiterung des eigenen Selbst gesehen werden, denn Narzissmus kann man mit Selbst- oder Eigenliebe übersetzen. Wie andere mit unseren Kindern umgehen, wie sie sie behandeln, nehmen wir dementsprechend persönlich, wir freuen uns darüber oder sind gekränkt.

Ich habe das Beispiel einer Mutter, die dieses Phänomen sehr anschaulich beschreibt:

Meine Kinder sind doch ein Teil von mir!

Funktioniert Elternliebe nicht immer auch so, dass da dieses Bewusstsein ist, dieses Kind, diese Kinder sind auch ein Teil von mir? Bei mir war das jedenfalls ganz, ganz stark so.

Ich erinnere mich gut an die ersten Wochen und Monate, wo ich stolz und beinahe feierlich den Kinderwagen schob. Ich hätte platzen können vor Stolz, dass mir etwas so Wunderbares gelungen war. So, als sei das allein meine, unsere Leistung, ein so wunderbares, gesundes Kind bekommen zu haben. Ich war auch dankbar, empfand es als Geschenk, als kleines Wunder – aber eben auch als meine „Leistung".

Mit der Geburt unseres Kindes wurde ich irgendwie selbstbewusster, ich fühlte mich aufgewertet und stolz. Auch, wenn ich mich mit der Zeit daran gewöhnte, nun Mutter zu sein und manche Entbehrung und manchen Nachteil, wie durchwachte Nächte, zu spüren bekam, gab es immer wieder Situationen, auch im Alltag, wo mich der Stolz geradezu durchflutete. Das ist noch heute so, wenn ich morgens mit dem Fahrrad durch den Berufsverkehr radle, um die Kleine im Fahrradanhänger in den Kindergarten zu bringen. Das hört sich vielleicht albern an, aber ich liebe diese Dinge, die mich auch äußerlich als Mutter erkennbar machen: Der Kinderwagen, der Fahrradanhänger, das Laufrad, das Kinderfahrrad mit dem lustigen Wimpel an der federnden und wippenden Stange, das Schuhregal vor unserer Tür mit den kleinen Gummistiefeln oder den niedlichen Hausschuhen, über all das freue ich mich immer noch fast täglich!

Als mein Mann dann vor drei Jahren aus beruflichen Gründen ins Ausland ging, sah es am Anfang so aus, als sei das auf sechs Wochen befristet, doch daraus wurde ein Vierteljahr und schließlich wurde seine Rückkehr immer ungewisser. Für ihn war es eine einmalige Chance, die er unbedingt ergreifen wollte. Finanziell war es eine Riesensache. Sein Einkommen sicherte uns einen Lebensstandard, der trotz der Trennung sehr komfortabel war. Seit neun Monaten ist er nun zurück, und wir haben schnell gemerkt, dass wir im Alltag überhaupt nicht mehr miteinander klarkommen. Meine Tochter und ich, wir haben uns irgendwie eingerichtet. Durch die Rückkehr meines Mannes jedoch sind all diese Routinen durcheinandergeraten. Nichts passte mehr. Alles führte zu Diskussionen, so dass wir uns vor einem Vierteljahr getrennt haben. Außerdem habe ich den Verdacht, dass sich während seines Auslandsaufenthalts etwas zwischen meinem Mann und einer Kollegin entwickelt hat. Er streitet das ab, aber neulich habe ich erfahren, dass sie nun auch in unsere Stadt gezogen ist.

Mir begegnet er kühl und abweisend, und Gesprächen über unser Kind weicht er aus. Ich habe das Gefühl, dass ihm unsere Begegnungen äußerst unangenehm sind. Das verletzt mich. Mich macht es sprachlos, mit welcher Selbstverständlich-

keit er dem Kind gegenüber als sein Vater auftritt, nachdem er sich fast anderthalb Jahre überhaupt nicht um unsere Tochter gekümmert hat, kaum Kontakt hatte, mal abgesehen von zwei Familienurlauben und regelmäßigem Skypen.

Er sollte eigentlich wissen, wie wichtig mir ein gesunder, ökologisch orientierter Lebensstil ist, schließlich war er damit einverstanden, dass unsere Tochter einen Waldorfkindergarten und später auch eine Waldorfschule besucht. Wir haben ganz bewusst keinen Fernseher, kaufen nur im Bioladen. Seitdem er zurück ist, scheint ihm das alles nichts mehr zu bedeuten. Neulich war er offenbar mit ihr sogar im Fast-Food-Laden. Sie sieht sogar fern bei ihm. Ich komme damit nicht klar, fühle mich so abgewertet. Meine ganze Arbeit, meine Lebenszeit, die ich in die Betreuung und Erziehung unseres Kindes investiert habe, all das übergeht er einfach, als sei das nichts. Und nun schadet er unserer Tochter, indem er sie verunsichert und mit einem Lebensstil konfrontiert, der alles infrage stellt, was sie bisher erfahren hat. Jedes Mal, wenn ich mit ihr zusammen ihre Sachen für ein Wochenende bei ihrem Vater packe, habe ich das Gefühl, sie auf ein Wochenende auf einem anderen, für mich unerreichbaren Planeten vorzubereiten. Ich kann meinen Ex-Mann nicht einschätzen, er schließt mich völlig aus. Ich habe Angst, dass er das Kind in Situationen bringt, die ihm schaden.

Jetzt habe ich meiner Tochter ein Handy gekauft und meine Nummer eingespeichert, damit sie mich ganz einfach erreichen kann, wenn das nötig sein sollte. Ich selbst rufe sie abends vor dem Schlafengehen an und musste schon mehrfach feststellen, dass ihr Vater sich auch über die vereinbarten Schlafenszeiten hinwegsetzt. Letztens habe ich Bonbonpapier in ihrem Rucksack gefunden, reiner weißer Zucker! Spinnt der?! Jetzt habe ich jedenfalls eine Vorstellung, warum sie neuerdings so hibbelig ist. Ich werde mal mit unserem Kinderarzt sprechen. Vielleicht kann der mit einem Attest helfen, das ihren Vater aus gesundheitlichen Gründen dazu verpflichtet, auf eine zuckerfreie und gesunde Ernährung zu achten.

Was habe ich diesem Mann getan, dass er mir und meinem Kind das antut?!

Wenn ihre Kinder leiden oder in einer Weise behandelt werden, die ihnen aus elterlicher Sicht nicht guttut, empfinden Eltern das so, als würden sie selbst dadurch verletzt. Auch, wenn die heftige Reaktion dieser Mutter auf Süßigkeiten vermutlich vielen befremdlich erscheint, macht sie deutlich, was für alle Eltern in unterschiedlicher Ausprägung gilt.

Muttersein und Vatersein sind sensible Identitäten mit einem enormen Kränkungspotenzial. Eltern definieren sich, ihre Zugehörigkeit und ihren Wert ganz stark über ihre Kinder. Kaum etwas verletzt und kränkt das Selbstwertgefühl mehr als das Gefühl, unwichtig, ja, lästig zu sein oder gar ignoriert zu werden. Und nichts verletzt Mütter und Väter mehr, als wenn sie den Eindruck haben, dass ihre Zugehörigkeit zu ihren Kindern ignoriert wird. Genauso fühlen sie es oft, wenn sie nach der Trennung keinerlei Kontrolle mehr darüber haben, was das Kind mit dem anderen Elternteil erlebt. Das verunsichert und wird als höchst bedrohlich erfahren, als ein Angriff auf ihre Elternschaft. So lassen sich viele der misstrauischen Interpretationen dessen erklären, was der andere in dieser Zeit jenseits der eigenen Kontrolle mit den Kindern unternimmt oder unterlässt. Ein Ausweg besteht darin, diese Ängste zu erkennen und als einen Hinweis darauf ernst zu nehmen, am eigenen Selbstbewusstsein zu arbeiten. Schließlich haben beide Eltern getan, was ihnen möglich war, um ihren Kindern ein gesundes Aufwachsen zu ermöglichen. Es hilft erfahrungsgemäß sehr, sich in angstbesetzten Situationen daran zu erinnern, denn das steigert das Vertrauen zu den Kindern ganz enorm. Selbst wenn das Vertrauen in den Ex-Partner aufgrund des aktuellen Trennungsstadiums stark erschüttert ist, fällt es dann leichter, loszulassen und die Beziehung zum anderen Elternteil zu respektieren.

Ich erkenne mich in vielem, was diese Mutter da beschreibt! Dieses Muttersein mit Haut und Haar, der Wunsch, dass die Kinder behütet und gesund aufwachsen, ihre zentrale Wichtigkeit für meine eigene Identität und für mein Selbstbewusstsein. Das alles kenne ich gut, und ich glaube, das kennen die meisten Eltern. Auch, wenn ich die Mutter aus dem Beispiel ein kleines bisschen belächle, weil sie mich an diese befindlichen Mütter erinnert, die nur noch um ihre Kinder kreisen, so kann ich sie doch gut verstehen. Ich kann nachempfinden, wie sehr es sie kränken muss, wenn das, was für sie existenziell bedeutsam ist, eine solche Abwertung beziehungsweise Missachtung durch den Vater ihrer Kinder erfährt.

Auch ich habe mich abgewertet und missachtet gefühlt, wenn meine Bemühungen, durch die ich zeigen wollte, wie gut ich mich um meine Kinder kümmere, unbeachtet versickert sind. Ich hatte das Gefühl, in dem Maße, in dem Markus meine Leistung als Mutter ignoriert, wertet er seine eigene Leistung als Vater unverhältnismäßig und selbstgerecht auf. Wenn er Ermahnungen und Hinweise meinerseits in den Wind schlug, um es auf seine Weise zu machen, eine Weise, die mir grundsätzlich einfacher, viel weniger aufwändig erschien und die ich deshalb als lieblos empfand. Ich habe mich dann kolossal ohnmächtig und unwichtig gefühlt, so ignoriert, dass ich manchmal dachte, ich kriege keine Luft mehr vor Empörung. Neulich habe ich von einer Mutter gehört, die den Vater wegen Körperverletzung anzeigen wollte, weil er ihrer Tochter trotz ihrer Ermahnungen Süßigkeiten gegeben hatte. Der Zahnarzt hatte bei dem Kind Karies festgestellt. Mich hat diese Geschichte eine Weile beschäftigt, weil ich so gut verstehen kann, wie es zu einer solchen Reaktion kommen konnte. Vielleicht hat die Mutter ihrem Ex-Partner mehrfach eingeschärft, dass ihre Tochter anfällig für Karies ist, und dann muss sie feststellen, dass all ihre Bemühungen, ihre Vorstellungen einfach übergangen werden. Da kann man doch wütend werden und Rachegelüste kriegen! Also ich verstehe das gut! Und ich verstehe auch die Mutter aus dem Beispiel gut, die in ihrer ohnmächtigen Kränkung und Wut einen Kinderarzt dafür gewinnen will, dass dieser den Vater ihres Kindes per Attest zu ihrem gesundheitsbewussten Lebensstil verpflichten soll.

Ich habe, während ich über diese Kränkungen nachdenke, das Bild von einem Tuch vor mir, an dem beide Eltern vormals gemeinsam gewebt haben. Dieses Tuch ist mein Lebenswerk und mein ganzer Stolz. Während wir noch gemeinsam daran webten, haben wir nur edelstes Garn verwendet. Das Tuch war gleichmäßig und schön. Nachdem wir uns aber getrennt haben, wurde deutlich erkennbar, welche Teile von mir sind und welche von Markus. Während meine sich in Gleichmäßigkeit und Muster kaum von der früheren Arbeit unterscheiden, weisen Markus' Teile ganz neue und befremdliche Muster auf, deutlich anders als die übrigen Teile des Tuchs. Seine Arbeit wird meinen Ansprüchen nicht mehr gerecht und das nehme ich ihm übel, denn er zerstört damit mein Lebenswerk.

Annas Bild gefällt mir, zumal es auch beschreibt, dass niemand aus diesem ursprünglich gemeinsam begonnenen Lebenswerk plötzlich aussteigen kann. Das Tuch steht aus meiner Sicht nicht für die Kinder, denn die sind nicht passiv und willenlos, es steht für die narzisstisch geprägten Wünsche und für die pädagogischen Ziele der getrennten Eltern. Die Auseinandersetzung mit dem Tuch führt zu der Erkenntnis, dass es nicht einem von beiden allein gehört und dass der eigene Einfluss mit der begonnenen Arbeitsteilung Grenzen hat. Die Herausforderung der Trennungskrise besteht darin, zu einer neuen, am Kindeswohl orientierten Zusammenarbeit zu finden.

Auf dem Weg dahin ist es nicht verwunderlich, dass Eltern sich abgewertet fühlen, zutiefst gekränkt oder verärgert sind und dass sie mit allen Mitteln den erzieherischen Umgang des anderen kontrollieren und Einfluss nehmen wollen. Die Erfahrung, dass dies nicht gelingt, provoziert dann Ärger und Wut.

Das ist für Kinder ganz besonders schwierig, weil sie dann den Eindruck haben, dass sie bei den hitzigen Auseinandersetzungen ihrer Eltern eine zentrale Rolle spielen. Dies birgt die Gefahr, dass sie sich an dem emotional aufgeheizten Konflikt zwischen ihren Eltern schuldig fühlen. In diesem Zusammenhang würde ich gern das folgende Beispiel eines Vaters vorstellen:

Wenn das Vertrauen stirbt, wird der Wunsch nach Kontrolle geboren

Ich habe das Gefühl, dass meine Frau meine Kontakte zu unserem Sohn komplett zu kontrollieren versucht. Er leidet unter einer milden Form von Asthma. Er nimmt regelmäßig Medikamente, damit haben wir das ganz gut im Griff. Wenn ich ihn am Wochenende abhole, hagelt es schon an der Tür Ermahnungen, dass ich nur ja an die Medikamente denke. Zu Hause, wenn wir die Tasche mit seinen Sachen aufmachen, liegt zuoberst ein Zettel, auf dem dick mit Edding und Ausrufezeichen steht: „Denkt an die Medikamente!", und dann ruft sie außerdem noch regelmäßig ein bis zwei Mal an, unter dem Vorwand – so kommt es mir jedenfalls vor – ob ich denn auch an die Medikamente gedacht habe. Nebenbei verlangt sie, mit dem Jungen zu sprechen, sie fragt ihn aus, was wir machen, was wir vorhaben, ob wir alleine sind und was es zu essen gibt. Ich steh dann eine halbe Stunde wie ein Depp da, warte, dass die beiden endlich fertig sind, werde richtig sauer und muss aufpassen, dass sie uns dann nicht die Situation komplett verhagelt, denn schließlich kann ja das Kind nichts dafür.

Ich bin doch sein Vater! Wir hatten ein Familienleben vor unserer Trennung, und er ist mir nicht fremd, verdammt! Da hat sie das Kind schon fünf bis sieben Tage am Stück bei sich, während ich mich mit einem kurzen Wochenende zufriedengeben muss – und selbst da muss sie mit ihrer Kontrolle und ihrem Besitzanspruch noch hineinkraken! So, als ob sie allein wüsste, wie ich mit unserem Sohn umgehen muss. Ich bin doch kein dummer Junge!

Trennungseltern wollen sich nicht in ihre Beziehung zu den Kindern hineinreden lassen und fühlen sich schnell kontrolliert. Beide scheinen zu sagen: „Das ist mein Kind und du hast kein Recht, dich in diese Beziehung einzumischen!"

Diese Konflikte sind charakteristisch für die Zeit des Trennungsprozesses, in dem jeder für sich die Trennung verarbeiten und auch seine Rolle als Mutter und Vater in Trennung neu finden muss. Darüber hinaus müssen beide zusammen eine neue Vorstellung davon entwickeln, was ihre gemeinsame Elternschaft in dieser neuen Lebenssituation bedeutet und wie sie aussehen kann. Kein Wunder also, dass beide Eltern in ihrer neuen Identität noch nicht gefestigt und damit äußerst verunsichert und kränkbar sind.

Wir reagieren auf Verletzungen und Kränkungen und auf Situationen, in denen wir uns ohnmächtig und hilflos fühlen häufig, indem wir wütend werden und auf Rache sinnen. Eltern aber gehen nicht in die Welt hinaus, um ihren Schmerz und ihren Zorn hinauszuschreien. Sie suchen nach vordergründig rationalen Argumenten, um den anderen dazu zu veranlassen, sich entsprechend der eigenen Vorstellungen zu verhalten. So wird der jeweilige Umgang mit den gemeinsamen Kindern zum Schauplatz dieser Auseinandersetzungen, die nicht selten vor Gericht enden.

Gerade in der dritten Trennungsphase sind Eltern gut beraten, wenn sie eine professionelle Begleitung in Anspruch nehmen. Das erleichtert es sehr, binnen Kurzem die sogenannten „Rationalisierungen" aufzudecken und sich der dahinterstehenden Gefühle anzunehmen, damit sie nicht im Extremfall – wie im folgenden Beispiel – bis hin zu gerichtlichen Auseinandersetzungen führen.

Das ist doch Körperverletzung!

Unsere zwölfjährige Tochter hat eine ganz helle, empfindliche Haut, so dass sie ganz schnell einen Sonnenbrand bekommt. Als sie am letzten Sonntag vom Wochenende bei ihrem Vater zurückkehrte, zeigte sie mir ihren völlig verbrannten Rücken. Der schmerzte und sie bat mich, ihn einzucremen. Ich war entsetzt und wütend, denn ich hatte ihren Vater extra noch einmal angerufen, um ihn daran zu erinnern, dass er sie eincremen müsse. Das ist doch Körperverletzung. Ich werde ihn anzeigen!

Ein Sonnenbrand als Körperverletzung? Ein Zucker-Bonbon als Angriff auf die kindliche Gesundheit? Wütende, enttäuschte Mütter und Väter können das so empfinden, und werden dann bei Ärzten und Anwältinnen vorstellig. Die Mutter im oberen Beispiel verlangte vom Kinderarzt ein Attest. In einem anderen Fall hatte ein Vater einen Privatdetektiv beauftragt, Fotos zu machen, die den Besuch der Abendschule durch die Mutter belegen sollten, weil er darin eine Vernachlässigung der Kinder sah – und die Großmutter wird zum Gesundheitsrisiko, weil sie auf dem Balkon im Beisein der Kinder raucht.

Die Verlagerung von Konflikten aus der Paarbeziehung auf eine vordergründig rationale, sachliche, vermeintlich um das Kindeswohl bemühte Ebene birgt immer auch die frustrierende Erfahrung, dass Außenstehende wie Richter, Kinderärzte oder Jugendamtsmitarbeiter nicht zu den kritiklosen Verbündeten werden, die sich gekränkte und klageführende Eltern gewünscht haben. Wenn sie sich ein Bild machen wollen, müssen oft die Kinder als Zeugen herhalten. Das kann für sie eine traumatisierende Erfahrung sein – und das, obwohl es dabei in Wahrheit vielmehr um die Verletzungen der elterlichen Seelen geht.

Deswegen ist es so wichtig, dass die Erwachsenen lernen, sich ihrer Motive bewusst zu werden. Erinnern Sie sich an die kleine Hausaufgabe, in der Anna Vorwürfe in Ich-Botschaften umwandelte? Es ist eine große Leistung, in einer solch aufgeladenen und eskalierten Situation die Verletzungen und Ängste hinter den eigenen Vorwürfen zu spüren und zu benennen! Sich darüber klar zu werden, dass niemand einen anderen Menschen ändern kann, sondern nur sich selbst, ist die wahre Lektion, die diese komplexe Lebenskrise für uns bereithält. Wenn Eltern sich mit ihren zeitweise außer Kontrolle geratenen Gefühlen ernst genommen fühlen, hilft ihnen das dabei, innezuhalten und etwas Abstand zu gewinnen – Abstand, der dringend nötig ist, um die Bedürfnisse ihrer Kinder wirklich in den Blick nehmen zu können.

Wenn Außenstehende in einer solchen Situation auf der Sachebene intervenieren, etwa durch Schlichtungsgespräche oder durch Mediation, ist das aus psychologischer Sicht ein wichtiger und sinnvoller zweiter Schritt.

Zunächst brauchen sogenannte hochstrittige Eltern jedoch aus psychologischer Sicht einen Raum für sich, in dem sie, ähnlich wie Anna zu Beginn unserer Sitzungen, erst einmal begreifen, dass ihre Trennung eine Lebenskrise ist, ein psychischer und existenzieller Ausnahmezustand. Das ist eine wichtige Voraussetzung für die Bereitschaft, ihre Motive im Hinblick auf das Wohl ihrer Kinder zu reflektieren und zu hinterfragen.

Der Psychiater Fritz Perls beschrieb 1969 im sogenannten „Gestaltgebet“, wie er sich ideale Beziehungen zu anderen Menschen vorstellt. Dieser Text könnte in unserem Zusammenhang jedoch auch das Ziel jenes Weges in Worte fassen, der mit einer Trennung beginnt:

> „Ich lebe mein Leben und du lebst dein Leben.
> Ich bin nicht auf dieser Welt, um deinen Erwartungen zu entsprechen –
> und du bist nicht auf dieser Welt, um meinen Erwartungen zu entsprechen.
> Ich bin ich und du bist du –
> und wenn wir uns zufällig treffen und finden, dann ist das schön,
> wenn nicht, dann ist das eben so.“[1]

Wenn es gelingt, die eigenen Konflikte, Gefühle und Absichten zu erkennen und kritisch zu hinterfragen, kann der Verstand die innere Führung übernehmen, und die zeitweise überschießenden Gefühle im Zaum halten. Dazu muss man auf die eigenen Gefühle hinter den Vorwürfen blicken und sich seinen Verletzungen, Bedürfnissen und Ängsten stellen.

Auch Anna hat inzwischen die Erfahrung machen dürfen, dass eine extrem konfliktreiche und aufgeheizte Atmosphäre nur eine Phase ist! Immer mehr AnwältInnen

[1] Perls, F.; Gestalt-Therapie in Aktion, Stuttgart 1969

und MitarbeiterInnen in Jugendämtern drängen inzwischen auf Reflexion der Konfliktmotive und verweisen auf entsprechende Angebote. Immer häufiger machen Familiengerichte es zur Auflage, dass „hochstrittige" Eltern entsprechende psychosoziale Angebote wahrnehmen, bevor sie deren Familiensituationen beurteilen.

Mir fällt dazu die Geschichte von Bertolt Brecht ein, „Der kaukasische Kreidekreis": Darin beschreibt er einen Prozess, in dem ein Richter zur Zeit des Dreißigjährigen Krieges entscheiden soll, ob ein Kind seiner Mutter zurückgegeben werden oder bei seiner Pflegemutter bleiben soll. Die Mutter hatte es auf der Flucht zurückgelassen, so dass sich dann eine Pflegemutter seiner angenommen hat, die Anna heißt, wie ich selbst. Der Richter sagt darin:

„... Man muß also, ohne auf bloßes Geschwätz einzugehen, feststellen, wer die rechte Mutter des Kindes ist."
Und mit ärgerlicher Stimme rief er den Gerichtsdiener und befahl ihm, eine Kreide zu holen.
Der Gerichtsdiener ging und brachte ein Stück Kreide.
„Zieh mit der Kreide da auf dem Fußboden einen Kreis, in dem drei Personen stehen können", wies ihn der Richter an.
Der Gerichtsdiener kniete nieder und zog mit der Kreide den gewünschten Kreis.
„Jetzt bring das Kind", befahl der Richter.
Das Kind wurde hereingebracht. Es fing wieder an zu heulen und wollte zu Anna. Der alte Dollinger kümmerte sich nicht um das Geplärr und hielt seine Ansprache, nur in etwas lauterem Ton.
„Diese Probe, die jetzt vorgenommen werden wird", verkündete er, „habe ich in einem alten Buch gefunden, und sie gilt als recht gut. Der einfache Grundgedanke der Probe mit dem Kreidekreis ist, daß die echte Mutter an ihrer Liebe zum Kind erkannt wird. Also muß die Stärke dieser Liebe erprobt werden. Gerichtsdiener, stell das Kind in diesen Kreidekreis."
Der Gerichtsdiener nahm das plärrende Kind von der Hand der Amme und führte es in den Kreis. Der Richter fuhr fort, sich an Frau Zingli und Anna wendend: „Stellt auch ihr euch in den Kreidekreis, faßt jede eine Hand des Kindes, und wenn ich ‚los' sage, dann bemüht euch, das Kind aus dem Kreis zu ziehen. Die von euch die stärkere Liebe hat, wird auch mit der größeren Kraft ziehen

und so das Kind auf ihre Seite bringen." ...
Und mit einem einzigen heftigen Ruck riß Frau Zingli das Kind aus dem Kreidekreis. Verstört und ungläubig sah Anna ihm nach. Aus Furcht, es könne Schaden erleiden, wenn es an beiden Ärmchen zugleich in zwei Richtungen gezogen würde, hatte sie es sogleich losgelassen. Der alte Dollinger stand auf. „Und somit wissen wir", sagte er laut, „wer die rechte Mutter ist. Nehmt der Schlampe das Kind weg. Sie würde es kalten Herzens in Stücke reißen." Und er nickte Anna zu und ging schnell aus dem Saal, zu seinem Frühstück.[2]

Ich glaube, wir haben diese Geschichte in der Schule gelesen, also in einer Zeit, als ich noch weit entfernt davon war, selbst Mutter zu sein. Merkwürdig, dass sie mich offenbar schon damals so tief beeindruckt hat, dass ich sie jetzt, Jahrzehnte später, noch abrufen kann. Ich finde, sie beschreibt sehr eindrucksvoll, dass ein wichtiger Aspekt gesunder Elternliebe darin liegt, das Kind eben nicht als Erweiterung seines Selbst oder gar als seinen Besitz zu betrachten, sondern als eine eigenständige Persönlichkeit. Langsam verstehe ich, warum das gerade in der ersten Zeit nach einer Trennung so schwer ist.

Dieser Kreidekreis lässt sich psychologisch als ein Gleichnis für die konkurrierenden narzisstischen Ansprüche getrennter Eltern interpretieren. Wenn wir im Bild der Geschichte bleiben, dann gibt es für ein Trennungskind wirklich nichts Schlimmeres, als zum Zankapfel zwischen den Eltern zu werden und im wahrsten Sinne des Wortes „zerrissen" zu werden.

Wie Anna schon richtig gesagt hat, sind es in der Regel ganz bestimmte Phasen in einem Trennungsprozess, wo Eltern anfällig für solche unreflektierten Konflikte sind. Allerdings gibt es auch Eltern, die in krankhaft neurotischer Weise so miteinander verflochten sind, dass ihre Konkurrenz um das Kind die Eltern-Kind-Beziehung im Kern vergiftet. Sie versuchen, ihr Kind zu ihrem Verbündeten in ihrem neurotischen Kampf gegen den anderen zu machen.

Aus der Psychiatrie weiß man, dass Konstellationen, in denen Eltern in krankhafter Weise um ein Kind als Bundesgenossen streiten, für die betroffenen Kinder traumatisch sind. Dies ist eine extreme Zuspitzung eines Loyalitätskonfliktes. Eine solche Er-

[2] Textauszug aus: Bertolt Brecht, Der kaukasische Kreidekreis, in: ders., Werke. Große kommentierte Berliner und Frankfurter Ausgabe, Band 8: Stücke 8.

fahrung ist so ziemlich das Schlimmste, was Kindern getrennter Eltern passieren kann. Ich habe die 14-jährige Emma kennengelernt, die diese Erfahrung machen musste.

Es wäre wohl besser, es gäbe mich nicht.

Aus einem Arztbrief:

„Diagnosen
Z 91.8 Suizidversuch …

…Anamnese:
Die Patientin kommt mit dem RTW in die Klinik, nachdem sie ihrer Freundin am Telefon gestanden hat, einige Schlaftabletten ihrer Großmutter in suizidaler Absicht eingenommen zu haben. …
Der Problematik zugrunde liegt eine hochstrittige Trennungssituation der Eltern und zusätzlich Mobbing in der Schule wegen des Übergewichts der Patientin. Die Tabletteneinnahme erfolgte vor 14 Stunden, körperliche Symptome bestehen nicht.

…Psychologisches Gutachten:
Während des stationären Aufenthaltes erfolgten mehrere Gespräche mit der Patientin sowie jeweils ein Gespräch mit Mutter und Vater, ein gemeinsames Gespräch wurde verweigert. Beide, Mutter und Vater, betrachten Emma als eine Art Kundschafterin, die sie zwischen sich hin- und herschicken, um Bestätigungen für die Charakterfehler des jeweils anderen zu beschaffen. Emma selbst berichtet, dass das Schlimmste für sie sei, wenn der Vater sie beschimpfe, „ganz die Mutter" oder die Mutter sie beschuldige, „ganz der Vater" zu sein.

Emma besucht das Gymnasium und ist für ihr Alter in beeindruckender Weise in der Lage, ihr eigenes Verhalten kritisch zu hinterfragen. So erzählt sie, dass es Zeiten gegeben habe, in denen sie die Feindschaft der Eltern manchmal durchaus dazu genutzt habe, um Vorteile daraus zu ziehen. So hatte sie Belohnungen dafür bekommen, wenn sie beim einen schlecht über den anderen gesprochen hatte. Während der über Jahre hinweg bestehenden On/Off-Beziehung habe es dann aber immer wieder für sie völlig unvorhersehbare Versöhnungen der Eltern gege-

ben – und dann sei sie die Dumme gewesen, weil die Eltern ihr gemeinsam vorwarfen, sie habe den Streit bewirkt, da sie die Eltern gegeneinander ausgespielt habe. Diese Zeiten seien für sie die furchtbarsten überhaupt gewesen, denn da sei sie selbst zur Zielscheibe des vereinten Hasses ihrer Eltern geworden. So habe sie mit der Zeit versucht, sich ein dickes Fell zuzulegen und ihr eigenes Ding zu machen. Sie habe viel in sich hineingefressen und sei auch in der Schule immer einsamer geworden. Nun habe es eine Situation gegeben, in der sie wegen ihres Übergewichts gehänselt worden sei, da seien ihr die Nerven durchgegangen und sie habe die Tabletten aus dem Schrank ihrer Großmutter geschluckt. Bei ihren Besuchen dort habe sie immer schon mal ein paar mitgehen lassen, die sie dann „für den Fall der Fälle“ gehortet habe. „Das waren Situationen, in denen ich dachte, es sei wohl besser, es gäbe mich nicht“, begründet Emma ihr Vorgehen. Aktuell besteht keine Suizidalität, die Patientin distanziert sich von dem Wunsch nicht mehr leben zu wollen. Sie bekräftigt, rein appellativ gehandelt zu haben.

Epikrise:
Emma wurde nach einem missglückten Selbstmordversuch in der Klinik aufgenommen. …

Beide Eltern waren in der Aufnahmesituation zur Stelle und bezichtigten sich in Gesprächen mit den diensthabenden KollegInnen, die sie jeweils vertraulich behandelt wissen wollten, gegenseitig der Schuld an Emmas Suizidversuch.

Die Aggression zwischen beiden ist spürbar. Beide verübeln Emma sehr, dass sie den Kontakt zu beiden Eltern aufrechterhält. Emma lebt bei der Mutter, sie verbringt jedoch aufgrund einer gerichtlichen Verfügung ein Wochenende im Monat bei ihrem Vater. Der Vater beschuldigt die Mutter, häufig wechselnde Männerbekanntschaften zu pflegen und darüber die Tochter zu vernachlässigen. Er hat sogar einen Privatdetektiv beauftragt, um zu belegen, dass die Tochter zu oft unbeaufsichtigt und allein gelassen werde. Die Mutter beschuldigt den Vater sexueller Absichten der Patientin gegenüber. Sie versuchte diesbezügliche Informationen von Emma zu erhalten und wertet ihre Verweigerung, mit ihr überhaupt über die Wochenenden mit ihrem Vater zu sprechen, als einen eindeutigen Hinweis auf die Richtigkeit ihrer Vermutungen. Emma ist ein stark übergewichtiges Mädchen. Sie ist reflektiert und distanziert sich von dem Suizidversuch. …

Emmas Eltern haben ihre Tochter über ihren ständigen Streit vollständig aus den Augen verloren. Emma ist ein Einzelkind, und ihre Eltern waren in höchst krankhafter Weise miteinander verstrickt. Ihr Beziehungsmuster ist dem einer Sucht ähnlich. Man könnte auch sagen, sie waren durch ihren Hass voneinander abhängig. Schon in der Zeit vor Emmas Geburt lebten sie in einem ständigen Wechsel zwischen Trennung und Partnerschaft. Zu dem Zeitpunkt, als Emma das erste Mal stationär behandelt wurde, lag die vorerst letzte Trennung vier Jahre zurück, der Anlass war eine neue Partnerschaft des Vaters gewesen. Der Vater hat das Umgangsrecht mit seiner Tochter vor Gericht erstritten. Die Eltern waren nie verheiratet.

Leider ist es manchmal so, dass ein Kind erst, wie im Fall von Emma, psychiatrisch auffällig werden muss, bevor Außenstehende eingreifen können, denn die Privatsphäre der Familie steht unter einem besonderen gesetzlichen Schutz. Selbst wenn ein Kind körperlichen Misshandlungen durch seine Eltern ausgesetzt ist, die deutliche Spuren hinterlassen, ist es für besorgte Außenstehende schwierig, im Sinne des Kindes einzugreifen. Man kann sich also vorstellen, wie viel schwieriger es ist, wenn es um seelische Misshandlungen geht.

Nach ihrem Suizidversuch wollte Emma nicht zu einem Elternteil zurückkehren. Es wurde für sie eine therapeutisch begleitete Wohngruppe gefunden mit BetreuerInnen, die darüber wachen, dass sich Emmas Eltern nicht über die von Emma gesetzten Grenzen hinwegsetzen. Beiden Eltern wurde dringend empfohlen, sich in eine Therapie zu begeben. Mehr als diese Empfehlung konnte nicht ausgesprochen werden. Es wurde allerdings darauf hingewiesen, dass sich der Nachweis, eine solche Therapie absolviert zu haben, günstig auf die Kontaktbemühungen zu ihrem Kind auswirken würde.

Das ist ein extremes Beispiel, doch ähnliche Konstellationen gibt es in vielen Abstufungen. Situationen wie das folgende Beispiel eines 16-jährigen Jungen sind quasi alltäglich. Sie haben sicher keine so schwerwiegenden Folgen für die betroffenen Kinder und Jugendlichen, wie es bei Emma der Fall war, und doch bringen sie Kinder in Konflikte:

Ich muss doch jetzt für meine arme Mutter da sein!

Mein „Erzeuger" hat uns vor zwei Jahren sitzenlassen, ist abgehauen zu einer anderen Frau. Meine Mutter sagt, er hat schon Jahre vorher ein richtiges Doppelleben geführt. Diese Frau da in der anderen Stadt hat wohl zwei kleine Kinder, da hatte er dann zwei Familien und war mal bei denen und mal bei uns. Mein alter Herr hat ziemlich viel Kohle, uns ging's immer ziemlich gut. Nun streiten sich meine Eltern vor Gericht. Meine Mutter sagt, dass er plötzlich für uns nichts mehr zahlen will. Sie hat sich selbstständig gemacht und betreibt einen kleinen Blumenladen. Dort arbeitet sie an sechs Tagen die Woche. Sie schuftet, während er es sich gutgehen lässt.

Ich habe von meinem Vater vor einiger Zeit ein teures Smartphone bekommen, für ihn ist das ja ein Klacks. Weil ich mich jetzt aber seit einigen Wochen weigere, Zeit mit ihm zu verbringen, hat er mir das weggenommen, einkassiert, einfach so! Ich spiele Tennis und Hockey in einem recht teuren Verein. Wenn ich weiter so stur sei, sagt er, dann sieht er auch nicht mehr ein, das weiterhin zu bezahlen, solchen Luxus für einen Sohn, von dem er nichts hat. Meine Mutter hat mir dann ein neues Smartphone gekauft, aber ich habe Angst, dass sie nur noch mehr arbeiten muss – für mich. Ich bin in der Schule ziemlich abgesackt, es klappt irgendwie nicht mehr so. Weiß auch nicht, aber ich kann mich irgendwie nicht so richtig gut konzentrieren. Das macht sie auch noch ziemlich fertig.

Am Anfang bin ich noch regelmäßig bei meinem Vater gewesen. Als ich ihm klargemacht habe, dass ich nicht mit ihm und seiner neuen Familie zusammen sein kann, da sind wir manchmal ein Wochenende zusammen wandern gewesen, nur wir beide, das war immer ganz cool, fast so wie früher, weil wir nur über ganz normale Sachen geredet haben und nicht über die blöde Trennung und so. Aber meine Mutter war immer völlig fertig, wenn ich zurückkam, sie sagte, sie hätte Angst, mich auch noch zu verlieren. Sie hat mir einiges erzählt von dem, was er sich ihr gegenüber so geleistet hat, echt heftig. Da kann ich doch nicht so tun, als wäre nichts gewesen und mit ihm wandern gehen, nee ... ich find's besser so, wie's jetzt ist: Ich bleibe bei meiner Mutter und der kann mich mal. Er hat ja selber Schuld!

Geraten Kinder oder auch Jugendliche in einen Loyalitätskonflikt zwischen ihren Eltern, so ergreifen sie in der Regel die Partei desjenigen, den sie für den Schwächeren halten. Dies ist meistens der, den sie im Vergleich mit dem anderen Elternteil als unglücklicher empfinden. Wenn sie dann das Gefühl haben, diesen Elternteil trösten und stützen zu müssen, dann stellt dies eine Überforderung dar, die die kindliche Persönlichkeit für ihr weiteres Leben prägt. Sie beeinträchtigt die Entwicklung eines gesunden Selbstbewusstseins, weil sie den Nährboden für komplexe psychologische Phänomene wie die Parentifizierung (siehe 11. Sitzung) bereitet, indem Kinder sich für das Wohlergehen ihrer Eltern verantwortlich fühlen. Das macht auch das Beispiel des 16-jährigen Jungen deutlich.

Sein Vater hat die Mutter betrogen und verlassen. Der Junge erlebt seine Mutter als traurig und verzweifelt, während er den Eindruck hat, dass es seinem Vater gutgeht. Er hat sogar eine neue Partnerin und vielleicht blüht er sogar auf, wirkt glücklicher und zufriedener als vor der Trennung. In diesem Fall wird sich die entwicklungsbedingte Tendenz, die Mutter als Ersatz für den verlorenen Partner beschützen und stützen zu wollen, als Parteinahme für die Mutter ausdrücken. Diese scheint dem Vater in der Wahrnehmung des Jungen emotional unterlegen zu sein. Spürt der Sohn, wie wichtig der Mutter seine Loyalität ist, so kann dies schließlich dazu führen, dass er sich innerlich gezwungen sieht, den Kontakt zum Vater sogar ganz abzubrechen. Damit zahlt er jedoch einen sehr hohen Preis für seine gesunde Entwicklung, denn er wendet sich gegen einen Teil seiner Wurzeln und erstickt seine Liebe zu seinem wichtigsten männlichen Vorbild. Das alles stürzt ihn in einen tiefen inneren Konflikt, der seine weitere Entwicklung nachhaltig beeinträchtigen kann.

Die Mutter wird vom Sohn in diesem Beispiel als sehr mit sich selbst und ihrer Kränkung beschäftigt wahrgenommen. Sie erkennt offenbar nicht, wie sie dadurch ihren Sohn zu ihrem loyalen Verbündeten macht. Das ist keineswegs ein bewusst kalkuliertes Vorgehen, sondern – ähnlich wie bei vielen anderen Müttern oder Vätern – dem Schmerz ihrer persönlichen Krise geschuldet. Sie erkennt nicht die Auswirkungen ihres Verhaltens auf ihren Sohn.

Wenn nahestehende Menschen, wie Großeltern, Vertrauenslehrer oder auch die Anwältin der Mutter, dieses Verhalten erkennen und auf einen geschützten Raum – zum Beispiel in einer Beratungsstelle – zur Selbstreflexion verweisen könnten, wäre das gut für betroffene Kinder wie den Jungen aus dem Beispiel. Man braucht für diese Diagnose kein psychologisches Fachwissen. Die Beobachtung, dass ein Kind sich rigoros von einem Elternteil abwendet, reicht als Grundlage für eine solche Empfehlung völlig aus.

Während Mütter typischerweise tendenziell mit traurigem Rückzug reagieren, versuchen Väter eher über finanzielle Sanktionen den Kontakt zu ihren Kindern zu beeinflussen. So wie der Vater des 16-Jährigen aus dem Beispiel, der versucht, seinen Sohn über die Rückforderung des Smartphones dazu zu bewegen, sich ihm wieder zuzuwenden.

Während Kinder, deren Mütter traurig auf den Kontakt zum Vater reagieren, den Kontakt zum Vater möglicherweise aus einem schlechten Gewissen reduzieren, sieht der Sohn in der Rückforderung des Smartphones eine Bestrafung dafür, dass er sich im elterlichen Konflikt auf die Seite seiner Mutter stellt. Dies wiederum nährt seine Verunsicherung bezüglich der väterlichen Liebe.

Der Vater hätte weiter an den gemeinsamen Ausflügen festhalten sollen. Im Idealfall hätte der Vater sich weiterhin regelmäßig und zuverlässig um einen Kontakt zu seinem Sohn bemüht. Mit dem Wissen darum, wie leicht Kinder in Loyalitätskonflikte geraten, hätte der Vater den Rückzug des Sohnes entsprechend als Ausdruck eines solchen Konfliktes werten können – den er mit seinem Verhalten tunlichst nicht noch verstärken sollte. Indem er aber das Handy zurückfordert und mit der Einstellung seiner Zahlungen für den Sportverein droht, vergrößert er den Graben zwischen sich und seinem Sohn. Stattdessen könnte er das Handy dazu nutzen, um sich regelmäßig bei seinem Sohn zu melden und weiterhin konsequent Kontaktangebote machen. Auf diese Weise entzöge er der Identifikation des Sohnes mit dem Schmerz der Mutter weitere Nahrung und böte sich seinem Sohn stattdessen als wohlwollender Beziehungspartner an. Diesem Angebot wird der Sohn nicht unbegrenzt widerstehen, dazu braucht er seinen Vater noch viel zu sehr.

Eine traurige Mutter hingegen sollte sich klarmachen, dass ihre Gefühle ganz sicher wahrgenommen werden und daher unbedingt thematisiert werden sollten, bevor Kinder daraus falsche Schlüsse ziehen. Es wirkt immer befreiend, wenn sie dazu steht und die Verantwortung dafür übernimmt, indem sie etwa sagt: „Weißt du, ich bin oft ganz traurig, wenn du zu Papa gehst, aber das hat nichts mit dir zu tun. Ich bin einfach traurig, dass alles so gekommen ist, und ich freue mich, dass du weiterhin Zeit mit uns beiden verbringst!"

Sowohl die typisch mütterliche als auch die typisch väterliche Reaktion sind alltägliche Beispiele dafür, dass beide Eltern gleichermaßen unreflektiert und ohne eine bewusste Absicht der seelischen Gesundheit ihres Kindes schaden, weil sich weder die Mutter noch der Vater darüber im Klaren sind, dass sie mit ihrem Verhalten den Sohn in einen Loyalitätskonflikt bringen.

Häufig geschehen solche Dinge während der dritten Phase einer Trennung, in der die Gefühle meist besonders heftig sind. Wenn nahestehende Menschen, die solche Entwicklungen mitbekommen, vorsichtig auf die Gefahren eines Loyalitätskonfliktes oder auf Informationen dazu hinweisen, könnte auch das eine Chance für die betroffenen Kinder sein.

Je mehr ich über mich selbst und über die Bedürfnisse meiner Kinder erfahre, desto öfter habe ich das Gefühl, an einer Katastrophe gerade noch vorbeigeschrammt zu sein, weil ich mein eigenes Verhalten, meine Gefühle Markus gegenüber immer und immer wieder hinterfragen und mir der Auswirkungen für Maya und Jakob bewusst werden konnte. Ich kann für mich einfach nicht ausschließen, dass ich, zumindest zeitweise, ähnlich wie die Eltern des Jungen aus dem Beispiel gehandelt hätte. Ich verstehe das Anliegen von Frau Steffens immer besser: Aufklärung tut hier wirklich Not, denn die wenigsten Eltern sind psychologisch so geschult, dass sie die Folgen ihres spontanen Handelns in dieser Krise beurteilen können. Wenn ich mich daran erinnere, wie störrisch ich diesem ganzen „Psychokram" gegenüber anfangs war, bin ich ganz schön erleichtert, dass das Schicksal mich an einen Ort geführt hat, an dem ich so viel darüber erfahre, wie sich meine Kinder fühlen, wie sie denken und wie ich ihnen die Sicherheit und Orientierung geben kann, die sie gerade während unserer Trennung brauchen.

Machen Sie sich bewusst, dass Ihre Kinder beide Eltern lieben.

Selbst, wenn eine Verständigung der Eltern miteinander nicht möglich ist, können Trennungskinder sehr gut unterscheiden, welche Werte und Regeln im Zusammensein mit ihrem jeweiligen Elternteil gelten.

Solange Kinder nicht in die aus den Unterschieden resultierenden Konflikte zwischen den Erwachsenen einbezogen werden oder gar Position beziehen müssen, werden sie sich mühelos mit den jeweiligen Bedingungen arrangieren.

Wenn Sie gerade sehr frustriert oder aufgebracht über den Umgang des anderen Elternteils mit Ihren Kindern sind, dann lesen Sie doch noch einmal Sitzung 7.

So schwer es auch einzusehen ist: Sie werden den anderen nicht gegen seinen Willen ändern!

Wenn keine Verständigung mehr möglich ist, zögern Sie nicht, eine Beratungsstelle aufzusuchen!

Sitzung 14

Du bist schuld an meinem Unglück!

„Um es einmal ganz klar zu sagen: Anders als bei physischer Gewalt gibt es bei einer Trennung keinen Täter und kein Opfer! Beide Erwachsene haben auf ihre Weise dazu beigetragen, dass ihre Beziehung gescheitert ist.“

Gestern bin ich nach dem Elternabend im Kindergarten mit Lilly in der Kneipe hängengeblieben. Sie ist die Mutter von Kira, einer Kindergartenfreundin von Jakob. Sie ist auch seit einiger Zeit von ihrem langjährigen Partner und Vater von Kira getrennt. Anders als ich war sie diejenige, die gegangen ist. Lilly arbeitet in der Uni. Sie hat sich Hals über Kopf in einen zehn Jahre jüngeren Doktoranden verliebt: solo, ungebunden, gut aussehend. Dass es so etwas überhaupt gibt!

Obwohl Lilly strahlte und es ihr ganz offensichtlich gut geht, leidet sie sehr darunter, dass Dirk sie in ihrem ehemals gemeinsamen Umfeld überall als ein verantwortungsloses und krankhaft egoistisches Monster verunglimpft. Fast alle gemeinsamen Freunde haben sich auf seine Seite geschlagen, ohne dass sie überhaupt mit ihr gesprochen hätten. Zu Feiern wird sie nicht mehr eingeladen, und ergreift sie selbst die Initiative für ein Treffen, fühlt sie sich schon am Telefon abgewimmelt. Trifft sie gemeinsame Freunde zufällig, bleibt das Gespräch oberflächlich.

Den Höhepunkt der Enttäuschung aber habe sie am Freitag zuvor erlebt: Da sei sie, wie bisher üblich, ohne offiziell eingeladen gewesen zu sein, bei einem sehr engen Freund vorbeigegangen, um ihm zu seinem 50. Geburtstag zu gratulieren. Aus einem unbestimmten Gefühl heraus habe sie diesen Besuch schon am frühen Abend unternommen. Offensichtlich waren in seiner Wohnung die Vorbereitungen für eine größere Party in vollem Gange. Als sie dem Freund gratulierte und ihm ihr Geschenk, eine CD eines noch recht unbekannten Sängers, überreichte, sagte er, er habe jetzt gar nicht mit ihrem Besuch gerechnet, und eingeladen sei eigentlich nur Dirk. Dann habe er die CD angesehen, während er sie in seinen Händen drehte und sie ihr mit den Worten zurückgegeben: „Du, ich glaube, das ist Musik, die mir nicht gefällt. Nimm sie lieber wieder mit!" Sie habe sich gedemütigt und gekränkt gefühlt wie kaum jemals zuvor in ihrem Leben. Seit 20 Jahren waren sie befreundet, hatten mehrere Urlaube miteinander verbracht, zusammen gefeiert und diskutiert bis in die Nacht.

Diese Abfuhr habe sie so beschäftigt, dass sie all ihren Mut zusammengenommen habe und ein paar Tage später noch einmal dort vorbeigegangen sei, mit dem festen Vorsatz, ihn zur Rede zur stellen. Sie habe jedoch nur Elke, seine Frau, angetroffen, die sie nur widerwillig einließ. Sie sagte, sie habe wenig Zeit, und das

Gespräch habe dann im Flur stattgefunden. Auf Lillys Frage, was denn genau los sei, warum sie sich ohne jede Erklärung von ihr zurückzögen, leitete die Freundin mit der Gegenfrage: „Was? Das kannst du dir nicht denken?", ein Statement voller Vorwürfe ein. Ob sie denn nicht sehen könne, was sie Dirk angetan habe. Selten habe sie einen Menschen gesehen, dem es so schlecht gegangen sei und daran sei ja wohl allein sie, Lilly, Schuld mit ihrer egozentrischen Midlife Crisis. Sie habe auch ihre besten Freunde hintergangen und belogen. Sie hätten sich große Sorgen um Dirk gemacht. Sie könne froh sein, dass er Freunde habe, wie sie es seien, denn schließlich hätten sie ihn aufgefangen und langsam wieder aufgebaut, nachdem sie, Lilly, ihm das alles angetan habe. Sich plötzlich zu benehmen wie ein Teenager sei eine Sache und schon befremdlich genug – zumal für eine Mutter. Dabei aber gleichgültig über die Verletzungen eines anderen, Schwächeren, hinwegzugehen, sei für Freunde einfach nicht mehr tolerierbar. Und schließlich, jetzt, wo sie schon einmal miteinander im Gespräch seien, könne sie es Lilly ja auch einmal sagen: Sie solle sich bitte, und dabei hob sie abwehrend ihre Hände, bitte nicht einfallen lassen, ihnen ihren neuen, jugendlichen Lover womöglich auch noch vorzustellen. Diese unnötige Verletzung wollten sie Dirk nun wirklich ersparen!

Lilly sah mich wütend und traurig zugleich an. „Das war deutlich. Dirk ist das Opfer und ich, ich bin die Böse, die böse, böse Lilly! Allen, wirklich allen klagt er sein Leid! Anna, du kannst es dir nicht vorstellen: Dirk war sogar bei meinen Eltern! Er wollte sie davon überzeugen, dass ich krank sei, hörst du: krank! Ich sei diesem Schnösel hörig. Ich wisse nicht mehr, was ich tue. Er hat sogar küchenpsychologische Erklärungen: die Wechseljahre und die verpasste Chance auf eine internationale Hochschulkarriere, und dann will er schon während unserer Beziehung Hinweise darauf bemerkt haben, dass mit mir gesundheitlich etwas nicht stimmt. Anna, er verbreitet, ich habe eine latente Depression, die mich unweigerlich auf einen Zusammenbruch hinsteuern lässt! Meine Eltern sind einfache Leute! Er hat ihnen Angst gemacht, sie kommen um vor Sorge! Und sein Giftpfeil hat getroffen. Sie haben mich doch tatsächlich gefragt, ob es denn wirklich sein muss, dass Kira Kontakt zu Torge hat und auch, dass ich Torge mitbringe, wenn ich sie besuchen komme."

Mich haben Lillys Schilderungen sehr getroffen, denn ich habe in Dirks Verhalten einige meiner eigenen Phantasien wiedererkannt. Als mich Markus' Auszug aus meinem Dornröschenschlaf gerissen hat, war das mein erster Gedanke: „Es kann doch nicht sein, dass er jetzt einfach so weiterlebt wie bisher. Nur mal schnell die Frau getauscht und weiter geht's, als sei nichts gewesen!" Ich habe auch darüber nachgedacht, wie ich ihm das Leben schwer machen, ihm die Suppe versalzen könnte. Was mich daran gehindert hat, diese Phantasien auszuleben, war allein meine Scham. Ich habe mich so wertlos gefühlt, so abgelegt wie ein Kleidungsstück, das aus der Mode gekommen ist, so gedemütigt und so unterlegen! Am liebsten wäre mir gewesen, wenn niemand von meiner Schande überhaupt erfahren hätte. Ich weiß noch, welche Angst ich in der ersten Zeit nach Markus' Auszug davor hatte, dass mich jemand auf unsere Trennung ansprechen könnte.

Es war merkwürdig, Lilly gegenüberzusitzen. Sie in der Rolle von Markus und ich in der von Dirk. Ich merkte, dass ich ihr Verhalten spontan verurteilte, doch dann schaute ich sie an und stellte fest, dass der Abstand zu meiner eigenen Trennung und die Sympathie für sie meine Sicht veränderte. Für mich selbst überraschend fragte ich sie: „Warum hast du dich getrennt – warum hast du das gemacht?" Eine Frage, die Markus zu stellen ich mich so nie getraut habe. Erstaunt sah Lilly mich an. Sie überlegte. Dann sagte sie: „Ja, weißt du, vielleicht liegt Dirk gar nicht so falsch mit seiner Vermutung. Als ich mich in Torge verliebte, habe ich mich anfangs gesträubt – allein schon wegen des Altersunterschieds und natürlich wegen Kira. Doch je öfter wir uns sahen und je mehr er um mich warb, desto lauter formierte sich diese Frage in meinem Kopf: „Vielleicht bietet mir das Leben hier eine neue Chance?!" Dinge, die ich bis dahin so hingenommen hatte als eine Folge der langen Zeit, die Dirk und ich schon zusammen waren, begannen wieder an meiner Seele zu scheuern wie Steinchen in einem Schuh. Du weißt ja selbst: Nach fast zwanzig Jahren, da hat man sein Bild vom anderen, und das ist nur noch schwer zu erschüttern. Viele Fragen verbieten sich oder werden aus Angst, sich lächerlich zu machen, nicht mehr gestellt. Man meint, so vieles schon zu wissen, denkt Sätze des anderen zu Ende, bevor er es selbst getan hat. Die Rollen sind verteilt, die Aufgaben stehen fest. Dirk war der Macher, ich der Schöngeist und vielleicht auch intellektueller. So war es bei uns. Ich kann rumspinnen und versuchen zu ergründen, was die Menschen bewegt, wie die Welt eine bessere werden kann. Ich liebe es, mich mit Kunst jedweder Form zu beschäftigen. Dirk ging immer bereitwillig mit in irgendwelche Ausstellungen oder zu Veranstaltungen. Er schaute sich das an, weil Kultur eben dazugehört, wie der Klavierunterricht, den er als Kind verpasst ge-

kriegt hat. Doch er hörte auf, sich damit zu beschäftigen, wenn ich gerade angefangen habe. Wenn ich dann mit ihm darüber sprechen wollte, war die Leitung zu ihm für mich schon tot.

Ich war entsetzt, als er mir bei einer unserer letzten Auseinandersetzungen an den Kopf warf, dass ich mich ihm von Anfang an überlegen gefühlt hätte. Ihm sei schon immer klar gewesen, dass ich auf so Spinner stehe, so akademische Würdenträger. So was Handfestes wie er, das sei mir ja schon lange nicht mehr genug gewesen, ich fühle mich wohl zu Höherem berufen."

Während ich Lilly zuhörte, stieg nun aber doch ein Widerwille in mir auf, den ich kaum zügeln konnte. Das waren zum Teil genau die Worte, die ich mir von Markus hatte anhören müssen! Routine! Alltag! Keine Neugier mehr! Wenig Freude! Kein Interesse an dem, was er tat und was ihm wichtig war!

Für einen Moment hätte ich Lilly erwürgen können! Mensch noch mal, wollte ich sagen! Kompromisse gehören nun mal zu einer Beziehung dazu! Und vor allem finde ich, das sollte man sich überlegen, bevor man zusammen Kinder bekommt! Doch beim Blick in ihr trauriges, ratloses Gesicht wurde ich ruhiger. „Auch Markus und ich haben irgendwann einfach aufgehört, miteinander zu sprechen, außer über die Kinder natürlich", sagte ich stattdessen. „Ich glaube, ich bin irgendwie anpassungswilliger als er, harmoniebedürftiger. Mir hat es weniger ausgemacht, Hobbies aufzugeben. Das war ohnehin in der ersten Zeit, nachdem die Kinder da waren, schwierig, und Markus war durch seine Selbstständigkeit so gefordert, dass er mich da auch wenig unterstützen konnte. Ich habe mich sehr auf meine neue Rolle als Mutter konzentriert, und ich hatte auch nicht das Gefühl, dass mir so viel fehlte. Ich wusste zwar, dass Markus harte Zeiten durchmachte und ich habe auch irgendwie mitgefühlt, aber ich glaube, ich musste einfach mit meiner begrenzten Kraft haushalten. Der Alltag mit den Kindern, das Pendeln zwischen Job und Haushalt hat mir so viel abverlangt, dass da einfach keine weiteren Kapazitäten waren. Ich hatte keine Energie mehr, mich auch noch mit Markus' beruflichen Sorgen auseinanderzusetzen. Mehr ging nicht. Außerdem habe ich sowieso die Tendenz, negative Ereignisse erst einmal auszublenden, um sie, nur, wenn's wirklich sein muss, eher Stück für Stück an mich heranzulassen."

Ich glaube, ich hatte schon lange Angst, aber ich wollte diese Angst nicht wahrhaben. Ich war genauso frustriert wie Lilly oder Markus, aber ich dachte, das legt sich wieder, wenn die Kinder erst größer sind, oder wenn Markus' berufliche Probleme gelöst wären. Ich habe den Kopf in den Sand gesteckt und Gespräche vermieden, wo ich den Stier vielleicht bei den Hörnern hätte packen müssen.

Lilly redete weiter. „Weißt du, Anna, ich glaube, ich habe da bei Dirk einen ganz wunden Punkt getroffen. Er ist so verletzt, dass jedes Mittel zurückzuschlagen aus seiner Sicht nur legitim ist. Ich glaube, er, der in unserer Beziehung immer die Kontrolle haben und der Überlegene sein musste, fühlt sich plötzlich unterlegen, und das kann er mir nicht verzeihen. Er hat das Problem und versucht, es zu meinem zu machen, indem er mich als psychisch durchgeknallte Egomanin diffamiert und an den Pranger stellt. Er kann einfach nicht sehen, dass wir als Paar gescheitert sind. Jahrelang habe ich mich mit einem Defizit zu arrangieren versucht – und dann plötzlich begegnet mir Torge, für den es selbstverständlich ist, über Themen zu sprechen, die Dirk abgewehrt und im Keim erstickt hat, der mir offen und auf Augenhöhe begegnet, anstatt gleich die Führung zu übernehmen. Da war plötzlich eine Offenheit, eine Wertschätzung, eine Toleranz und eine Freude an denselben Dingen, all das, was ich mit Dirk schon lange verloren hatte.

Doch der Preis ist ganz schön hoch, denn der steigert sich so in seine Opferrolle hinein, dass er dabei selbst vor Kira keinen Halt macht. Er fragt sie offenbar aus, denn anders kann ich es mir nicht erklären, dass er, kaum, dass Kira und ich mit irgendjemandem persönlichen Kontakt hatten, dort aufkreuzt, um sein Gift zu verspritzen. Das erzählen mir dann Bekannte oder er schreibt mir SMS, in denen er meinen Kontakt zu XY abwertend kommentiert. Manchmal scheint er mich regelrecht zu verfolgen. Er war wohl auch im Kindergarten und hat gesagt, dass er sich Sorgen um meine seelische Gesundheit mache. Das musst du dir mal vorstellen: Er bat darum, man möge ihn informieren, falls den Erzieherinnen etwas Ungewöhnliches oder Besorgniserregendes an Kiras Verhalten auffalle! Gott sei Dank war es für die Erzieherinnen dort wohl nicht das erste Mal, dass sie in Trennungskonflikte hineingezogen werden sollten, so dass sie erstaunlich gelassen blieben und mir von dem Vorfall erzählten.

Vor drei Wochen hat sich Kira geweigert, ihn am Wochenende zu besuchen. Sie hat geweint und gesagt, sie wolle nicht zu Papa. Der sei immer so traurig und telefoniere so viel, dann sage er komische Sachen. Ich habe versucht, sie zu überreden. Das war vielleicht blöd, aber Torge und ich hatten schon etwas vor für das Wochenende und ehrlich gesagt, genieße ich auch die kinderfreien Wochenenden. Ich habe Dirk schließlich doch angerufen und ihm gesagt, dass Kira nicht kommen wolle. Er hat mit ihr zu sprechen verlangt und ihr erzählt, wie traurig ihn das mache. Er beklagte sich bei ihr, dass er dann den ganzen Tag allein sei und abends erst recht und am Sonntag müsse er dann allein frühstücken. Er habe doch extra diesen Brotaufstrich gekauft, den sie so gerne esse. Das alles sei so traurig.

Schließlich hat Kira dann doch eingewilligt und ist zu ihm. Ich habe mir geschworen, dass ich das nächste Mal die Absage selbst übernehmen werde, denn ich bin die Erwachsene und Dirks Reaktionen überfordern Kira völlig. Ich habe mich gefühlt, als würde ich sie ihm ausliefern. Am letzten Wochenende war es dann wieder so, dass Kira nicht zu ihm wollte. Dieses Mal habe ich tief durchgeatmet und versucht mit fester Stimme zu sagen, dass sie nicht kommen möchte. Auf sein Verlangen, dass sie ihm das selbst sagen solle, habe ich ihm geantwortet, dass ich das für keine gute Idee halte, weil ich der Meinung bin, dass sie das überfordert. Ich habe ihn stattdessen gebeten, seinen Umgang mit Kira einmal dahingehend zu reflektieren, ob der einem Vater und Erwachsenen angemessen ist, denn schließlich ist Kira nicht dazu da, ihn zu trösten und um seine Einsamkeit zu vertreiben. Daraufhin unterstellte er mir, ich wolle ihm seine Tochter vorenthalten, und das werde er nicht zulassen, das werde Konsequenzen haben! Ich weiß nicht, was das bedeuten soll, mir machen solche Drohungen Angst. Ich muss doch aber Kira schützen."

Das, was Annas Freundin Lilly da beschreibt, ist der sicher unreflektierte Versuch eines untröstlich verletzten Menschen, von seiner Umwelt den Trost zu bekommen, den gesunde und seelisch stabile Erwachsene eigentlich in sich selbst finden müssten.

Es gibt in der Psychotherapie ein Modell, wonach man sich Menschen vorstellen kann mit Plakaten in den Händen, auf denen ihr Selbstbild geschrieben steht. Da gibt es dann zum Beispiel das Opfer, den Korrekten, den Sanften. Therapeuten drehen, um sich ein möglichst vollständiges Bild von einem Hilfesuchenden machen zu können, dieses Schild in ihren Gedanken um, denn sie wissen, dass diese offen vor sich hergetragene Botschaft immer einen siamesischen Zwilling hat. Auf der Rückseite des Opfers verbirgt sich ein Täter, der Zwilling des Korrekten ist ein Chaot und der des Sanften ist der Wilde. Verharrt jemand allzu verbissen in der Opferrolle, so wird er unweigerlich zum Täter. Das geschieht spätestens dann, wenn er wie Dirk seine Übergriffe vor sich selbst als Notwehr rechtfertigt. Leidtragende sind die Kinder. Wir haben schon darüber gesprochen, wie verletzend es für Kinder ist, wenn ihre Eltern sich gegenseitig abwerten und denunzieren.

Um es einmal ganz klar zu sagen: Anders als bei physischer Gewalt gibt es bei einer Trennung keinen Täter und kein Opfer! Beide Erwachsene haben auf ihre Weise dazu beigetragen, dass ihre Beziehung gescheitert ist.

Es ist völlig normal, bei guten Freunden Trost zu suchen in einer Krise. Die Rolle eines Menschen, der bedauert werden möchte, schlägt jedoch in dem Moment um, wo sein Schmerz jede Rache rechtfertigt.

Psychologisch betrachtet schadet die Opferrolle unserer persönlichen Entwicklung, weil sie uns auf den vermeintlichen Täter fixiert und uns an ihn bindet. Dahinter verbirgt sich die irrige Annahme, dass nur derjenige, der uns das Leid zugefügt hat, uns davon auch wieder befreien kann. Mit dem Täter muss etwas geschehen, er muss bestraft oder zur Umkehr gezwungen werden, damit es dem Opfer wieder gutgeht. Die Opferrolle beinhaltet also die Annahme, dass andere Menschen oder Umstände die Ursache für das Leiden sind und dass die Erlösung deshalb auch nur von außen kommen kann. Opfer wie Dirk fühlen sich schwach, hilflos und ausgeliefert. Sie übersehen dabei, dass sie erwachsen und für ihr Wohlergehen selbst verantwortlich sind. Sie verlieren das Gefühl für ihre Stärken und für ihre Möglichkeiten, Enttäuschungen zu verarbeiten. Sie blenden aus, dass sie ihr Leben aktiv gestalten und Einfluss nehmen können. Seelische Gesundheit zeichnet sich dadurch aus, dass man die Realität differenziert wahrnehmen und darauf angemessen reagieren kann. Diese Fähigkeit geht Menschen verloren, die in der Opferrolle verharren. Im Falle von Dirk ist er es, dessen Verhalten neurotisch ist und nicht das von Lilly.

Annas Freundin Lilly hat also völlig recht, wenn sie erkennt, dass ihre kleine Tochter damit im höchsten Maße überfordert ist, wenn sie selbst dem Vater gegenüber vertreten soll, dass sie ihn nicht besuchen will. Es ist deswegen richtig, dass Lilly als Erwachsene das übernimmt. Obwohl sie Angst vor den Folgen ihres Handelns hat, macht sie sich für den Moment unabhängig von der Beurteilung ihres Verhaltens durch ihren Ex-Partner. Sie setzt seinem wenig erwachsenen, neurotischen Handeln das verantwortungsvolle Verhalten einer Erwachsenen entgegen und ermöglicht ihrer Tochter damit eine angemessene Orientierung. Das ist etwas, was Kinder in einer emotional so aufgeladenen, undurchsichtigen Situation dringend brauchen.

Verhält es sich so, wie Lilly beschreibt, müsste man Dirk dringend empfehlen, sich professionelle Hilfe zu suchen, um die aggressive Fixierung auf seine Ex-Partnerin aufzugeben. Erst dann kann er für seine kleine Tochter wieder als verantwortungsvoller und erwachsener Vater da sein. In seiner Opferrolle verliert er deren Bedürfnisse und Erwartungen völlig aus den Augen. Das ist etwas, was gesunde Kinder ganz sensibel wahrnehmen. Es ist nur folgerichtig, wenn sie sich dann irgendwann dagegen wehren, viel Zeit mit dem Elternteil zu verbringen, der so in sich selbst gefangen und voller Aggression gegen den anderen Elternteil ist.

Letztendlich zielt das Verhalten von Dirk unreflektiert darauf ab, nicht nur die Erwachsenen in seiner Umgebung, sondern auch sein Kind zu seinem Verbündeten zu machen, mit allen Implikationen und Gefahren wie der Parentifizierung, über die wir in den vorausgegangenen Sitzungen schon gesprochen haben. Er geht mit seinem Verhalten sogar noch darüber hinaus, indem er das Kind als Werkzeug in seinem Rachefeldzug benutzt.

LehrerInnen, ErzieherInnen, RechtsanwältInnen, sogar ArbeitgeberInnen kennen Situationen, in denen ein Partner aus vermeintlicher Sorge um das gemeinsame Kind Zweifel an der psychischen Gesundheit oder der Integrität des anderen zu streuen versucht. In der Regel ist es jedoch nicht der Denunzierte, der Hilfe braucht, sondern derjenige, der seine persönliche Bewertung privater Details einer Trennung so weit nach außen trägt, dass er damit nicht nur die Grenzen von anderen, sondern auch seine eigenen verletzt.

Das alles bedeutet „Opfer“ im Sinne einer Rolle, aus der man jederzeit heraustreten könnte, wenn man die Bereitschaft aufbringen würde, sich seiner eigenen Verantwortung zu stellen. Dies ist nicht zu verwechseln mit Opfern von körperlicher Gewalt in Beziehungen und Situationen, in denen sie unterlegen sind. Diese sollten natürlich entsprechende Hilfen in Anspruch nehmen.

Warum will mich denn keiner?

Ich war damals vielleicht fünf oder sechs Jahre alt. Ich erinnere mich daran, dass mein Vater sehr traurig war nach der Trennung von meiner Mutter. Obwohl er mir leidtat und ich meine Mutter für seinen Kummer verantwortlich machte, fielen mir die Besuche bei ihm immer auch etwas schwer. Gott sei Dank sind wir meistens zu meinen Großeltern gefahren, wo wir dann das Wochenende verbracht haben. Dort gab es aber auch immer wieder solche Situationen, in denen mein Vater traurig am Tisch saß und die Erwachsenen aufhörten zu reden, sobald ich hinzukam. Sie sahen mich dann so komisch an und ich wusste, dass sie über meine Mutter gesprochen hatten.

Ich fühlte mich unwohl und gleichzeitig war ich sauer auf meine Mutter. Mir gelang es nicht, meinen Vater aufzuheitern, und ich hatte das Gefühl, dass meine Mutter mich genauso abschob, wie sie meinen Vater abgeschoben hatte. Warum sonst musste ich immer wieder bei ihm sein, obwohl ich ihn kaum erreichte? Warum hatte ich keine Chance, auf die Treffen Einfluss zu nehmen? Ich habe sie dafür verantwortlich gemacht, hatte das Gefühl, dass es ihr Wunsch war, dass ich an den Wochenenden bei ihm war – und nicht unbedingt seiner. Ich habe lange Zeit ein richtiges Problem mit ihr gehabt, weil ich sie als eine Art Zombie erlebt habe, so unglaublich übermächtig und stark, eine, die nicht nur mir, sondern auch meinem Vater ihren Willen aufzwingt.

Als Jugendliche habe ich mich an ihr gerächt, indem ich mit 14 ganz zu meinem Vater gezogen bin. Der hatte inzwischen eine neue Frau, die war immer gut gelaunt und fröhlich, so dass man es ganz gut bei ihnen aushalten konnte. Ich war völlig verblüfft, als meine Mutter regelrecht zusammengebrochen ist vor Kummer über meinen Auszug. Wir hatten zu dieser Zeit dauernd Streit wegen so Sachen wie, dass ich mein Zimmer nicht aufräumte oder, dass ich keine Lust auf gemeinsame Mahlzeiten hatte. Wenn wir so aneinanderrasselten, bekam ich das Gefühl, dass sie mich genauso ablehnte wie meinen Vater.

Als ich mit Beginn meiner Ausbildung in eine andere Stadt zog, haben wir angefangen, über diese Zeit miteinander zu reden. Sie hat mir dann irgendwann Briefe gezeigt von Anwälten und ein Gerichtsurteil, wonach ich jedes zweite Wochenende bei meinem Vater verbringen musste. Er wusste sich wohl in einem Konflikt mit ihr nicht anders zu helfen, als sich auf diesem Weg Unterstützung zu suchen. Aber warum hat meine Mutter mir das nicht gesagt? Und vor allem: Warum hat mich denn keiner gefragt, was ich wollte? Nur, weil man klein ist, ist man doch nicht doof! Ich kann mir nicht helfen, aber irgendwie ändert das mit dem Urteil nicht wirklich viel – vielleicht hat es ihr damals ja einfach Zeit mit ihrem Lover verschafft.

An meinem Verhältnis zu meinem Vater hat sich eigentlich nicht groß was geändert. Er ist einfach ein bisschen hilflos, sanftmütig und ein eher grundtrauriger Mensch. Er ist irgendwie über die Trennung von meiner Mutter nie so ganz hinweggekommen. Er ist meiner Mutter einfach nicht gewachsen. Eigentlich verstehe ich nicht, wie die beiden ein Paar sein konnten.

Als die junge Frau den Hintergrund ihres Kindheitstraumas erfuhr, änderte das nichts an ihrer Ablehnung der Mutter. Anstatt sich, wie man vermuten könnte, über den Vater zu ärgern, reiht sie diese Information in ihr Bild von der Mutter ein, indem sie ihr Erleichterung darüber unterstellt, dass sie dann ja mehr Zeit mit ihrem neuen Partner habe verbringen können. Den Schritt des Vaters hingegen, einen Gerichtsentscheid für die Besuchsregelung herbeizuführen, entschuldigt sie damit, dass er der Mutter nicht gewachsen gewesen sei und daher gar nicht anders gekonnt habe. Egal, was die Mutter macht, das Kind sieht in ihr die Täterin und übernimmt damit die Sicht des Vaters, der ihr leid tut. Genau das versteht man unter dem Phänomen der „Parentifizierung", nämlich die Identifikation eines Kindes mit einem Elternteil. Da dies einer Parteinahme gleichkommt, wird klar, warum dies immer Ausdruck eines ungelösten Loyalitätskonflikts ist – und Loyalitätskonflikte von dieser Tragweite stellen zwangsläufig eine traumatische Erfahrung im Leben eines Trennungskindes dar. Ein Trauma, das eine realistische Beziehung zu beiden Eltern unmöglich macht und überdies eine eigenständige Sicht und Unabhängigkeit in Konflikten verhindert.

Als Kind konnte diese junge Frau nicht durchschauen, dass sie sich die Sichtweise ihres Vaters stark zu eigen gemacht hat. Genau dasselbe kann sich unter anderen Vorzeichen natürlich auch mit einer Mutter abspielen, die in der Opferrolle verharrt. Das Mädchen im Beispiel sieht seine Mutter als sehr durchsetzungsstark, seinen Vater hingegen als eher schwach und der Mutter unterlegen. Diese Sicht beinhaltet genau genommen eine Entschuldigung seines Verhaltens. Sie rechtfertigt noch heute, aus Sicht der inzwischen erwachsenen Frau, dass er sich die Unterstützung durch Anwälte suchen musste, um ihrer Mutter im Streit um das Umgangsrecht gewachsen zu sein. Sie kann nicht sehen, dass der Vater sie aus seiner Opferrolle heraus zu seiner Verbündeten gemacht hat. So fühlte sie sich von der Mutter abgelehnt und abgeschoben – und dass, obwohl es ihr Vater war, der diese Form des Umgangs gerichtlich durchgesetzt hat. Die Richtigstellung der Mutter erfolgt zu spät. Die junge Frau hat völlig recht mit ihrem Vorwurf, dass man sie zu ihren Wünschen hätte befragen müssen. Dann hätte sie sich nicht mit der vermeintlichen Ohnmacht des Vaters identifizieren und eine solch nachhaltige Wut auf ihre scheinbar so mächtige Mutter entwickeln müssen. So ist in diesem konkreten Fall für Mutter und Tochter ein nahezu irreparabler Schaden entstanden, da alle Konflikte zwischen der Mutter und ihrer Tochter immer auch vor dem Hintergrund des vom Vater geschürten Loyalitätskonflikts beurteilt werden. Wann immer ein Elternteil seinem Kind vermittelt, dem jeweils anderen in Auseinandersetzungen unterlegen zu sein, bringt er das Kind dazu, Partei für sich zu ergreifen. Dies führt in unserem Beispiel dazu, dass sich das Mädchen auch dann, wenn es selbst die Mutter als eine starke Konfliktgegnerin empfindet, mit der vermeintlichen Machtlosigkeit ihres Vaters identifiziert. So wird die Mutter für ihre Tochter allmählich zur Täterin und verliert ihr Vertrauen. Der Umzug zum Vater stellt schließlich den Versuch dar, den schwelenden Loyalitätskonflikt auf diese Weise zu beenden.

Parentifizierung von Trennungskindern beruht immer auf Manipulation, egal, ob mit oder ohne Vorsatz. Kinder spüren zwar die Schieflage, wenn sie so beeinflusst werden, doch können sie sich dies nicht erklären und schon gar nicht korrigieren. Sie können nicht erkennen, dass die Erwachsenen für sich selbst verantwortlich und nicht auf die kindliche Unterstützung angewiesen sind. In diesem Beispiel kann das Kind zu keinem Elternteil eine sichere Bindung aufbauen. Zum Vater nicht, weil der so mit sich selbst beschäftigt ist, und zur Mutter nicht, weil sie sich von ihr abgelehnt fühlt. Das gilt generell für Beziehungen, die zur Parentifizierung führen, da dort niemals der Fokus auf den kindlichen Bedürfnissen liegt.

Menschen wie der Vater des Mädchens aus dem Beispiel manipulieren ihre Umwelt, indem sie sich in die Opferrolle begeben. Dem können sich nicht nur Kinder, sondern auch viele Erwachsene nicht ohne ein schlechtes Gewissen entziehen. Sich daraus zu befreien war dem Mädchen verwehrt, weil ihre Mutter sich selbst die „Schuld" an der Trennung gab. Sie hätte mit ihrer Tochter auch über das Gerichtsurteil sprechen müssen, denn erst Transparenz und Authentizität erlauben den Kindern eine realistische Orientierung.

Natürlich gehört es dazu, dass sich Verlassene eine Weile selbst leidtun und ihre Wunden lecken. Das ist etwas völlig anderes, als über diese Phase hinaus in der Opferrolle zu verharren. Hier besteht aus meiner Sicht großer Aufklärungsbedarf, damit auch die häufigen gegenseitigen Vorwürfe, der jeweils andere sei für den Rückzug des Kindes verantwortlich, nicht so einfach greifen können. Ich jedenfalls werde immer sehr hellhörig, wenn im Zusammenhang mit Konflikten um die Besuchsregelung Sätze fallen, in denen davon die Rede ist, ein Elternteil wolle dem anderen die Kinder entziehen oder ihm die Kinder vorenthalten, da allein diese Formulierungen schon verdächtig nach einer Aufteilung der Rollen zwischen Opfer und Täter klingen.

Eltern sind die Erwachsenen und als solche haben sie beide die Chance, sich mit dem Kind darüber zu verständigen, wie sie ihre Beziehung gestalten wollen. Wenn es kindliche Vorbehalte gegen eine Besuchsregelung gibt, sollten beide Eltern dies ernst nehmen und sich für die Gründe interessieren, ohne in dem Kind von vornherein den Erfüllungsgehilfen des anderen zu sehen. Meiner Erfahrung nach wollen alle Kinder irgendwann ausprobieren, inwieweit sie die von den Eltern oder Gerichten bestimmten Umgangsregelungen beeinflussen können. Das ist aus meiner Sicht ein ganz gesunder Versuch, ihre Rolle im getrennten Familiengefüge zu überprüfen. Auf dem Weg in die immer größer werdende Selbstständigkeit von Kindern und Jugendlichen ist das ein nachvollziehbarer Wunsch. Ich glaube, Eltern sind hier gut beraten, diesen Wunsch als Gesprächsangebot zu bewerten, das sie ernst nehmen sollten. Solche Gespräche können ganz ähnliche Prozesse wie den zwischen Maya und ihrem Vater in Gang setzen, als sie sich weigerte, ihm ihre Hefte zu zeigen. Offenbar hat sie sich von ihm so ernst genommen gefühlt, dass sie Bedingungen aushandeln konnte, unter denen sie ihre Weigerung schließlich aufgeben konnte.

Ich kann mir gut vorstellen, dass Maya und Jakob vielleicht eines Tages auch austesten wollen, welche Grenzen ihnen im Hinblick auf die Besuchsregelung gesetzt sind. Da heißt es dann wohl wieder, zu unseren Interessen als Erwachsene zu stehen und trotzdem offen zu sein für nachvollziehbare Gründe der Kinder, die eine gelegentliche Änderung des vertrauten Rhythmus' erfordern könnten. Aber das machen wir auch jetzt schon manchmal. Erst jüngst haben wir die Wochenenden getauscht, weil Maya unbedingt mit zum Geburtstag ihrer Cousine wollte und dahin konnte und wollte Markus sie nicht begleiten.

Trotzdem geht mir dieses Beispiel sehr zu Herzen. Bisher dachte ich, dass es allein meine Scham gewesen sei, die mich daran gehindert hat, Details über die Hintergründe unserer Trennung öffentlich zu machen. Wenn ich mir nun jedoch vorstelle, ich hätte es anders gemacht, dann hätte mich das ja auch postwendend zum Opfer gemacht. Ich glaube, dass ich das instinktiv ahnte. Ich glaube, genau das wollte ich nicht. Ich hätte meine Situation dann als noch elender und vor allem als noch aussichtsloser empfunden. Ich glaube, tief in mir drin habe ich sehr genau gespürt, dass es schon seit langem Probleme gab, die einen tiefen Graben zwischen uns haben entstehen lassen. Inzwischen schätze ich dieses weise innere Stimmchen, das ich zunehmend besser wahrnehme, diese Instanz in mir, der selbst kleinste Ungereimtheiten auffallen, auch, wenn ich mir die lieber nicht ansehen möchte. Ich habe zwar oft nicht darauf gehört, trotzdem wäre es mir verlogen vorgekommen, wenn ich Markus allein für das Ende unserer Beziehung verantwortlich gemacht hätte. Natürlich war ich wütend und verletzt, und natürlich habe ich seinen Abgang absolut unter aller Sau gefunden. Irgendwie hatte ich aber das Gefühl, ich würde mich selbst, meine Würde oder wie ich das nennen soll, untergraben.

Auf Anregung von Frau Steffens achte ich darauf, den Begriff Schuld durch den der Verantwortung zu ersetzen. Ich stelle fest, dass diese kleine Maßnahme meine Sicht auf unsere Konflikte stark verändert. Das klingt doch ganz anders, wenn ich sage: „…wenn ich ihn allein für das Ende unserer Beziehung verantwortlich gemacht hätte…" anstatt zu sagen: „Er ist schuld …".

Überhaupt horche ich jetzt mehr darauf, was meine innere Stimme sagen will, denn die, so habe ich gelernt, ist Ausdruck des Selbstheilungswunsches, den jeder hat: das Streben nach Aufrichtigkeit und Ganzheit, das sich nur erfüllen kann, wenn man selbst die Verantwortung für sein eigenes Leben übernimmt.

Wenn man sein inneres Gleichgewicht wiedererlangen will, muss man sich auch mit seiner Traurigkeit und seiner Wut auseinandersetzen. Genauso wichtig ist es jedoch, nach diesen sozusagen auf die andere Straßenseite gerichteten Ausbrüchen immer wieder vor die eigene Haustür zurückzukehren, und zwar mit der immer gleichen Frage: „Was lerne ich aus dieser Sache und was kann ich selbst jetzt tun, damit es mir wieder besser geht?" Genau das tun Menschen nicht, die an ihrer Opferrolle festhalten.

Es gibt aber auch Beispiele wie das folgende, in dem eine Mutter der Opferhaltung ihres Ex-Partners souverän begegnet und ihren Kindern so, ungeachtet ihrer schwierigen Lage, die so dringend benötigte Sicherheit und Orientierung bietet – etwas, das der Mutter aus dem letzten Beispiel leider nicht gelungen ist.

Ich hasse dich für das, was du dir gefallen lässt

Ich bin selbst ein Scheidungskind. Als meine Eltern sich nach einem ewigen Hin und Her von Trennungen und Versöhnungen endlich haben scheiden lassen, waren meine Geschwister und ich unendlich erleichtert!

Für meine katholisch geprägte Familie jedoch war das ein ganz trauriges Ereignis. Ich weiß noch, wie wir Kinder geheuchelt haben, weil von uns erwartet wurde, dass wir auch traurig wären. Ich glaube, dieser Zerrüttungszustand dauerte fast fünf Jahre an. Fünf Jahre, in denen wir nachts aufwachten, weil unsere Eltern sich stritten. Fünf Jahre, in denen wir, wenn sie ausgegangen waren, zu unserer großen Schwester ins Bett krochen, weil wir davon ausgingen, dass es, wenn sie zurückkämen, besonders laut, besonders schlimm und manchmal auch handgreiflich werden würde. Manchmal hatten sie etwas getrunken, dann wurde es ganz übel. Besonders schlimm war es, wenn diese Streitigkeiten am Wochenende stattfanden, denn dann zogen sie sich durch die Tage, schwelten und flammten immer wieder auf. Wir Kinder mussten dann mächtig aufpassen, dass wir nicht in die Schusslinie gerieten.

Mein Vater war sehr besitzergreifend und eifersüchtig. Meine Eltern hatten einen kleinen Lebensmittelladen, den sie gemeinsam führten, so dass es auch keine Pausen in ihrem Kontakt gab. Sie konnten einander nicht ausweichen. Meine Mutter amüsierte sich gerne, machte sich schick und liebte es zu tanzen. Immer ging es in den Streitigkeiten darum, dass sie einem anderen Mann angeblich „schöne Augen" gemacht oder geflirtet hatte. Je nach Stimmung stritt sie das vehement ab oder sie wehrte sich, indem sie meinen Vater provozierte und ihn darum bat, ihr doch auch mal ein kleines Vergnügen zu gönnen.

Irgendwann lernte meine Mutter dann tatsächlich einen anderen Mann kennen. Mein Vater drehte durch. Da er der Chef in seinem Familienbetrieb war, warf er sie aus dem Haus und kündigte ihr damit fristlos. Er stellte eine kinderlose, ledige Cousine ein, die bei uns als alte Jungfer galt und die sich dann auch um den Haushalt und um uns Kinder kümmerte. Ich war damals 14 Jahre alt, meine ältere Schwester 16 und unser kleiner Bruder war 10.

Es gab noch keine Handys, daher war es schwierig, Kontakt zu unserer Mutter aufzunehmen. Für meine ältere Schwester, die meiner Mutter sehr ähnlich sah, begann eine harte Zeit. Ihr wurde ständig gedroht, sie solle sich nur vorsehen, ja nicht zu werden wie unsere Mutter, die nichts als Leid über die Familie gebracht habe. Meinem Bruder fehlte unsere Mutter am meisten. Er litt furchtbar.

Unsere Mutter war zunächst bei einer Freundin untergekommen. Sie wartete gleich am Tag nach ihrem „Auszug" vor der Schule auf uns, um uns darüber zu informieren, wo wir sie finden konnten. Sie gab uns auch ihre neue Telefonnummer. Das war eine konspirative Situation wie in einem Krimi. Das werde ich niemals vergessen. Mithilfe einer Anwältin erwirkte sie relativ schnell, dass sie uns regelmäßig sehen konnte. Solange sie jedoch keine Arbeit und keine eigene Wohnung hatte, waren das immer nur ein paar Stunden am Nachmittag, die wir in einem Café oder an einem anderen öffentlichen Ort verbrachten. Das war sehr befremdlich und irgendwie künstlich. Meine Schwester und ich wären unter normalen Umständen niemals auf die Idee gekommen, regelmäßig etwas mit unserer Mutter zu unternehmen. Wir waren 14 und 16 Jahre alt! Da trifft man sich mit Freunden, aber doch nicht mit der Mutter!

Mein Bruder saß bei diesen Treffen oft auf ihrem Schoß wie ein kleines Kind. Es war grotesk! Meine Mutter bemühte sich immer um einen lockeren Ton. Sie fragte nach der Schule, nach Freunden, danach, ob wir einen bestimmten Film im Fernsehen gesehen hatten – aber sie fragte niemals nach unserem Vater. Sie sagte, sie sei sicher, dass sie bald eine Wohnung finden und uns zu sich nehmen könne, wenn wir das wollten. So, wie sie uns begegnete schien sie ganz klar zu sagen: „Nur, weil ich schikaniert werde, muss ich längst kein Opfer sein!"

Ganz anders unser Vater und „die böse Stiefmutter", wie wir sie bald hinter ihrem Rücken nannten. Mein Vater zelebrierte sein Leiden geradezu. Es war mir peinlich, wenn er sich im Laden sogar von Kunden bemitleiden ließ und von irgendwelchen Details seiner unerfreulichen Ehe und von Verfehlungen unserer Mutter berichtete. Er war das Opfer, der Gute und meine Mutter die Böse, das stand für ihn fest. Das war das einzige Thema, das ihn beschäftigte.

Wir waren in dieser Zeit sehr auf uns allein gestellt. Erregten wir sein Missfallen, bekamen wir zu hören, dass wir genauso wären oder so zu werden drohten wie unsere Mutter. Das war so ungefähr der schlimmste Vorwurf, den man sich vorstellen konnte. Je mehr er sich selber leidtat, je mehr ihn andere bemitleideten und unsere Mutter verurteilten, desto mehr begann ich ihn regelrecht zu hassen. Wir sind dann auch alle drei zu meiner Mutter übergesiedelt, sobald dies möglich war, und der Kontakt zu unserem Vater gestaltete sich danach äußerst widerwillig und schleppend. Wir waren so erleichtert, endlich wieder unser Ding machen zu können und mit diesen Ehegeschichten in Ruhe gelassen zu werden."

Wirklich eine starke Frau, diese Mutter, von der ich heute hörte. Ich bin beeindruckt. Anstatt klein beizugeben, um Vergebung zu betteln und sich mit dem Vater zu versöhnen, hat sie sich aus der Abhängigkeit befreit und ist nicht unter der Last eines schlechten Gewissens zusammengebrochen. Vielmehr hat sie wach und aufrecht überlegte Schritte getan, um die Kinder aus dem Dunstkreis dieses Vaters und seiner Cousine zu befreien. Alle Achtung! Ich wundere mich aber auch, wie wenig Schaden die Tochter an der ganzen Geschichte genommen zu haben scheint, denn schließlich waren dieser Eskalation ja fünf Jahre eines zermürbenden Ehedramas vorausgegangen. Ich frage mich, ob es sein kann, dass die Lebensfreude der Mutter und der Schicksalsbund der drei Geschwister den Kindern auch während dieser schlimmen Zeit Halt und Orientierung gegeben hat.

Viele Kinder bringen ja auch immer etwas mit, das sich nur schwer fassen lässt: einen Lebensmut, ein Schutzschild, das es manchen Kindern selbst unter so schwierigen Bedingungen erlaubt, sich gesund zu entwickeln. Vielleicht hätte ein Kind, dem dies nicht gegeben ist, unter denselben Bedingungen nachhaltige gesundheitliche Probleme davongetragen. Psychologen bezeichnen dieses Phänomen als Resilienz. Mich beeindruckt es auch sehr, dass alle drei Kinder zur Mutter ziehen und sich vom Vater abwenden, obwohl er doch derjenige ist, der von der Mutter betrogen wurde. Man könnte annehmen, dass es plausibler gewesen wäre, wenn sich die Kinder auf seine Seite gestellt hätten, weil sie ihn als den emotional Schwächeren erlebten. Doch ich glaube, dass das Mädchen in diesem Fall, ähnlich wie es auch in dem anderen Beispiel beschrieben wurde, spürt, wie wenig der Vater sich für die Belange und die Bedürfnisse seiner Kinder interessiert, weil er zu sehr in sein eigenes Leid verstrickt ist. Außerdem zerrt er Details aus der Privatsphäre der Familie an die Öffentlichkeit. Dies empfinden seine Kinder als peinlichen Verrat an ihren Wurzeln – Wurzeln, die er zudem aggressiv angreift, indem er die Kinder beschimpft, sobald ihm Ähnlichkeiten mit ihrer Mutter auffallen.

Der Mutter hingegen scheint es zu gelingen, die Ebene der Erwachsenen von der ihrer Kinder zu trennen. Sie interessiert sich für deren Bedürfnisse und schafft einen Lebensrahmen, indem sich diese schließlich wieder ihrem Kindsein und ihren Entwicklungsaufgaben widmen können. Sie bildet damit einen gesunden, verantwortungsvollen und erwachsenen Gegenpol zu dem in seiner Opferrolle feststeckenden Vater. Dieses Beispiel macht deutlich, dass sich Manipulationen eines Elternteils am besten durch verantwortungsvolles, der Elternrolle entsprechendes Handeln entkräften lassen. Wer so handelt, wird automatisch zu demjenigen, an dem sich Kinder orientieren, weil er ihnen die nötige Sicherheit gibt.

Das Verhalten des Vaters in diesem Beispiel empfinden seine Kinder als Angriff auf ihre Identität, vor dem sie sich schützen, indem sie sich abwenden, sobald sich dazu eine Möglichkeit bietet.

Das Verhältnis von Kindern zu ihren Eltern, wenn diese zu Opfern werden, ist sehr schwierig. Das gilt sogar für solche Situationen, in denen ein Elternteil reale Gewalt erfährt und zum Opfer im eigentlichen Sinne wird. Für Kinder, die so etwas mitansehen, miterleben müssen, ist das eine traumatische Erfahrung. Sie haben dann nicht nur furchtbare Angst vor dem Täter, sie lehnen manchmal, wie das folgende Beispiel eines Jungen zeigt, auch das Opfer ab.

Ich habe irgendwann angefangen, meine Mutter zu hassen für das, was sie sich alles gefallen ließ!

Ich glaube, der beste Tag in meinem Leben war der, an dem meine Mutter endlich diese Telefonnummer wählte, um dann mit mir zu einem Treffpunkt zu fahren, wo uns eine Frau abholte, um uns in ein Frauenhaus zu bringen: den Ort, wo wir endlich vor meinem Vater sicher waren.

Ich habe irgendwann angefangen, meine Mutter für ihre Schwäche, für ihr Opferlamm-Verhalten zu hassen, mit dem sie den Situationen entgegensah, von denen alle wussten, wie sie ausgehen, wie sie gewaltsam eskalieren würden.

Ich erinnere mich daran, wie ich als Junge, ich war vielleicht zehn oder elf Jahre alt, zwei Bettlaken aneinandergeknotet hatte, die ich ihr zeigte, als ich Vater wieder einmal unten im Treppenhaus randalieren hörte. Ich hatte eine Tasche gepackt, und ich wollte, dass wir uns aus dem Schlafzimmer abseilen. Ich verstand einfach nicht, warum sie sich stumm weigerte und mir nur mit einem so merkwürdigen Blick über den Kopf strich.

Ein Täter wie ein real misshandelnder Vater flößt Kindern Angst ein. Zunächst provoziert das die Parteinahme von Kindern für das Opfer. Doch, wie ich aus meiner Arbeit in einem Frauenhaus weiß, verwandelt sich diese spontane Parteinahme bald in verzweifelte Ablehnung des Opfers, wenn häusliche Gewalt zum Alltagserleben wird. Kinder sind dann völlig überfordert und haben das Gefühl, letztlich beiden Eltern schutzlos ausgeliefert zu sein.

Häusliche Gewalt ist ein komplexes und schwieriges Thema, und es fällt den Misshandelten häufig sehr schwer, sich daraus endgültig zu befreien. Doch kann man nur immer wieder appellieren, dass sie dabei auch an ihre Kinder denken sollten, denen sie mit ihrem Verweilen in der traumatischen Situation schaden.

Dies ist auch deshalb so wichtig, weil Gespräche mit Betroffenen immer wieder zeigen, dass es letztlich die Sorge um ihre Kinder ist, die den entscheidenden Anstoß zum Ausbruch gibt. Viele betroffene Mütter sagen, dass sie diesen Schritt „nur" um ihrer selbst willen so nicht geschafft hätten. Natürlich ist das für Kinder eine traumatische Situation, zumal sie sie sich außerdem noch schuldig fühlen, weil sie die Trennung ihrer Eltern herbeisehnen. Schutzhäuser wie das, was Mutter und Sohn im obigen Beispiel aufgesucht haben, können in diesen extremen Situationen professionelle Hilfe bieten und vermitteln. Leider gehören auch solche Lebensgeschichten dazu, wenn wir über Aspekte von Opfern und Tätern sprechen.

Mal abgesehen von dem besonderen Fall körperlicher häuslicher Gewalt, lautet die Botschaft, die ich aus diesen intensiven Gesprächen mitnehme: „Schau genau hin, wenn sich jemand in einem Trennungskonflikt als Opfer inszeniert!" Die große Gefahr, die von solchen Menschen ausgeht, ist die, dass sie ihr Umfeld manipulieren und zu ihrem Verbündeten machen wollen und so möglicherweise Entscheidungen beeinflussen, die die Belange und Interessen der betroffenen Kinder verletzen.

Ich habe eine andere, eine neue Sicht auf Opfer in Trennungskonflikten bekommen. Ich glaube zwar, dass Mitgefühl ihnen gegenüber wirklich angebracht ist. Allerdings anders, als es sich diese vermutlich wünschen. Mein Mitgefühl gilt eher ihrer Weigerung oder Unfähigkeit, ihre eigenen Anteile an der Trennungssituation realistisch zu beurteilen. Ich glaube, dass Eltern, die so agieren, Hilfe brauchen, damit nicht die Kinder unter dieser Hilflosigkeit leiden. Wenn mich jemand wie Dirk in seinen Konflikt hineinziehen wollte, weiß ich nicht, ob ich standhaft und couragiert sagen könnte: „Dirk, meiner Erfahrung nach gehören zu einer Trennung immer zwei. Wenn es dir mit der Situation so schlecht geht, solltest du dir wirklich professionelle Hilfe suchen. Das ist keine Schande, eine Trennung ist immer auch eine Lebenskrise! Du solltest dir einen geschützten Raum suchen, wo du deine Enttäuschung und deine Wut reflektieren kannst, damit du nicht, ohne es zu wollen, dein Kind mit in diesen Konflikt hineinziehst. Das schadet Kindern sehr und hat unabsehbare Folgen für ihre gesunde Entwicklung."

Jetzt, da ich dieses Probe-Statement einmal aufgeschrieben habe, erscheint es mir gar nicht so ungeheuerlich, wie ich zunächst befürchtet hatte, sondern richtig und hilfreich. Es hat mich immer schon regelrecht aggressiv gemacht, wenn Menschen immerzu über ihr Schicksal lamentieren und die Verantwortung dafür bei anderen suchen, aber niemals bei sich selbst. Bisher konnte ich das nicht recht einordnen und hatte deswegen manchmal ein schlechtes Gewissen. Jetzt denke ich, ich hätte diese Reaktion ernst nehmen und darüber nachdenken sollen. Meine innere Stimme ist oft wirklich weise. Ich werde in Zukunft versuchen, ihr mehr Beachtung zu schenken.

Für mich selbst war der erste Schritt heraus dem Gefühl, ein Opfer zu sein, mir die Wut hinter meiner Trauer und Erschöpfung bewusst zu machen. Es war schmerzhaft, aber auch erlösend, meine Aufmerksamkeit weg von Markus hin zu mir selbst zu lenken. So war ich nicht mehr machtlos. Mich selbst, meine Einstellungen und mein Verhalten kann ich ändern, das von anderen nicht.

Achtung bei Trauer, Selbstmitleid und Schuldzuweisungen am Ende der Partnerschaft! Da Kinder die Schuld für die Elterntrennung ohnehin spontan bei sich suchen, versuchen sie dies auszugleichen, indem sie innerlich Partei für den/die emotional vermeintlich Schwächere/n ergreifen. Dies entspricht psychologisch dem Druck, sich in einem Loyalitätskonflikt positionieren zu müssen und fördert damit Parentifizierungsphänomene.

Transparenz über Absprachen, die das Kind betreffen, und Aufrichtigkeit im Rahmen verantwortungsvoller Grenzen beugen diesen Konflikten vor.

Psychologisch betrachtet gibt es nicht „den" oder „die" Schuldige/n, wenn eine Partnerschaft zerbricht. Wenn es gelingt, Kindern das zu vermitteln, dann werden Kinder auch eine Elterntrennung gesund und unbeschwert verarbeiten.

Wenn Opfer häuslicher Gewalt es um ihrer selbst willen nicht schaffen, sich daraus zu befreien, dann gelingt es ihnen vielleicht mit Blick auf die gesunde Entwicklung ihrer Kinder, die sonst großen Schaden nehmen. Je eher ihnen das gelingt, umso besser!

Sitzung 15

Die Qual mit den Familienfeiern

„Noch vor einem Jahr wäre es für mich eine unvorstellbar düstere Aussicht gewesen, Jakobs Einschulungsfeier mit seinem Vater zusammen überstehen zu müssen. Merkwürdig. Es scheint sich doch einiges getan zu haben in mir, denn meine Gefühle für Markus haben sich verändert, ohne dass ich das im Einzelnen so genau mitbekommen habe."

Es war Mai, als ich die Beratungsstelle zum ersten Mal betrat. Das in der Frühlingssonne leuchtend helle Grün der Büsche und Bäume, das fröhliche Zwitschern der Vögel standen in einem geradezu provozierenden Gegensatz zu meiner Stimmung – was mich wiederum noch schwermütiger machte. Von dem Gezwitscher war ich völlig genervt, denn den Amseln gab ich einen großen Teil der Schuld daran, dass meine Nächte frühmorgens um fünf bereits zu Ende waren. Maya war acht gewesen und auf dem Sprung in die dritte Klasse, Jakob vier.

Anderthalb Jahre sind seitdem vergangen. Anderthalb Jahre, in denen ich bis auf die durch Urlaub unterbrochenen Zeiten wöchentlich Zuflucht in unseren mir so wichtig gewordenen Gesprächen fand. Inzwischen ist es November. Die Bäume sind kahl. Maya wird bald zehn. Sie kommt demnächst aufs Gymnasium, und Jakob ist im nächsten Jahr ein Schulkind. Er ist natürlich stolz wie Oskar.

Noch vor einem Jahr wäre es für mich eine unvorstellbar düstere Aussicht gewesen, seine Einschulungsfeier mit seinem Vater zusammen überstehen zu müssen. Das ist jetzt anders. Merkwürdig. Es scheint sich doch einiges getan zu haben in mir, denn meine Gefühle für Markus haben sich verändert, ohne dass ich das im Einzelnen so genau mitbekommen habe.

Aus der Schockstarre wurde Trauer, die bei mir Hand in Hand gegangen ist mit der Scham und dem Gefühl, gescheitert zu sein. Daraus wurde dann allmählich eine unglaubliche Wut auf diesen Mann, der all meine Lebensziele mit seiner Triebhaftigkeit, seiner Eitelkeit und seiner Egomanie so jäh durchkreuzt hat. Diese Wut hat sich auf zweierlei Weisen ausgewirkt. Zum einen hat sie mich sehr auf ihn blicken lassen, sie hat mich phasenweise geradezu fixiert auf diesen Mann. Sie hat mich all seine Handlungen wie unter einer Lupe wahrnehmen lassen: größer und bedeutungsvoller. Alles, was er mit den Kindern unternahm, alles, was mir die Kinder erzählten oder was die kurzen persönlichen oder telefonischen Begegnungen an Informationen hergaben, habe ich in meiner Wut und meiner Enttäuschung daraufhin untersucht, inwiefern es seinen schlechten Charakter, seine miesen Motive entlarven und offenbaren könnte. Das war rückblickend die schwierigste Zeit, weil ich mich ständig hinterfragen und mein Handeln reflektieren musste, wenn ich die Kinder nicht mit in diesen destruktiven Sog hineinziehen wollte.

Was bin ich froh, dass ich all das hier in diesem Raum mit Blick in den wunderschönen Garten aus mir herausschimpfen konnte! Ich weiß nicht, wie oft ich gebetsmühlenartig wieder und wieder die himmelschreiende Ungerechtigkeit dieser hinterhältigen Trennung in allen Farben beklagen musste, um dann wieder und wieder völlig erschöpft in hilfloses Schluchzen auszubrechen. Diese Trennung hat wirklich wehgetan. Sie hat so viel zerstört!

Langsam, ganz langsam machte sich jedoch noch eine andere Seite dieser unglaublichen Wut bemerkbar. Sie war wie ein Vehikel, das mich allmählich von Markus entfernte. Sie verhalf mir dazu, ihn irgendwie distanzierter betrachten zu können. Er war ein Arsch, was wollte ich also noch von ihm? So in etwa. Die Wut war Energie. Sie verlieh mir allmählich die Kraft, mich innerlich von Markus zu lösen, ihn ganz langsam anders zu sehen als immer nur in erster Linie als meinen Partner, als jemanden, dessen Verhalten sich unmittelbar auf mich, auf mein Wohlbefinden, auf meine Integrität auswirken musste.

Ja, Wut ist ein starkes und zerstörerisches Gefühl. Sie hat tatsächlich die Kraft, Beziehungen, Bindungen und Abhängigkeiten aufzulösen. Während uns die Trauer an die Menschen bindet, die wir so schmerzlich vermissen, ohne die wir uns so unvollständig fühlen, führt uns die Wut, wenn wir sie mutig hinterfragen, zu uns selbst zurück. Sie gibt uns die Kraft, uns von der Quelle unseres Leids und unserer Trauer abzuwenden. Sie fordert uns auf, uns mit unseren enttäuschten Bedürfnissen zu beschäftigen.

Wir können uns fragen, was wir selbst tun können, um diese Bedürfnisse zu stillen und unsere Verletzungen zu heilen. Doch die Wut will uns auch weismachen, wir seien noch immer die hilflosen Wesen, die auf die Fürsorge von außen angewiesen seien. Wir sollten uns dann daran erinnern, dass wir erwachsen sind und die Energie für Veränderungen nutzen, die uns guttun. Während die Trauer die Menschen, die uns enttäuschen, wachsen lässt, hat die Wut die Kraft, sie auf ein realistisches Maß zurückzuschrumpfen.

Und nun? Ich bemerke erstaunt, dass es mir schon zum wiederholten Male für kurze Zeit gelungen ist, Markus innerlich den Rücken zuzuwenden. Zu meiner Überraschung stellte ich eines Tages fest, dass es nun auch Zeiten gab, in denen ich gar nicht mehr an ihn dachte. Wurde ich mir dieser Tatsache dann am Abend, am nächsten Morgen, oder nach zwei Tagen bewusst, konnte ich es kaum glauben. Immer häufiger zog ich Verabredungen den einsam vergrübelten Abenden zu Hause vor, gern mit Freundinnen, die Ähnliches erlebt hatten – und davon gab es nicht wenige. Und eines Tages, vor etwa zwei Wochen, hat mir diese Trennung, ein ganz wunderbares und unerwartetes Geschenk gemacht. Ich habe eine alte Freundin getroffen, mit deren Bruder ich während der Studienzeit Turniere getanzt habe. Als ich dann Markus kennenlernte, hat der sehr eifersüchtig reagiert. Da das Tanzen ein zeitaufwändiges Hobby ist, habe ich schließlich schweren Herzens damit aufgehört.

Gestern nun rief mich besagte Freundin an und sagte, sie habe ihrem Bruder davon erzählt, dass ich nun wieder als mögliche Tanzpartnerin zur Verfügung stehe. Der habe aufgrund einer Verletzung auch längere Zeit aussetzen müssen, und nun wolle er zwar keine Turniere mehr tanzen, er habe jedoch große Lust, seine Tangokenntnisse aufzufrischen und zu vertiefen – rein freizeitmäßig, nur habe seine Lebensgefährtin dazu leider überhaupt keine Lust. Tatsächlich hat er sich gestern gemeldet – und wir haben nicht nur fast zwei Stunden über alte Zeiten gequatscht, wir haben auch vereinbart, dass er sich um eine Tanzschule und um Trainingszeiten kümmern wird und sich dann wieder bei mir meldet. Ich bin immer noch ganz aufgeregt.

Abends habe ich den Kindern von meinen Plänen erzählt und mit ihnen alte Fotos angesehen. Maya war völlig hingerissen von den opulenten Kleidern. Sie erkannte meine alten Tanzschuhe und wusste genau, wo ich die finden würde. Wir haben auf dem Dachboden in einer Kiste gekramt, und da waren sie tatsächlich! Als ich Frau Steffens davon erzählte, sagte sie, das klinge sehr nach Phase vier, da ich neue Dinge in Angriff nehme, die mir Spaß machen.

Wut ist ein „Tarngefühl". Damit ist gemeint, dass die Wut sich vor Gefühle schiebt, die wir (noch) nicht fühlen wollen, weil wir befürchten, den damit verbundenen Schmerz nicht aushalten zu können. Wohl jede/r kennt die Situation, in der Menschen, nachdem sie ihre Wut herausgelassen haben, in sich zusammensacken und in Tränen ausbrechen. Dann erst sind sie im Kontakt mit ihren wahren Gefühlen und Motiven. Der Blick richtet sich von außen, von dem/der uns so wütend macht, nach innen, auf uns selbst und unsere enttäuschten Gefühle und Bedürfnisse. Der Mann, der seine Partnerin mit Eifersucht verfolgt, kommt dann mit seiner Angst, sie zu verlieren, in Kontakt. Die Frau, die ihren Mann beschimpft, er könne nicht mit Geld umgehen, spürt dann ihre existenzielle Angst, das Geld könne nicht für die nächste Miete reichen.

In dem Moment, wo wir bei der Auseinandersetzung mit den der Wut zugrunde liegenden Gefühlen ankommen, haben wir die Möglichkeit zur Veränderung, denn jede wirkliche Veränderung geschieht durch die Auseinandersetzung mit uns selbst und unseren eigenen Anteilen.

Langsam bekomme ich tatsächlich das Gefühl, dass es vorangeht. Um die positiven Entwicklungen erkennen zu können, muss man wohl hin und wieder innerlich auf einen Hügel steigen und von dort zurückblicken auf die Etappen, die man bereits zurückgelegt hat. Im Alltag jedenfalls gehen diese kleinen Veränderungen häufig unbemerkt unter. Dann erscheint es mir oft, als sei ich wie Sisyphos dazu verdammt, täglich aufs Neue schwere Steine einen steilen Abhang hinaufzuwuchten, nur damit diese, kaum oben angekommen, wieder hinunterrollen.

Eine Entwicklung, die jedoch sogar mir aufgefallen ist, lässt sich an meinen Gefühlen im Hinblick auf Jakobs bevorstehende Einschulung festmachen. Ich habe die letzten Gespräche mit Frau Steffens dazu genutzt, um für mich zu klären, wie ich diesen Tag gestalten möchte. Es hat mir gutgetan, ganz bei mir zu bleiben, um mir zunächst einmal völlig unbelastet von Ansprüchen und möglichen Erwartungen anderer darüber klar zu werden, was meine ganz persönlichen Wünsche sind. Kompromisse und Abstriche kann ich dann ja immer noch machen. Das wird einfacher, wenn ich weiß, was mir besonders wichtig ist und ich erkenne, an welchen Stellen ich überhaupt zu Kompromissen bereit bin. Es fällt mir schwer, jeden Gedanken an Markus und dessen mögliche Erwartungen oder Forderungen (ein Wort, das besser zu ihm passt) dabei erstmal an die Seite zu schieben.

In der Tat erleichtert es problematische Verhandlungen ungemein, wenn man sich im Vorfeld die Zeit nimmt und versucht herauszufinden, was man selber eigentlich möchte. Es ist wenig hilfreich, sich um die Erfüllung traditioneller Erwartungen zu bemühen. Für die eigene Sicherheit ist es wesentlich besser, die persönliche Verfassung und eigenen Bedürfnisse zum Handlungsmaßstab zu machen.

Ich habe versucht, meine (akzeptablen) Wünsche der Wichtigkeit nach zu ordnen, um herauszufinden, wo ich in einer Verhandlung mit Markus nachgeben könnte, und wo ich zu keinem Kompromiss bereit bin.

Ich habe zunächst wahllos meine Wünsche zur Gestaltung der Einschulungssituation aufgeschrieben. Ganz dick und mit vielen Ausrufezeichen stand da ganz oben: „Ich will nicht, dass Markus kommt – und seine Neue mit dem Kind schon mal gar nicht!!!" Da standen aber auch Wünsche wie:

„Ich brauche einen sicheren Raum."
„Ich brauche Unterstützung."
„Ich möchte, dass Jakobs Paten dabei sind."
„Ich möchte, dass meine Eltern dabei sind."
„Markus Eltern können, müssen aber nicht dabei sein."
„Ich möchte nach dem öffentlichen Teil eine private Nachfeier."
„Die Nachfeier soll an einem anderen Ort stattfinden als die von Maya."
„Ich möchte wissen, wie sich die Kinder diesen Tag vorstellen."

Zähneknirschend habe ich mich natürlich sofort von meinem Impuls, Markus ausschließen zu wollen, distanziert. Natürlich ist mir klar, dass das an einem solchen Tag nicht geht. Das ist so ein Wunsch, der sich mit meinen eigenen Ansprüchen nicht vereinbaren lässt. Während ich dies schreibe, entfährt mir ein tiefer Seufzer. „Leider", möchte ich bedauernd hinzufügen.

Mayas Einschulungsfeier war sehr schön, und ich befürchte, dass Jakob sich vorstellt, dass der Ablauf bei ihm genauso sein wird, dabei war er da erst zwei und wird sich vermutlich gar nicht erinnern können – fällt mir gerade auf. Ein gutes Beispiel dafür, wie schnell ich meine eigenen Bedenken unbemerkt den Kindern unterstelle. Ich glaube, die bevorstehende Feier ist wieder so ein Moment, in dem ich Farbe bekennen muss. Ich frage mich, ob ich Jakob sagen kann, dass ich einen anderen, aber ebenso schönen Ort für seine Nachfeier gefunden habe, dass es für mich aber schwierig ist, wenn Papa mit Katrin und dem Baby auch dorthin kommt. Ich bin unsicher, ob ich ihm eine Nachfeier am nächsten Tag mit seinem Papa und dessen Familie vorschlagen kann. Als ich Frau Steffens danach frage, antwortet sie statt mit dem von mir erhofften Rat mit der Gegenfrage, wie es denn für mich wäre, wenn Jakob darauf bestehen würde, dass seine Feier genauso wie die seiner Schwester verlaufen soll, oder darauf, dass sein Vater, dessen neue Partnerin und sein Halbgeschwisterkind auch dabei sein sollen?

Ich versuche mir Jakob vorzustellen, seine Reaktion, wenn ich ihm von meinem Unbehagen, meiner Unsicherheit und Anspannung erzähle, weil es für mich schwierig ist, so ein Fest mit seinem Vater und dessen neuer Familie durchzustehen. Was würde er sagen? Wie würde er reagieren? Würde er sich von mir unter Druck gesetzt fühlen? Würde ich ihn überfordern?

Natürlich möchte er diesen, seinen Tag, mit beiden Eltern feiern! Und plötzlich wird mir klar, dass ich natürlich, falls es Jakobs Wunsch sein sollte, die gesamte Einschulungsfeier auch mit Markus und dessen neuer Familie überstehen könnte! Ich bin mir nun ganz sicher, dass dieser Tag Jakobs Tag sein soll, und den werde ich ihm nicht durch meine Befindlichkeiten vermiesen!

Damit hat Anna die besten Voraussetzungen für ein offenes Gespräch mit ihrem Sohn, denn sie kann sich sicher sein, dass Jakob ihr aufrichtiges Interesse an seinen Wünschen spürt. In Trennungsfamilien, noch dazu in einer schwierigen Phase, sind Ich-Botschaften und Vorschläge, die der eigenen Verfassung Rechnung tragen, immer ein gutes Mittel, um zu stimmigen Entscheidungen zu gelangen.

Da ist es wieder, das erste Gebot im Umgang mit Kindern getrennter Eltern: Reflektiere deine Beweggründe schonungslos und sei aufrichtig im Gespräch mit deinen Kindern – ohne sie zu überfordern!

Ich bin sehr gerührt und ergriffen von meinen tiefen Gefühlen für meinen kleinen großen Jungen! Das hilft mir dabei, mich selbst etwas zurückzunehmen. Ich bin mir plötzlich ganz sicher, dass Jakob in den Mittelpunkt gehört und kann mit die-

ser Überzeugung wesentlich gelassener ein Stück zur Seite treten. Mir wird klar, dass ich das Gespräch ganz anders beginnen möchte. Ich werde mit ihm besprechen, wer alles zur Einschulung mit in seine Schule kommen wird. Ich werde ihm erzählen, welchen Ort ich für die anschließende Nachfeier ausgesucht habe, und dann werde ich ihn fragen, wie er es findet, wenn er insgesamt zwei Nachfeiern hat, eine mit mir, Oma Irmi und Opa Richard, meiner Schwester, die seine Patentante ist, und seinen Cousinen und am nächsten Tag eine mit seinem Papa, Oma Rieke und Hansi, dem anderen Paten und Bruder von Markus sowie dessen Familie. Ich werde ihn mit meinen Motiven nur behelligen, wenn er wirklich danach fragt – und auch dann werde ich nur sagen, dass das ein Vorschlag ist, den ich sehr schön finde, dass er nun aber mal sagen soll, was er schön findet. Dass die Trennung nicht leicht für mich war, ist hinlänglich bekannt, das muss ich nicht bei jeder Gelegenheit wieder ansprechen. Seitdem sind fast zwei Jahre vergangen. Mein Vorhaben fühlt sich nun gut und richtig an.

Ich stelle fest, dass das besagte Gebot noch einen zweiten, ganz wichtigen Zusatz enthält, wenn seine Befolgung heilende Wirkung haben soll:
„Bleib jedoch im Hier und Jetzt und sieh, wie sich die Dinge entwickeln!"

In einem unserer letzten Gespräche habe ich mich gefragt, wie ich zu Beginn unserer Trennung an die bevorstehende Einschulungsfeier herangegangen wäre und ob ich einen Unterschied zu heute erkennen könnte.

Ich glaube, was die Zeit direkt danach betrifft, muss ich nicht lange überlegen. Da hätte ich ja noch wie betäubt das getan, wovon ich dachte, dass man es so von mir erwarten würde. Ich wäre unfähig gewesen, überhaupt eigene Vorstellungen zu entwickeln. Vermutlich hätte ich sogar noch gehofft, dass sich Markus durch diese Feier für unseren gemeinsamen Sohn zur Umkehr auf seinem Weg weg von uns bewegen lassen könnte. Oje, wenn ich mir das jetzt so vorstelle, tue ich mir im Nachhinein selber leid! Arme Anna, geschockt und völlig überfordert, irgendwie funktionierend und noch voll von irrationalen Hoffnungen auf ein Happy End! Das wäre nach der ersten Phase der Entfremdung die Schockphase gewesen.

Tja, und dann kam diese Zeit der intensiven Gefühlsausbrüche in Phase drei. Ich glaube, auch da wäre es mir noch schwergefallen, eigene Ideen und Wünsche zu formulieren. Ich glaube, zu der Zeit hätte ich mich ernsthaft damit auseinandersetzen müssen, ob es nicht eine Möglichkeit gäbe, dieser ganzen Veranstaltung ohne Gesichtsverlust fernzubleiben. Das hätte ich natürlich niemals gemacht, aber der Wunsch wäre wohl da gewesen. Unterm Strich hätte sich mein Verhalten äußerlich kaum von dem während der ersten Zeit unterschieden, aber innerlich, da hätte ein Orkan in mir getobt, der es mir schwer möglich gemacht hätte, Jakobs Wünschen so offen und im Vergleich schon fast entspannt begegnen zu können, wie ich das jetzt kann. Ich hätte kaum das Standing gehabt, einen Plan zu entwickeln, so wie ich es jetzt getan habe. Mein einziges Ansinnen wäre es gewesen, die ganze Feier so rasch wie möglich hinter mich zu bringen.

Ich stelle zu meiner großen Überraschung fest, dass da wirklich eine große Entwicklung mit mir vorgegangen ist. Eigentlich unbegreiflich!

Ich möchte noch ein Beispiel dafür vorstellen, wie andere Trennungseltern mit Entscheidungen umgehen:

Entscheidungen liegen in der Verantwortung von Eltern – nicht von Kindern!

Mein Partner und ich haben uns vor kurzem getrennt. Nun steht der neunte Geburtstag unseres Sohnes an. Die Kindergeburtstage haben wir immer ganz groß gefeiert, nachmittags mit den Kindern und abends mit der ganzen Familie, also allen Großeltern, Onkeln und Tanten. Doch wenn ich nur daran denke, dass mein Ex-Mann auch dabei ist, dann geht es mir ganz schlecht! Ich kann kaum schlafen seit ich mich mit diesem bevorstehenden Ereignis innerlich herumschlage! Nun habe ich mir ein Herz gefasst und unserem Kind von meinen Schwierigkeiten erzählt. Ich habe ihm gesagt, dass ich noch viel zu traurig bin, um Begegnungen mit seinem Papa auszuhalten und dass das ja auch ein blöder Geburtstag wird, wenn Mama die ganze Zeit weinen muss. Ich habe ihn gebeten, seinem Vater vorzuschlagen, dass er am Wochenende bei ihm seinen Geburtstag nachfeiern kann. Unser Sohn war damit einverstanden, aber er hat sich seitdem völlig in sich zurückgezogen. Ich verstehe das nicht.

Wenn herausfordernde Familienfeiern anstehen, tendieren Erwachsene dahin, sich frühzeitig mit Worst-Case-Szenarien auseinanderzusetzen. Kinder da miteinbeziehen zu wollen, stellt für diese immer eine große Überforderung dar. Viel wichtiger ist es, sich selbst mit diesen Ängsten und Befürchtungen auseinanderzusetzen und die eigenen Grenzen im Umgang damit auszuloten. Wer sich dann, wie die Mutter im Beispiel, sicher ist, nicht für Geld und gute Worte in der Lage zu sein, sich der Begegnung mit dem Ex-Partner zu stellen, sollte als Erwachsener die Verantwortung für diese Entscheidung übernehmen und sie vor dem Kind vertreten! So wie Anna es Jakob gegenüber tun wird.

Im Moment des Gesprächs mit dem Kind sind Ängste und Befürchtungen der Eltern noch nicht Realität. Realität ist, dass sie diesen Ängsten Rechnung tragen wollen. Dafür übernehmen sie die Verantwortung, indem sie ihre Vorstellung bezüglich der Gestaltung dieses Tages durchsetzen. Das bedeutet auch, dass sie Entscheidungen dem Ex-Partner gegenüber vertreten müssen. Dazu müssen sie dem Kind keineswegs die ganze Last ihrer Trennungskonflikte aufbürden.

Etwas anderes ist es, wenn man während der Zeremonie vielleicht sehr angespannt ist und das Kind danach fragt. Dann könnte Anna zum Beispiel wahrheitsgemäß antworten, dass sie gerade etwas angespannt ist, weil Papa und Katrin auch hier sind, denn dies sagt sie dann, weil es im Augenblick der Wahrheit entspricht und weil ihr Kind sie danach fragt. Es spricht aber auch nichts gegen eine kleine Halbwahrheit, wenn sie etwa sagen würde, dass sie sehr aufgeregt wegen seiner Einschulung ist.

Ganz schädlich ist es, wenn Eltern ihrem Kind den Auftrag zu erteilen, als Übermittler ihrer Entscheidungen dem Ex-Partner zu fungieren. Damit ist ein Kind ganz sicher überfordert. Es ist immer die Aufgabe der Erwachsenen, ihre persönlichen Interessen zu vertreten. Dazu möchte ich das Beispiel eines weiteren Elternpaares vorstellen:

Kinder dürfen keine Vermittler zwischen den Eltern sein!

Unser Sohn besucht eine alternative private Grundschule. Dort wird das Engagement der Eltern großgeschrieben. Es ist seit unserer Trennung sehr schwierig für uns, uns dort weiterhin einzubringen, weil uns beiden Begegnungen noch nicht guttun. Wir hoffen, dass das wieder besser wird, aber im Moment haben wir uns so geeinigt, dass wir an regelmäßigen Veranstaltungen wie den Elternabenden oder den Elterndiensten abwechselnd teilnehmen. Das klappt auch ganz gut, denn auch, wenn wir uns anschließend nicht umfassend gegenseitig informieren, so gibt es zum einen Protokolle oder man fragt andere Eltern – oder, wenn es ganz wichtig ist, dann geben wir das per SMS weiter oder unserem Sohn einen Zettel mit den Informationen mit. Einen Höhepunkt im Schulleben stellt das alljährliche Sommerfest am Schuljahresende dar. Klar, dass wir beide da gerne hingehen würden, aber dazu fühlen wir uns beide noch nicht in der Lage. Wir haben uns nun darauf verständigt, dass unser Sohn entscheiden soll, wen er zu diesem Fest mitnehmen möchte, denn schließlich ist es seine Schule.

Indem die Eltern ihrem Sohn die Entscheidung darüber abverlangen, wer von ihnen am Sommerfest teilnehmen soll, bringen sie ihn in einen Loyalitätskonflikt, der ihn überfordert.

Ich habe diese Eltern kennengelernt, weil die Schule mich für ein Gespräch über ihre Situation empfohlen hatte. Den Lehrkräften war eine plötzliche, völlig unerklärliche Verhaltensänderung an dem Jungen aufgefallen. Als sie dann von der Mutter erfuhren, wie sich die Eltern die Entscheidung bezüglich ihrer Teilnahme an dem Sommerfest vorstellten, schien ihnen dies eine plausible Erklärung für seine Verhaltensänderung zu sein. Diese Eltern sind sehr aufgeklärte, pädagogisch engagierte Menschen. Es stellte sich heraus, dass ihnen die Überforderung ihres Sohnes durch ihr Verhalten überhaupt nicht bewusst gewesen war. Sie hielten ihr Angebot für einen Ausdruck von Emanzipation, indem sie ihrem Kind „Rechte" einräumten, die es ihnen gleichberechtigt machen sollten. Nachdem sie die Überforderung ihres Sohnes erkannt hatten, haben sich die Eltern darauf geeinigt, dass nun das Los entscheiden sollte, wer von ihnen zum Sommerfest gehen wird.

Bei jeder dieser Geschichten bin ich beeindruckt, wie viele Parallelen ich darin zu meinen Gedanken, Gefühlen und Erfahrungen finde – obwohl die Lebenssituationen dieser mir fremden Menschen oft gar keine Ähnlichkeiten mit meinen konkreten Lebensumständen haben.

Ich kenne sogar diesen, bei mir allerdings aus meiner großen Erschöpfung geborenen Impuls, manche Entscheidungen einfach den Kindern zu überlassen, nur um mich nicht mit Markus auseinandersetzen zu müssen. Es ist eine große Hilfe, dass ich inzwischen ein sicheres Gefühl dafür habe, welche Situationen und Verhaltensweisen von uns Eltern unsere Kinder in einen Loyalitätskonflikt bringen. Ich habe verstanden, dass ich so etwas unbedingt vermeiden muss. Seitdem ich mir da sicher bin, gelingt es mir selbstverständlicher und besser, auch mal auszuhalten, wenn ich mich bei Markus unbeliebt mache. Ich habe ihn oft für seine Souveränität bewundert, die er besonders in Verhandlungen mit Lehrern oder Trainern unserer Kinder zeigte. Nachdem er ausgezogen war, hätte ich ihm gern weiterhin die Außenvertretung überlassen, doch dazu fehlten ihm mit der Zeit die nötigen Informationen. Er nahm eben nicht mehr an unserem Alltag teil. Also hätten wir uns austauschen, miteinander reden müssen, und das konnte ich zeitweise einfach nicht. Also musste ich aus der zweiten Reihe nach vorn treten und eine neue Rolle übernehmen. Als Alltagsmama musste ich die Kinder nun in allen Alltagsdingen vertreten und Aufgaben übernehmen, die früher Markus gut und gerne gemacht hatte.

Ich erinnere mich an eine Auseinandersetzung, in der Markus mir vorwarf, ich würde ihn aus dem Alltagsleben seiner Kinder herausdrängen wollen. Er empfand als Bestrafung, was nur meinem Wunsch nach Abstand und meiner Erschöpfung geschuldet war. Zeitweise hatte ich einfach nicht die Kraft, ihn über Alltagsangelegenheiten auf dem Laufenden zu halten. Das galt besonders für die dritte Phase unserer Trennung. Da hatte ich manchmal eine solche Wut auf ihn, dass ich ihm auch einmal sagte: „Das hättest du dir eher überlegen müssen. Ich habe mir diese Situation nicht ausgesucht!"

Aber das waren, rückblickend betrachtet, wirklich nur Phasen. Das zu wissen hätte vermutlich auch Markus gutgetan und manche seiner Ängste gar nicht erst so groß werden lassen. Ich stelle erstaunt fest, dass die beschworene Veränderung in meiner Beziehung zu Markus tatsächlich ganz langsam und beinahe unbemerkt eingetreten ist. Wenn ich auf die letzten zwei Jahre zurückblicke, sehe ich einen Riesenunterschied zur schockstarren Anna, die erst über einen Zusammenbruch dahin kam, ganz langsam wieder ein Gefühl für sich und die veränderte Situation zu bekommen. Das war wohl Phase zwei im Trennungsverlauf.

Phase drei habe ich rückblickend als zwei unterschiedliche Etappen wahrgenommen. Am Anfang war da ganz viel Traurigkeit und der gelegentliche Verlust der Kontrolle über mein chaotisches, intensives Gefühlsleben. Irgendwann schlug diese Traurigkeit dann in eine heftige Wut auf Markus um. Ich habe mich zeitweise richtiggehend in ihn und sein Verhalten verbissen. Es fiel mir zu dieser Zeit schwer, Begegnungen mit ihm auszuhalten. Am liebsten hätte ich sie damals ganz vermieden. Da habe ich die Gespräche mit Frau Steffens ganz besonders gebraucht. Es war so wahnsinnig hilfreich zu durchschauen, was da mit mir los war, welche psychischen Kräfte da wirkten, um auf diese Weise Erklärungen für meinen Ausnahmezustand zu finden.

Außerdem bin ich unbeschreiblich erleichtert, dass ich eine Vorstellung davon bekommen habe, was unsere Trennung für unsere Kinder bedeutet. Ich bin so unendlich froh, dass ich eine Orientierung bekommen habe, wie ich meine Kinder unterstützen und verhindern kann, ihnen unwissentlich zu schaden!

Ich gebe es nur widerstrebend zu, aber diese verdammte Krise hat mich insgesamt in meiner persönlichen Entwicklung weitergebracht. Am deutlichsten wird mir das, wenn ich mit meinen Kindern über Gefühle spreche anstatt sie zu ignorieren, weil sie belastend oder unangenehm sind. Ich kann da sogar eine Menge von den Kindern lernen. Und ich bin froh, dass ich in dieser kopflosen Zeit nicht aus Frust und unreflektierter Wut Dinge getan habe, durch die ich nachträglich betrachtet nicht nur meine Selbstachtung verloren hätte. Eijeijei. Da läuft es mir kalt den Rücken runter! Für mich war es wirklich sinnvoll, mir in dieser Krisensituation Unterstützung zu suchen, denn allein wäre ich wohl so manches Mal überfordert gewesen.

Und jetzt hat also Phase vier begonnen. Ich denke schon seit einiger Zeit darüber nach, die wöchentlichen Gespräche mit Frau Steffens auf größere Abstände zu verteilen, doch irgendwie ist mir mulmig bei dem Gedanken, das jetzt festzuzurren und dann nicht mehr zurückzukönnen, falls ich feststellen sollte, dass ich diese Unterstützung doch noch häufiger brauche. Heute habe ich das angesprochen und vorgeschlagen, es erst einmal vierzehntägig zu versuchen, um dann zu sehen, ob die Abstände bald nicht noch größer werden können. Als ich beinahe kleinlaut bekannte, dass mir wohler wäre, wenn ich das erst mal ausprobieren könnte, war das Gott sei Dank kein Problem.

Ich habe mir ein kleines Merkheft zugelegt, in dem ich mir aufschreibe, was ich im Umgang mit Maya und Jakob beachten will. Meine letzten Eintragungen beschreiben, woran ich mich im Kontakt mit meinen Kindern halten will:

- *Aufrichtig sein, ohne zu überfordern.*
- *Immer wieder zwischen meinen eigenen, erwachsenen Belangen und denen der Kinder unterscheiden.*
- *Schuldgefühlen meiner Kinder sorgsam und sensibel entgegenwirken.*
- *Auf jeden Fall verhindern, dass die Kinder in Loyalitätskonflikte geraten.*
- *Die Verantwortung für Grenzen übernehmen, die ich als Erwachsene brauche und will.*
- *Im Trennungszusammenhang nicht über ungelegte Eier, über Zukunftssorgen oder Unverdautes aus der Vergangenheit sprechen, sondern aufrichtig reagieren, wenn die Kinder wissen wollen, was im Augenblick los ist – und wenn ich darüber nicht sprechen will, kann oder im Interesse der Kinder nicht sprechen sollte, mich dann eben abgrenzen.*

Bevorstehende Ereignisse wie Familienfeiern, bei denen ein Zusammentreffen mit dem anderen Elternteil unausweichlich ist, erfordern ein hohes Maß an Selbstreflexion. Es ist wichtig, dass die Erwachsenen für sich klären, wie sie dieses Ereignis gestalten wollen, so dass sie damit weder sich selbst noch ihre Kinder überfordern.

Je nach Fortschritt im Trennungsprozess können die Bedürfnisse der Kinder mehr oder weniger im Vordergrund stehen, und das ist okay, solange deren grundsätzliche Bedürfnisse nicht völlig aus den Augen verloren werden.

Wichtig ist, dass Eltern für mögliche Veränderungen im Vergleich zur Zeit vor der Trennung die Verantwortung übernehmen und den Kindern authentisch gegenübertreten. Dabei müssen sie darauf achten, die Kinder nicht zu überfordern oder in Loyalitätskonflikte zu bringen.

In Gesprächen mit den Kindern sollten Eltern sich möglichst an der Gegenwart orientieren und sich nicht in Zukunftsszenarien verlieren.

Sitzung 16

Wandel als Krise und als Chance

„Vielleicht stimmt es ja, was Heraklit schon vor 2500 Jahren in die Worte fasste:

‚Das einzig Beständige ist der Wandel.'
Mir fällt ein, was ich einmal irgendwo gelesen habe: Es gibt im Chinesischen ein Schriftzeichen, das zugleich Krise und Chance bedeutet."

Auf dem Schreibtisch in meinem Büro steht ein kleiner Kalender mit Sinnsprüchen und schönen Fotos. Den hat mir meine Kollegin geschenkt, nachdem sie von meiner Trennung erfahren hatte. Sie hoffte, dass da vielleicht mal etwas Tröstendes für mich dabei sein könnte, die liebe Liese!
Heute steht dort der Satz:

„Das einzig Beständige ist der Wandel."

Während ich dem Satz nachsinne, fällt mir auf, dass ich selbst eigentlich keine Veränderung mag. Ich bin lange Zeit einem Ideal hinterhergejagt, das einen zufriedenen Endzustand vorsieht. Diesen Punkt in meinem Leben, an dem ich all das erreicht hätte, von dem ich geträumt habe: Einen tollen Beruf, einen tollen Mann, tolle Kinder in einem tollen Haus – so in etwa. Und das würde dann bis ans Ende meiner Tage so bleiben und mich täglich aufs Neue glücklich machen. Seit ich denken kann, war da diese Sehnsucht, anzukommen. Und ich war wirklich angekommen: Mit der Geburt unserer Kinder hatte ich das Gefühl, ich hätte mein Lebensziel tatsächlich erreicht. Doch leider nur für kurze Zeit.

Vielleicht geht es wirklich nicht, so einen Zustand satter Zufriedenheit auf Dauer zu erhalten. Vielleicht stimmt dieser Satz ja. Mir fällt ein, was Frau Steffens einmal sagte. Sie sprach davon, dass Veränderungen verarbeitet und in unsere Weltsicht und unser Handeln integriert werden müssen. Eine Weigerung, sich mit Veränderungen auseinanderzusetzen, führe unweigerlich zum Stillstand der persönlichen Entwicklung, weil sie immer eine Abkehr von der Wirklichkeit beinhalte. Im Umkehrschluss bedeutet dies, dass Veränderungen, wenn wir uns ihnen stellen, unsere seelische und menschliche Weiterentwicklung fördern und vorantreiben. Aber muss eine Veränderung denn gleich so radikal wie eine Trennung sein? Kann man sich denn nicht auch innerhalb einer Partnerschaft weiterentwickeln?

Ich denke an meine Freunde, die in zwei Jahren ihre Silberhochzeit feiern. Es gibt sie, die Beispiele dafür, dass das Projekt Partnerschaft gelingen kann! Auf mich wirken die beiden ganz und gar nicht wie in Agonie erstarrt, eher im Gegenteil: Ich habe das Gefühl, dass beide nur so strotzen vor Tatendrang, und Lust haben auf neue Herausforderungen. Vielleicht ist es ihnen gelungen, dem Wandel Raum zu geben und als festen Bestandteil in ihr gemeinsames Leben zu integrieren? Ich glaube, jetzt gerate ich selbst ins Philosophieren! Das scheint ansteckend zu sein! Wenn ich auf unser gemeinsames Leben zurückblicke, merke ich, dass sich auch das ständig verändert hat. Ich brauche da nur an die Geburt unserer Kinder oder an Markus' unternehmerische Selbstständigkeit zu denken. Jede dieser Veränderungen hat nicht nur neue Anforderungen an jeden einzelnen von uns gestellt, sondern auch an uns als Paar.

Ich habe versucht, herauszufinden, wo ich mich verändert habe, wo Markus sich verändert hat und wo wir dies dann als Paar nicht nachvollzogen haben – wo also der Kontakt zwischen uns abgebrochen ist, so dass wir uns voneinander entfernt haben und unsere Trennung schließlich unausweichlich wurde.

Ich glaube, wir haben uns beide ein Bild vom anderen gemacht und daran festgehalten, anstatt es immer wieder zu überprüfen. Es gibt da diesen Satz von Goethe:

„Wir irrten uns aneinander und es war eine schöne Zeit."

Die schöne Zeit war für uns jedenfalls in dem Moment vorbei, als wir erkannten, dass wir uns fremd geworden waren, weil wir den Kontakt zueinander verloren hatten. Wir haben uns nicht darüber ausgetauscht, wie es uns mit diesen ganzen Veränderungen ergangen war. Wir haben es versäumt, miteinander auch über uns und unsere veränderten Bedürfnisse im Gespräch zu bleiben.

Wenn ich sage wir, dann meine ich in erster Linie mich selbst, denn über Markus' Anteile kann ich nur spekulieren.

Nach und nach konnte ich meine Anteile an dieser Entwicklung immer besser erkennen. Rückblickend kann ich sehen, wo ich den Mund hätte aufmachen müssen, wo ich hätte nachfragen und wo ich mich selbst hätte bekennen müssen, um dieser Entwicklung frühzeitig etwas entgegenzusetzen. Natürlich hat Markus das genauso versäumt – aber eben nicht nur er. Das ist es wohl, was Frau Steffens meint, wenn sie sagt, dass für das Ende einer Beziehung immer beide Partner verantwortlich sind.

Da sich das Leben nun einmal, wie es in Annas Zitatenkalender so schön heißt, in einem ständigen Wandel befindet, sind wir gezwungen, darauf zu reagieren, wenn wir unsere persönlichen Ziele erreichen und im Gleichgewicht bleiben wollen. Wir müssen unser Verhalten regelmäßig an die veränderten Bedingungen und Gegebenheiten anpassen. Auf diese Weise erweitern und modifizieren wir das Repertoire unserer Lebens- und Alltagsbewältigungsstrategien. Tun wir das nicht, werden wir im Extremfall irgendwann feststellen, dass unsere Werkzeuge, mit denen wir versuchen, unser Leben zu meistern, veraltet und unbrauchbar geworden sind. Eine Klientin beschrieb diesen Zustand einmal so: Sie habe erkannt, dass sie schon seit geraumer Zeit versucht habe, ihre Suppe mit der Gabel zu essen und sich dann darüber gewundert habe, dass sie niemals satt geworden sei.

Diese Situationen, in denen wir nicht „satt" werden, in denen wir enttäuscht werden, nicht klarkommen, so wie wir die Sache angehen, die sind es, die uns dann zu einer seelischen Inspektion zwingen. Wenn wir dann, anstatt anderen die Schuld an unserem Scheitern zu geben, unsere eigenen Anteile an der misslungenen Situation erkennen, können wir für die Zukunft nach Alternativen und brauchbareren Wegen suchen.

Manchmal erfolgt eine Korrektur erst sehr spät und das kann dann sehr schmerzhaft sein. Das ist vielleicht vergleichbar mit dem Muskelschmerz, der entsteht, wenn eine jahrelange körperliche Fehlstellung schließlich durch einen Orthopäden behoben wird. Zwar ist dann die Ursache der Beschwerden beseitigt, jedoch muss sich der Körper, der so lange eine ausgleichende Schonhaltung eingenommen hat, erst wieder an die neue, wenn auch richtige und gesunde Position des Knochengerüstes gewöhnen.

Glücklich, gesund und zufrieden sind wir, wenn wir im Fluss sind, wenn wir auf den Wandel angemessen reagieren können, wenn wir im Auf und Ab des Lebens immer wieder auch Momente eines inneren Gleichgewichts erleben, ein Wohlgefühl des In-unserer-Mitte-Seins, ein Gefühl von Balance und Ausgewogenheit oder ein In-Sich-Ruhen.

Wandel bringt zwangsläufig Krisen hervor. Diese Krisen können durch äußere Veränderungen wie die einer plötzlichen Arbeitslosigkeit oder eben auch durch eine Trennung hervorgerufen werden. Sie können aber auch durch innere Prozesse wie zum Beispiel Krankheiten oder Reifungsprozesse, wie sie für die Pubertät oder das Altern charakteristisch sind, verursacht sein.

Auch müssen Krisen in diesem psychologischen Sinne keineswegs zwingend durch negative Veränderungen ausgelöst sein. Positive Veränderungen, wie unerwarteter beruflicher Erfolg, können ebenfalls eine Herausforderung für die Seele sein und damit eine Krise darstellen.

Wir brauchen also gutes Werkzeug und unser Werkzeugkoffer muss gut gepflegt werden. Bewährtes muss gewartet, altes, unbrauchbares Instrumentarium ausgemustert und neues erworben werden. Dann steht unserer Zufriedenheit und unserem persönlichen Wachstum nichts im Wege.

Das Gespräch über den Kalenderspruch hat uns ins Philosophieren gebracht. Frau Steffens benutzte das Bild eines Werkzeugkoffers, der all die Instrumente enthält, mit denen wir unser Leben meistern. Ich liebe solche Bilder, weil sie mich anregen, sie weiterzuspinnen!

So kann ich sagen, dass meine wichtigsten Werkzeuge bis zu unserer Trennung eine Sonnenbrille war, die mir dabei half wegzuschauen, wenn etwas nicht so lief, wie es hätte laufen können und außerdem Scheuklappen, mit denen es mir gut gelang, Konflikte nicht wahrzunehmen. Früher haben sie mir durchaus gute Dienste erwiesen: Wenn ich sie dann absetzte, hatten sich viele Schwierigkeiten in der Zwischenzeit scheinbar wie von selbst erledigt. Schließlich haben mich diese beiden, vom häufigen Gebrauch schon abgenutzten Werkzeuge jedoch in die größte Krise meines Lebens geführt. Die Konflikte mit Markus hatten sich da zwar erledigt, aber unsere Beziehung leider auch. Und, viel schlimmer noch, ich habe darüber den Kontakt zu mir selbst verloren.

Das ewige Wegschauen hat mich dazu gezwungen, auch meine Bedürfnisse zu verleugnen, meine Sehnsucht danach, verstanden und aufgefangen zu werden in meiner Partnerschaft, meine Sehnsucht nach Zärtlichkeit, aber auch das Bedürfnis danach, meine Selbstachtung zu bewahren.

Doch vor den Trümmern meines Lebens stehend bemerkte ich, dass es wohl genau diese beiden Lieblingswerkzeuge waren, die ich ausmustern und durch neue, brauchbare ersetzen musste, wenn ich diese gewaltige Veränderung in meinem Leben bewältigen wollte.

Zaghaft lernte ich, die Realität so zu betrachten, wie sie war. Ich schaffte mir eine neue Brille und schließlich sogar eine Lupe an, durch die ich mir ganz genau ansah, was um mich herum und mit mir geschah.

Ich lernte, auf mein verändertes Leben so zu reagieren, dass ich mich einerseits den neuen Erfordernissen anpasse und andererseits Chancen nutze, Dinge zu tun, mit denen ich mich wohlfühle. Ich denke dabei nicht nur an die Chance, wieder mit dem Tanzen anzufangen, sondern auch an alltägliche Entscheidungen, bei denen ich neuerdings in mich hineinhorche, anstatt sofort zu tun, was von mir erwartet werden könnte. Ich lerne, besser für mich zu sorgen. Ein Beispiel dafür ist, wie ich mich innerlich auf Jakobs Einschulung vorbereitet habe.

Und ich lernte, über die Dinge zu sprechen, die mich betreffen – zuerst mit Frau Steffens, dann mit meinen Kindern und schließlich sogar mit Markus, wenn es darum geht, meine Interessen oder die der Kinder zu vertreten.

Ich bin noch lange nicht so geübt im Gebrauch dieser neuen Werkzeuge, wie ich es im Umgang mit den alten war. Ich mache Fehler, doch ich versuche jetzt, meinen Werkzeugkasten in Schuss zu halten. Schließlich brauche ich ihn dringend, um die letzten Trümmer meiner Lebenskrise aufzuräumen und um mich in meinem Leben neu einzurichten.

Ich versuche gerade, der aufsteigenden Scham Paroli zu bieten während ich noch einmal lese, was ich da in meinem beinahe literarischen Eifer zu Papier gebracht habe, aber so ist nun mal der Stand der Dinge, und diese Bilder helfen mir sehr dabei, mich und meine Veränderung während der vergangenen Monate zu verstehen.

Veränderungen sind übrigens auch der Motor für die kindliche Entwicklung, denn sie fordern uns von klein auf heraus und treiben uns voran. So markiert der Beginn des freien Laufens eine Entwicklungskrise, eröffnet diese Fähigkeit dem Kind doch eine ganz neue Perspektive und eine größere Unabhängigkeit, auf die es sich einstellen muss. Krisen verunsichern und kosten Kraft. Deshalb greifen wir auf vertraute Verhaltensweisen zurück: weil sie uns Sicherheit versprechen, oder weil sie in der Vergangenheit geholfen haben, schwierige Situationen zu meistern.

Die gesunde kindliche Entwicklung geht immer zwei Schritte vorwärts und einen zurück. So sagte es sinngemäß Anna Freud, Tochter Sigmund Freuds und Begründerin der psychoanalytischen Behandlung von Kindern.

Ein gesundes Kind schreitet als Reaktion auf Veränderungen, seien es nun Reifungsfortschritte oder Veränderungen seiner Umgebung, zunächst in seiner Entwicklung voran. Es probiert neue Verhaltensweisen aus und fällt, wenn es das neue Verhalten erschöpft, wie das freie Laufen oder seine durch die Geburt eines Geschwisterkindes erlangte neue Rolle in der Familie, oft auf ältere, weniger verunsichernde und erprobte Verhaltensweisen zurück. So gönnt sich das Kind eine Verschnaufpause von seiner anstrengenden Entwicklung. Wenn ein Kind jedoch durch die Veränderungen in seinem Leben stark überfordert ist, sind diese Rückschritte oder, wie sie in der Psychologie genannt werden, „Regressionen", ein Hinweis darauf, dass ein Kind Unterstützung braucht, um die beängstigende Veränderung erfolgreich zu verarbeiten.

Eine normale, gesunde Verschnaufpause unterscheidet sich nur durch ihre Dauer von den Symptomen einer Überforderung. Je nach auslösender Situation und Alter des Kindes können KinderärztInnen oder PsychologInnen im Einzelfall gut unterscheiden, wann ein Kind Hilfe braucht. Viele sogenannte Verhaltensstörungen, wie das plötzlich wieder auftretende nächtliche Einnässen von Annas Tochter Maya, sind also nichts weiter als das Zurückfallen in Verhaltensweisen früherer Entwicklungsstufen. Das Symptom als solches ist unwichtig. Wir müssen es als Hinweis darauf verstehen, dass ein Kind Unterstützung braucht. Es ist egal, ob ein Kind wieder aus der Flasche trinken möchte oder nachts wieder ins Bett macht, beides sind Verhaltensweisen, die, wenn sie länger andauern, auf eine Überforderung oder Verunsicherung des Kindes hinweisen. Eltern sollten das in jedem Fall sensibel beobachten und nicht davor zurückschrecken, professionelle Unterstützung zu suchen, etwa bei einer Erziehungsberatungsstelle.

Auch der Versuch, Druck durch Aggression abzubauen, ist eine häufige Reaktion, wenn Kinder unter großem seelischem Druck stehen. Das Verhalten von Annas Sohn Jakob, der anfing, im Kindergarten Raufereien anzuzetteln, ist ein gutes Beispiel dafür. Leider ist es häufig so, dass kindliche Aggressionen bewertet und verurteilt statt hinterfragt werden. Ein Kind, das aggressiv agiert, ist unbequem. Es stört die Harmonie des sozialen Miteinanders. Es ist daher den Erzieherinnen in Jakobs Kindergarten hoch anzurechnen, dass sie sich Sorgen um ihn gemacht haben und Anna zum Gespräch baten.

Ach, wie schrecklich verdreht das ist! Da steht ein kleiner Junge so sehr unter Druck, weil ihn die Trennung seiner Eltern stark verunsichert. Er befürchtet vielleicht sogar, dass er etwas falsch gemacht haben oder gar die Ursache dafür sein könnte und dann versucht er, diesen Frust und diesen Druck loszuwerden, indem er sich in Raufereien stürzt und provozierende Reden schwingt – mit dem Resultat, dass er andere gegen sich aufbringt und nun noch mehr Druck bekommt. Das ist ja eine Spirale, in die ein Kind da hineingeraten kann, aus der es allein gar nicht herauskommen kann. Was haben wir für ein Glück gehabt mit den Erzieherinnen von Jakob, dass sie ihn nicht verurteilt haben, sondern sich um Verständnis bemühten und auf Spurensuche begaben, danke, danke an die beiden Erzieherinnen aus Jakobs Gruppe!

Neben diesen Symptomen gibt es noch sogenannte autoaggressive, also gegen sich selbst gerichtete Aggressionen, mit denen ein Kind versucht, seelischen Druck abzubauen. Darunter fällt selbstverletzendes Verhalten, zu dem auch das Nägelbeißen zählt. Auch das muss als ein Ausdruck psychischer Überforderung gewertet werden. Wenn also Eltern, Großeltern oder ErzieherInnen solche länger anhaltenden Verhaltensänderungen bei bis dahin in ihrer Entwicklung unauffälligen Kindern beobachten, sollten sie das ernst nehmen und versuchen, herauszufinden, wie sie dem betroffenen Kind helfen können.

Natürlich sind Verwandte und ErzieherInnen keine PsychotherapeutInnen, aber sie können im Rahmen ihrer persönlichen oder beruflichen Möglichkeiten Eltern darauf aufmerksam machen, dass es ihren Kindern nicht gut geht. Eine verständnisvolle Annäherung kann Eltern zur Reflexion ihrer Situation anregen.

Wenn man den Eindruck hat, dass ein Kind therapeutische Hilfe braucht, sollte man sich an professionelle Einrichtungen wie Erziehungsberatungsstellen wenden, denn jede noch so gut gemeinte Eigenintervention könnte hier mehr Schaden anrichten, als dass sie nützt.

Kinder reagieren auf Überforderungen und traumatische Erlebnisse mit Verhaltensauffälligkeiten, die nicht isoliert behandelt, sondern als Symptom einer zugrundeliegenden Überforderung oder traumatischen Erfahrung betrachtet werden müssen.

Veränderung bedeutet immer eine Herausforderung zur Entwicklung. Das gilt besonders für Kinder, aber auch für Erwachsene. Hierin liegt eine ganz besondere Chance von Trennungsfamilien. Wenn sie diese Möglichkeit nutzen, dann kann eine Trennung sowohl die persönliche Entwicklung als auch die Beziehungen zwischen Eltern und Kindern festigen und voranbringen.

Sitzung 17

Das mittlere Schulkindalter oder die 10- bis 14-Jährigen

„Seht ihr denn nicht, wie sehr es mich anstrengt, meinen Platz außerhalb der Familie zu finden? Verschont mich bitte mit zusätzlichen Verunsicherungen, zeigt mir, dass ihr weiterhin für mich da seid – und BITTE! Regelt eure Konflikte unter euch, alles andere ist mir peinlich!“

Am Wochenende waren meine Schwester und meine Nichte zu Besuch. Philli ist 13, und Maya bewundert ihre Cousine sehr. Die beiden sehen sich nicht so oft, da meine Schwester mit ihrer Familie 500 Kilometer entfernt in Bayern lebt. Die beiden zusammen zu erleben, machte mir schlagartig bewusst, dass die Zeiten, in denen Maya ein kleines Mädchen war, unwiederbringlich vorbei sind. Ihr ganzes Verhalten, selbst ihre Bewegungen und ihre Sprache waren so ungewohnt. Auch wenn es mir noch etwas aufgesetzt erschien, so bewirkte ihr Auftreten im Zusammensein mit ihrer Cousine eine neue, seltsame Fremdheit zwischen uns, die ich bis dahin noch nie so deutlich wahrgenommen hatte. Die großen Diskussionen dieses Wochenendes wurden durch hartnäckige Fragen ausgelöst, die da lauteten: „Mama, darf ich auch zu Insta?", und: „Wann bekomme ich endlich ein eigenes Handy?" Wobei mein Vorschlag, sie könne ja vorerst mein altes Handy übernehmen, eines aus der Generation, als man mit Mobiltelefonen tatsächlich „nur" telefonieren konnte, auf ein entsetztes: „Wie blöd ist das denn?! Das geht ja gar nicht!", stieß. Ein Smartphone muss es offenbar schon sein, sonst kann man es gleich ganz lassen. Auch das ist eine neue Erkenntnis für mich.

Obwohl Facebook und Instagram Kindern erst ab 13 Jahren Zugang gewähren, sind tatsächlich viele von Mayas Klassenkameraden dort bereits registriert. Angesichts dessen kann ich vielleicht sogar stolz darauf sein, dass Maya mich überhaupt gefragt hat, oder?

Die beiden Mädchen zogen sich überwiegend in Mayas Zimmer zurück, um dort Musik zu hören und ungestört Serien anzusehen, die Philli auf ihrem Laptop hatte. Das gelegentliche Pendeln zwischen Bad und Mädchenzimmer war stets von fröhlichem Kichern und von grundsätzlich um zwei Oktaven erhöht gesprochenen Satzfetzen wie „oh Go-hott!", „voll krass", „wie krass ist das denn?!", oder „mega!!!", begleitet. Bei Tisch begann jede zweite Antwort auf Fragen von uns Erwachsenen mit: „Keine Ahnung!". Dabei war ich es, die bislang wirklich keine Ahnung davon hatte, wie sehr mein kleines Mädchen schon mit Sprache, Verhaltensweisen und Kultur der nächsten Entwicklungsphase vertraut war, bereit, mit den Flügeln zu schlagen und Testflüge ins erwachsene Leben zu unternehmen. Ich befürchtete schon, Bibi und Tina hätten von jetzt auf gleich ausgedient. Im Nachhinein jedoch erscheinen mir meine Beobachtungen so, als hätte ich einen Blick in die Kristallkugel getan.

Nach Phillis Abreise hielt Mayas pubertierendes, exaltiertes Verhalten zwar noch etwas an, und sie verdrehte die Augen fast genauso wie Philli, als Jakob sie fragte, warum sie denn so komisch sei. „Man, du kapierst aber auch gar nichts!", war ihr einziger Kommentar. Aber schon am nächsten Tag hörte ich wieder vertraute Klänge und Wiehern aus dem CD-Spieler ihres Zimmers wabern. Dorthin hatte sie sich mit ihrer Schulfreundin zurückgezogen, wenige Minuten bevor die beiden ziemlich entspannt das Haus verließen, um den Pferden auf der Weide in der Nachbarschaft den gewohnten Besuch abzustatten.

Ich bin noch immer völlig erschlagen von dieser Erfahrung. Ich glaube, ich kann mir jetzt vorstellen, was mich im Laufe der nächsten Jahre erwartet. Selbst wenn das aktuelle Erlebnis nur ein kurzes Aufflackern gewesen ist: Die Pubertät rückt unaufhaltsam näher! Die körperliche Entwicklung kann ich schon seit einem Jahr beobachten.

Anna kann wirklich stolz darauf sein, dass Maya sie um ihr Einverständnis bittet, sich auf Facebook und Instagram anmelden zu dürfen. Denn das hätte sie vermutlich auch anders lösen können. Wie es scheint, hat Anna tatsächlich einen Blick in die Zukunft getan und ihr Kind im Übergang von einer Entwicklungsphase in die nächste beobachten können. Auch dazu braucht es viel Vertrauen. Außerhalb ihres geschützten Zuhauses hätte Maya sich wohl kaum so sicher gefühlt, dass sie sich Verhaltensweisen auszuprobieren traut, die sie offenbar schon länger beobachtet hat.

Die Übergänge von einer Entwicklungsphase in die nächste lassen sich mit der Entwicklung des Wortschatzes vergleichen. Der passive Wortschatz eines Kleinkindes ist ungleich größer als sein aktiver. Erst, wenn ihre Zeit gekommen ist, werden die Wörter aktiv benutzt. Bis dahin beobachtet ein Kind, lauscht und sammelt Wörter und Bedeutungen wie ein Eichhörnchen Nüsse – bis die individuelle Entwicklung so weit ist, dass es sie auch sprechen kann. Anna konnte bei ihrer Tochter einen ersten Probelauf miterleben. Nun hat sie in der Tat eine Vorstellung davon, was sie in der nächsten Zeit erwarten könnte.

Bis zum Ende der Grundschulzeit lassen sich Kinder zu Altersgruppen zusammenfassen, für die sich typische Entwicklungsaufgaben und -fortschritte beschreiben lassen.

Das wird etwa ab dem zehnten Lebensjahr schwieriger, weil nicht nur die Pubertät bei Mädchen mit etwa zehn Jahren durchschnittlich etwa zwei Jahre eher einsetzt als bei Jungen, sondern auch die individuelle Entwicklung Gleichaltriger stark voneinander abweichen kann, ohne dass dies ein Grund zur Besorgnis wäre. Es gibt in jedem Alter der mittleren Kindheit Früh- und Spätentwickler: Während der eine Zwölfjährige noch sehr kindlich und verspielt ist, kann die geschlechtliche Entwicklung bei seinen KlassenkameradInnen schon deutlich fortgeschritten sein. Wenn wir dies berücksichtigen, lassen sich auch für die Gruppe der etwa 10- bis 14-Jährigen Entwicklungsaufgaben und typische Bedürfnisse beschreiben, die für das Erleben einer elterlichen Trennung bedeutsam sind.

Äußerlich markiert der Übergang auf eine der weiterführenden Schulen den Beginn der mittleren Kindheit. Annas Erlebnisse mit ihrer Tochter verdeutlichen, worum es in dieser Zeit geht. Die Grundschulzeit ist zu Ende, durch den Übergang auf eine der weiterführenden Schulen werden die ersten Weichen für den beruflichen Erfolg gestellt. Die Gleichaltrigen gewinnen neben den Eltern an Bedeutung. Mit etwa 13, 14 Jahren, also gegen Ende dieser Entwicklungsphase, werden sich die Kinder ihrer geschlechtlichen Identität immer sicherer, so dass die Rigidität, mit der sie gegengeschlechtliche Spielpartner bislang gemieden haben, bröckelt. Erste Verliebtheiten sind nun für viele Kinder an der Tagesordnung. Es gibt zunehmend Themen, die Kinder und Jugendliche auf keinen Fall mehr mit ihren Eltern besprechen wollen, und es ist die Zeit, wo Eltern einfach unglaublich „peinlich" sind. Peinlich bedeutet die Scham darüber, dass der Eindruck entstehen könnte, man sei noch ein unselbständiges, auf die Unterstützung der Eltern angewiesenes Kind. Diese Sorge macht deutlich, dass es ungeheuer bedeutsam ist, wie „die anderen", also Gleichaltrige, das Kind sehen. Von Gleichaltrigen akzeptiert zu werden, dazuzugehören, ist von enormer Wichtigkeit. So erklärt sich auch die große Bedeutung von Statussymbolen wie Kleidung, einem Handy und dem Zugang zu sozialen Netzwerken. Kinder dieser Altersgruppe sind leicht zu verunsichern, weil sie sich ihrer selbst noch nicht sicher sind. Wenn Statussymbole zum beherrschenden Thema in Trennungsfamilien werden, dann kann dies darauf hindeuten, dass Kinder damit ihre Verunsicherung auszugleichen versuchen. Es kann ein guter Einstieg in ein Gespräch über Unsicherheiten im Zusammenhang mit der Trennung sein, wenn sich Eltern ernsthaft für die Hintergründe der Konsumwünsche ihrer Kinder interessieren.

Die körperlichen Entwicklungen wie zum Beispiel der für diese Altersgruppe typische, enorme Wachstumsschub machen eine ständige Neuanpassung des eigenen Körperbildes, des sogenannten Körperschemas, an die veränderte Realität nötig. Dies ist die Ursache dafür, dass gerade Jungen dieses Alters auf einmal wieder tollpatschig wirken oder ständig irgendwo anstoßen, weil sie nämlich die Ausmaße ihres Körpers noch falsch einschätzen. Kinder dieser Altersgruppe haben so viel mit sich und ihren sozialen Anpassungsleistungen innerhalb ihrer Gleichaltrigengruppe zu tun, dass sie kaum Kapazitäten dafür haben, ihren Eltern oder auch ihren LehrerInnen mit Verständnis zu begegnen. Es wundert also nicht, dass die siebten und achten Klassen bei LehrerInnen wegen ihrer unglaublichen Unruhe gefürchtet sind.

Trennungseltern von Kindern dieser Altersgruppe berichten regelmäßig irritiert von ihrem Eindruck, die Kinder interessierten sich überhaupt nicht für das Trennungsgeschehen. Das täuscht! Der oft zur Schau getragene Egozentrismus kann als ein Abgrenzungsversuch gewertet werden, der in Worte gefasst etwa so klingen könnte: „Seht ihr denn nicht, wie sehr es mich anstrengt, meinen Platz außerhalb der Familie zu finden? Verschont mich bitte mit zusätzlichen Verunsicherungen, zeigt mir, dass ihr weiterhin für mich da seid – und BITTE! Regelt eure Konflikte unter euch, alles andere ist mir peinlich!"

Idealerweise bieten Eltern einerseits den Rückzugsort, an dem Kinder ihre körperliche und seelische Entwicklung verarbeiten, andererseits halten sie während dieser Entwicklungsphase bildlich gesprochen die Sicherheitsleine, wenn Kinder ihre Unabhängigkeit außerhalb der Familie erproben. Auch, wenn es oft nicht danach aussieht, ist das bedeutsamste Zentrum ihres Lebens nach wie vor die Beziehung zu ihren Eltern.

Gerade in Trennungssituationen entstehen während dieser Zeit manchmal Konflikte, wenn Eltern das Verhalten ihrer Kinder vor dem Hintergrund ihrer eigenen Trennungsprobleme missverstehen, wie das folgende Beispiel zeigt:

Kindliches Verhalten nicht als Parteinahme in elterlichen Konflikten missdeuten

Ich habe das Gefühl, meine Ex-Frau versucht, mir unser Kind komplett zu entfremden. Erst hat sie sich einen anderen Mann gesucht, weil ich ihr nicht gut, nicht gebildet, nicht wohlhabend genug war und nun scheine ich dem Jungen auch nicht mehr zu genügen. Das ist so gemein! Mir fehlen einfach die Worte!

Vor zwei Wochen war die Einschulungsfeier am Gymnasium. Mein Sohn hat mich kaum eines Blickes gewürdigt, verstohlen gewinkt, und nicht einmal richtig begrüßt hat er mich, konnte nicht schnell und weit genug Abstand bekommen und ist in der Menge untergetaucht. Ich stand am Gang, und als die Schüler dann klassenweise die Aula verließen, ist er direkt an mir vorbeigelaufen. Ich hätte ihn berühren können, aber nicht mal aufgesehen hat der Bengel! Ich bin mir sicher, dass meine Ex-Frau dahintersteckt! Das ist doch Rufmord. Dagegen muss man sich doch wehren können!

Dieser Vater weiß offensichtlich wenig von der Entwicklung und der Befindlichkeit eines Zehn- oder Elfjährigen. Der Junge liefert mit seinem Verhalten ein klassisches Beispiel dafür, wie Kinder dieses Alters ticken. Diese für ihn neue und aufregende Situation markiert einen neuen Lebensabschnitt auf dem Weg zu einem Jugendlichen. In dieser Situation ist er sicherlich völlig damit ausgelastet, sein eigenes Verhalten zu kontrollieren und tunlichst den Eindruck zu vermeiden, er könne noch abhängig von seinen Eltern sein. Ein öffentliches Zugehörigkeitsbekenntnis zu seinem Vater wäre für ihn eine Katastrophe. Das alles hat jedoch nichts mit der Person des Vaters oder mit den Gefühlen seines Sohnes für ihn zu tun. Wenn es dem Vater gelänge, sich wirklich für die Motive seines Sohnes zu interessieren, könnte der dem Vater vielleicht in einer ruhigen Minute sagen, dass es ihm einfach peinlich ist, sich mit seinen Eltern in der Schule zu zeigen. Gerade im Kontakt mit dieser Altersgruppe kommt es leider häufig vor, dass Trennungseltern das distanzierte(re) Verhalten ihrer Kinder als Folge einer Manipulation durch den anderen Elternteil missdeuten. Dieser Vater jedenfalls irrt sich mit seiner Einschätzung vermutlich gewaltig. Sie sagt wahrscheinlich viel mehr darüber aus, wie er sich fühlt – nämlich verlassen, wertlos, und ausrangiert. Er ist ein gutes Beispiel dafür, was passiert, wenn Eltern so sehr in ihrem Kummer gefangen sind, dass sie die Motive ihrer Kinder gar nicht erkennen können.

Das Bemühen um eine größere Selbstständigkeit und das Ausprobieren neuer, erwachsenerer Verhaltensweisen geht mit Versuchen einher, sich sowohl emotional als auch räumlich von den Eltern zu distanzieren: Öffentliche Verkehrsmittel werden zunehmend selbstverständlich genutzt. Lokale Freizeitangebote wie Schwimmbad und Kino werden selbstständig und als Gelegenheit, Freunde zu treffen, in Anspruch genommen. Kinder dieser Altersgruppe erweitern ihren Bewegungsradius im vertrauten Umfeld kontinuierlich. Wenn ein Elternteil dann in die Fremde zieht, entstehen nicht selten Konflikte, so wie im folgenden Fall eines 14-jährigen Jungen.

Ich hab keine Lust, am Wochenende in diesem Dorf zu hocken!

Irgendwie ist es doof, dass Papa jetzt da in diesem Dorf wohnt, denn da ist nichts los und ich häng da an den Wochenenden rum, während sich meine Freunde ohne mich treffen. Wenn wir nichts unternehmen, bowlen gehen oder so, dann ist es sterbenslangweilig. Gott sei Dank hat Papa wenigstens Netflix, und da er da entspannter ist als meine Mutter, können wir dann auch mal coole Filme sehen. Trotzdem würde ich es besser finden, wenn er hierher käme, dann könnten wir uns sehen, ich könnte aber auch was mit meinen Freunden machen. Am nächsten Wochenende kann er nicht und hat abgesagt. Meine Ma hat sich furchtbar aufgeregt, weil sie findet, dass er unzuverlässig ist, aber mich hat´s ehrlich gesagt gefreut, denn gerade am nächsten Wochenende finde ich es super, dass ich zu Hause bleiben kann, weil wir uns da bei einem Freund treffen wollen, und ich hätte mal wieder nicht dabei sein können!

Wurden die Besuchsregelungen während der Grundschulzeit oft noch widerspruchslos hingenommen, kollidieren nun immer häufiger eigene Vorhaben und Termine der Kinder mit den vereinbarten Zeiten. Den Wunsch nach Abstand bekommen auch diejenigen Elternteile zu spüren, die nicht mehr den Alltag ihrer Kinder teilen.

Auch getrennte Eltern müssen sich nun auf die veränderten Bedürfnisse in dieser neuen Entwicklungsphase einstellen. Es ist sinnvoll, Kinder jetzt mehr in die Planung der Besuchsregelungen und die Gestaltung der Besuche einzubeziehen. Sie haben selbst Termine, die manchmal eine kreative Abwandlung der bestehenden Regelmäßigkeit erfordern. So können Konflikte vermieden werden, die eine gute Beziehung zwischen Eltern und ihren Kindern unter Umständen gefährden, weil elterliche Vorgaben typische Bedürfnisse dieser Altersgruppe ignorieren.

Ein zentraler Konflikt zwischen getrennten Eltern mit Kindern in dieser Altersgruppe entbrennt oft, wie das Beispiel zeigt, an unterschiedlichen Erziehungsvorstellungen:

Du machst es nicht so, wie ich es für richtig halte!

Ich bin mit meinem Latein wirklich am Ende. Unser Sohn (13) verlässt kaum noch sein Zimmer. Ständig hängt er vor dem Computer oder er drückt auf seinem Handy herum. Nach zähem Ringen haben wir uns nun auf feste Zeiten und Bedingungen geeinigt. Die Hausaufgaben müssen zum Beispiel gemacht sein, danach kann er am Computer daddeln. Das klappt zwar nicht immer, aber insgesamt schon immer besser.

Neulich kam er und maulte, dass er nicht mehr zum Fußball gehen will. Wir haben lange darüber gesprochen. Ich habe ihm klar gemacht, dass ich das nicht so einfach erlauben werde. Ich habe ihm erzählt, dass ich, als ich ungefähr in seinem Alter war, mit dem Ballettunterricht aufhören wollte. Meine Mutter hat mich damals gezwungen, weiterzumachen und im Nachhinein habe ich das als Segen empfunden, denn noch heute bedeutet mir das Tanzen viel. Gerade, weil er momentan die Tendenz hat, sich allein vor den Computer zurückzuziehen, halte ich einen Mannschaftssport mit Gleichaltrigen für sehr wichtig!

Wir haben auch darüber gesprochen, dass man seine Mannschaft nicht einfach so hängenlässt, dass es den anderen nicht egal ist, ob er kommt oder wegbleibt. Schließlich haben wir eine Frist von zwei Monaten vereinbart, nach deren Ablauf wir uns noch mal zusammensetzen wollen. Während das bei uns jetzt einigermaßen läuft, scheint er bei seinem Vater nur am Computer rumzudaddeln und die Krönung war, dass mich seine Trainerin am Montag anrief, um zu fragen, warum er beim Punktspiel am Wochenende unentschuldigt gefehlt habe. Das geht doch gar nicht! Hallo?! Ich müh' mich ab, mach' mir Gedanken über die Erziehung und dieser Kerl da, der lässt alles laufen wie es kommt?!

Natürlich kann die Mutter versuchen, dem Vater ihre Bedenken und Absichten deutlich zu machen. Eine konstruktive Verständigung hängt jedoch stark vom Trennungsstadium ab, in dem sich die Eltern befinden. Immer stellt sich angesichts von Problemen die Frage, ob Eltern zu diesem Zeitpunkt überhaupt (schon) in der Lage sind, Konflikte und schwierige Situationen lösungsorientiert miteinander zu besprechen.

Sicher ist es gut, wenn sich die Eltern auf ein moderiertes Gespräch etwa in einer Beratungsstelle einigen können. Wenn das jedoch, ebenso wie ein konstruktives Gespräch oder Telefonat, nicht möglich ist, können E-Mails, WhatsApp- oder SMS-Botschaften helfen, die gesunde kindliche Entwicklung in den Mittelpunkt zu rücken.

Wenn Eltern eine solche Nachricht an den anderen formulieren, sollten sie sich Zeit lassen und diese systematisch von Angriffen und Vorwürfen befreien, bis nur noch pädagogische Überlegungen übrigbleiben, von denen der/die andere Kenntnis haben sollte. Im obigen Beispiel könnte eine solche, reduzierte E-Mail an den Vater lauten:

Es geht um unser gemeinsames Kind...

Hallo ,
ich möchte dich über meine Erfahrungen, Überlegungen und Entscheidungen im Umgang mit Robert informieren:

Ich denke, Robert braucht Grenzen im Umgang mit den neuen Medien, weil er sonst seine schulischen Belange vernachlässigt. Wir haben uns daher darauf verständigt, dass er erst seine Hausaufgaben erledigen muss, bevor er an den PC darf.

Ich finde den Mannschaftssport als Gegenpol zu Roberts einsamer Beschäftigung mit dem Computer sehr wichtig. Deshalb haben wir vereinbart, dass er, obwohl er im Moment keine große Lust dazu hat, bis zu den Sommerferien auf jeden Fall weiterhin regelmäßig zum Training geht und auch an den Spielen teilnimmt.

Das hat auch den Effekt, dass er lernt, begonnene Aktivitäten nicht leichtfertig aufzugeben, sondern Phasen von Unlust auch einmal zu überwinden.
Ich denke, du solltest diese Informationen haben, vielleicht möchtest du dich ja daran orientieren.

Gruß

In diesem Fall hat Roberts Mutter noch ein Foto vom Spiel- und Trainingsplan angefügt. Ich erinnere mich daran, dass ihr der Schlusssatz besonders schwergefallen ist. Sie hat lange um Worte gerungen, denn bei ihren ersten Entwürfen war noch die Rede davon, dass sie verlangte, der Vater solle sich gefälligst an diese Regeln halten. Am Ende hatte sie einen Text verfasst, auf den sie keine Antwort mehr erwartete. Sie hatte sich damit erklärt und entlastet und den Vater im besten Falle angeregt, darüber nachzudenken. Vielleicht hat sie ihm damit sogar eine Orientierung geboten.

Meiner Erfahrung nach haben solche sachlichen Darstellungen pädagogischer Überlegungen häufiger positive Folgen als man sich das vorher ausmalt. Wenn man sich jedoch resigniert seinem Ärger überlässt, dann ist der andere allein auf die Information durch das Kind angewiesen – und wer weiß, vielleicht hat Robert aus dem Beispiel einfach „vergessen", dass am Wochenende ein Punktspiel war?

Mir schwant, es wird nicht einfacher, wenn die Kinder größer werden! Da kommen mir meine Erlebnisse und Ärgernisse, wie die Sache mit den zerknüllten Klamotten im Rucksack oder Jakobs nachlässige Zahnpflege wie Peanuts vor. Ich glaube, ich habe durch meine Trennungsgeschichte eines gelernt, nämlich, dass es aussichtslos ist, den anderen zu ändern, wenn der das nicht will. Das ist manchmal deprimierend, aber trotzdem wahr. Es ist ja so, dass Eltern mit all ihren Vorzügen und ihren Fehlern die einzigen Eltern sind, die ihre Kinder nun mal haben.

Kommunikation ist wohl die größte, immerwährende Herausforderung an allen Trennungsfronten.

Im Unterschied zu Jugendlichen sind Kinder von etwa 10 bis 14 bei allem Bemühen um Selbstständigkeit noch sehr auf ihre Eltern bezogen. Die Eltern sind der Maßstab, an dem sie sich messen und reiben. Sie sind es, von denen sie sich entfernen, um zu ihnen zurückzukehren. In dieser Zeit haben Eltern die letzte Chance, Werte glaubhaft und nachhaltig zu vermitteln, indem sie Grenzen setzen und Freiraum geben.
Oft werden Grenzen mit Einschränkungen und Entbehrungen gleichgesetzt, doch pädagogisch betrachtet erleben Kinder Grenzen auch als die Fähigkeit der Eltern, sie zu beschützen. Das gilt besonders für Trennungskinder. Ein Gartenzaun schränkt die Bewegungsfreiheit kleiner Kinder ein und schützt sie vor den Gefahren, die draußen lauern. Egal, ob der wütende Fünfjährige einen Film im Fernsehen nicht ansehen darf

oder ob die aufgebrachte 13-Jährige türenknallend den Raum verlässt, weil sie von der Feier um 22 Uhr abgeholt werden soll – diese Erfahrungen werden zu dem Gefühl verschmelzen, das sich so formulieren lässt: „Wenn Mama/Papa, obwohl sie/er so oft traurig ist, weil sie sich getrennt haben, mich immer noch bändigen kann, dann kann sie/er auch auf mich aufpassen und mich beschützen, dann bin ich bei ihr/ihm sicher!"

Wichtig ist immer, aber mit zunehmendem Alter umso mehr, dass der Sinn von Grenzen sorgfältig geprüft wird, damit ein Kind sich nicht schikaniert fühlt. Auch eine der persönlichen Erschöpfung von Eltern geschuldete Grenze ist eine sinnvolle Grenze, wenn sie in einen Satz wie: „Du, ich bin total kaputt, warte eine Stunde (oder bis morgen), dann können wir das besprechen, ja?" gekleidet wird.

Grenzen geben Halt und Sicherheit, sie schaffen aber auch ein Bewusstsein für Werte, wie den Erhalt der Gesundheit oder die Bedeutung einer Gemeinschaft. Grenzen bewirken die Erfahrung, zu wissen, woran man ist mit dem Vater oder der Mutter. Sie machen deutlich, was den Eltern wichtig ist – auch, dass das Kind den Eltern wichtig ist. Allerdings gilt hier, dass im Idealfall Ausnahmen die Regeln bestätigen. Die Fähigkeit einer Familie, Ausnahmen zuzulassen und immer auch die Einzigartigkeit der Situation im Auge zu haben, um die es da gerade geht, zeichnet nämlich gesunde Familien aus. Eine Familie, in der stur und rigide an Regeln um der Regeln Willen festgehalten wird, behindert und schädigt Kinder in ihrer gesunden Entwicklung.

Beim Nachdenken über unser Gespräch zum Thema Grenzen, Regeln und Ausnahmen ist mir aufgefallen, dass es bei uns immer schon auch Ausnahmen gegeben hat. Ich denke daran, dass Maya und Jakob am Wochenende länger aufbleiben dürfen als in der Woche, und es ist auch klar, dass im Urlaub und an Silvester andere Regeln gelten. Ich empfinde es als wesentlich einfacher, ja zu sagen, zu erlauben, was sich die Kinder wünschen. Nein zu sagen ist oft anstrengend, besonders dann, wenn die Kinder auch noch anfangen, darüber zu diskutieren oder mir das Gefühl vermitteln, dass sie mich nun gar nicht mehr mögen.

Fällt es Eltern in Zwei-Eltern-Familien oft schon schwer, Grenzen zu setzen und unpopuläre Maßnahmen zu vertreten, so ist dies für Trennungseltern oft noch ungleich schwieriger, weil sie befürchten, dann als der versagende Elternteil gegenüber dem gewährenden Elternteil in der Gunst der Kinder zu fallen. Von Wochenendeltern höre ich häufig: „Ich möchte die kurze Zeit mit meinem Kind genießen und nicht durch Konflikte belasten." Dagegen sind Alltagseltern machtlos. Doch können sie sich damit trösten, dass Kinder sehr gut unterscheiden können, wo welche Regeln gelten. Natürlich versuchen Kinder dann auch, ihre Eltern gegeneinander auszuspielen. Doch das versuchen Kinder in Zwei-Eltern-Familien auch, und gelingen kann dies nur, wenn Eltern sich darauf einlassen. Bestenfalls ist dann eine Verständigung mit dem anderen Elternteil möglich, andernfalls gelten dann eben immer die Regeln des jeweils zuständigen Elternteils.

Ich muss daran denken, wie sauer Jakob einmal war, weil ich ihm verboten hatte, bei Regen ohne seine Matschhose und seine Regenjacke in den Garten zu gehen. „Du bist eine Arschlochmama!", hat er gewütet. Und dann fällt mir eine Situation aus dem letzten Urlaub ein, den ich mit meiner Schwester und deren Familie verbracht habe. Philli und Maya wollten unbedingt bis um Mitternacht an einer Tanzveranstaltung in der Ferienanlage teilnehmen. Diese Pläne durchkreuzte mein Schwager mit einem trockenen: „Philli ist 13, Maya erst 11, ihr seid um zehn wieder hier. Es muss ja noch was kommen!"

„Es muss ja noch was kommen." Ein wunderbarer Satz, denn ein Merkmal gesunder Kinder ist es, sich selbst als wachsenden Organismus zu begreifen. Das klingt jetzt vielleicht sehr abgehoben, macht aber deutlich, warum es so bedeutsam ist, dass Kinder jeden Alters Ziele brauchen. Es ist so wichtig für die gesunde Entwicklung, wenn ein Kindergartenkind sagt: „Wenn ich groß bin, gehe ich auch in die Schule", und wenn ein 14-Jähriger ersehnt: „Wenn ich 16 bin, darf ich auch bis Mitternacht ausgehen."

Erfahrungsgemäß ist es für Alleinerziehende und Wochenendeltern wesentlich schwerer, Grenzen zu setzen als für Eltern in Zwei-Eltern-Familien. Wo diese sich im Idealfall gegenseitig unterstützen, sind Eltern in Ein-Eltern-Familien ganz allein auf sich gestellt. Für die Alltagseltern bedeutet dies die Versuchung, manches aus purer Erschöpfung zu erlauben, obwohl sie selbst im Nachhinein oft das Gefühl haben, sie hätten es besser nicht getan. Gerade für Wochenendeltern ist es schwer, wenn sie aushalten müssen, dass Konflikte um unliebsame Grenzen die Harmonie während der ohnehin so knapp bemessenen gemeinsamen Zeit empfindlich stören. Vielleicht hilft es ihnen, wenn sie erfahren, dass sie nur auf diesem anstrengenden Weg eine tragfähige und zuverlässige Beziehung zu ihren Kindern aufbauen.

Ich habe aber auch manches Mal erlebt, dass zu rigide Grenzen und eine zu starre Haltung, besonders der Alltagseltern, dazu führten, dass sie zeitweise den emotionalen Kontakt zu ihren Kindern verloren haben, während diese dann begannen, den anderen Elternteil zu idealisieren.

Bei Papa ist es viel cooler...

Mit meiner Mutter läuft es gerade voll blöd. Nur, weil ich in der Schule abgesackt bin, stresst sie rum, verbietet alles Mögliche, mischt sich in alles ein. Dabei liegt das hauptsächlich an den Lehrern, da hab ich voll Pech gehabt, die mögen mich nicht, glaub ich.

Jedenfalls will mir meine Mutter vorschreiben, wann ich mein Zimmer aufräumen und wann ich für die Schule lernen soll. Ich bin 13 und kein kleines Kind mehr! Jetzt lässt sie mich sonntags noch nicht einmal mehr ausschlafen. Ich glaube, sie hasst mich und langsam fange ich auch an, sie zu hassen.

Mein Vater ist da viel cooler. Der lässt mich in Ruhe oder fragt mich, was ich gut finde. Sonntags wartet er mit dem Frühstück, bis ich aufgestanden bin, voll süß! Ich kann es kaum erwarten, dass ich 14 werde, denn dann ziehe ich zu meinem Vater!

Wenn Kinder in diesem Alter sich darüber beschweren, sie fühlten sich wie kleine Kinder behandelt, sollten Eltern dies als ernst gemeintes Gesprächsangebot werten. Halten nämlich gerade die Alltagseltern an rigiden Regeln und Sanktionen fest, begünstigen sie damit eine Polarisierung zwischen dem „bösen" Alltagselternteil und dem „guten" Wochenendelternteil. Beide Eindrücke sind nicht geeignet, dem Kind die nötige Orientierung zu bieten. Eine solche Polarisierung in Schwarz und Weiß birgt psychologisch gesehen dieselben Gefahren wie ein Loyalitätskonflikt, wenn das Kind nämlich einen Elternteil völlig ablehnt, um sich ganz dem anderen zuzuwenden. Dies tut einem 13-jährigen Kind nicht gut, denn auch in diesem Alter braucht es noch beide Eltern für die gesunde Entwicklung und Festigung seiner Identität. Für Eltern von Kindern dieser Entwicklungsphase besteht die wesentliche Herausforderung darin, in ihrem Zusammensein mit ihren Kindern eine gesunde Balance zwischen Freiraum und Grenzen zu finden. Es ist wichtig, dass sie die Entwicklungsfortschritte ihrer Kinder sensibel beobachten und ihre Erziehungskonzepte laufend überprüfen und anpassen. Die zentrale Frage, an der sie sich orientieren können, lautet: Was kann ich meinem Kind jetzt schon zutrauen, wo kann ich Verantwortung an mein Kind abgeben? Ganz wichtig ist es, ein Kind in diesem Alter nach und nach mit in die Gestaltung und Organisation seines Kontakts zum anderen Elternteil einzubeziehen.

Wenn ich mit Eltern über ihre diesbezüglichen Erfahrungen spreche, bekomme ich oft die Rückmeldung, dass Kinder häufig viel kreativere und auch gerechtere Lösungen für Interessenskonflikte finden, als es den Erwachsenen eingefallen wäre.

Wir haben schließlich eine Lösung gefunden, die ohne ihre Beteiligung niemals möglich gewesen wäre.

Unsere Tochter ist fast 14. Sie reitet schon seit Ewigkeiten. Inzwischen ist sie so gut, dass sie fast an jedem Wochenende Reit-Termine hat. Unsere Besuchsregelung sieht vor, dass sie jedes zweite Wochenende bei ihrem Vater ist, nur hat der dummerweise eine ganz ausgeprägte Pferdehaarallergie, die sich in den vergangenen Jahren noch extrem verschlechtert hat. Das Mädchen ist total genervt von den daraus resultierenden Folgen. Ihr Vater kann sie zwar zu den Turnieren fahren, zuschauen oder abholen geht aber gar nicht, so dass sie dann an diesen Wochenenden immer gezwungen war, irgendwelche Mitfahrgelegenheiten zu organisieren. Hinzu kommt, dass ihr Vater sie sehr zur Eile drängt. Wenn sie schon einen Teil des gemeinsamen Wochenendes mit Pferden verbringen müsse, so sein Argument, dann solle sie dies doch auf das Nötigste beschränken. Nun hat sie uns mitgeteilt, dass sie an den Turnierwochenenden nicht mehr zu ihrem Vater will. Ich hatte mich ehrlich gesagt schon ein bisschen an die freien Wochenenden gewöhnt, die ich wirklich schätzen gelernt habe, aber verstehen kann ich das auch. Nach langem Hin und Her haben wir schließlich eine Lösung gefunden, die ohne ihre Beteiligung und ihre Vorschläge nie möglich gewesen wären: Sie geht nach wie vor jeden zweiten Freitag nach der Schule zu ihrem Vater. Je nachdem, ob am Samstag oder Sonntag Turnier ist, bringt er sie zum Reiten und entweder ist das gemeinsame Wochenende dann für ihn zu Ende – denn dort ist sie in der Obhut der Trainerin gut aufgehoben, die sie dann auch mit zurück nimmt – oder sie kommt am nächsten Vormittag wieder. Für mich bedeutet dies, dass ich an den

Wochenenden nicht mehr fahren muss. An manchen Samstagen kommt sie dann abends zu mir und geht am Sonntag wieder zu ihrem Vater – eigentlich ganz entspannt.

Allerdings möchte ich an dieser Stelle gern die Worte von Mathias Voelchert zitieren, mit denen er das Vorwort zum Buch „Pubertät" des Familientherapeuten Jesper Juul beginnt, denn er drückt aus, was ich in all den Jahren meiner Beratungstätigkeit immer wieder bestätigt gefunden habe:

> „Eltern tun immer ihr Bestes! Noch nie habe ich erlebt, dass Eltern ihren Kindern Schaden zufügen wollten. Immer waren diejenigen Handlungen von Eltern, die man vielleicht als unsinnig oder falsch beschreiben könnte, getrieben von Hilflosigkeit, Angst und Verunsicherung. Aber nie wollten Eltern, dass ihre Kinder Schaden nehmen. … Die Liebe, die Kinder und Eltern verbindet, ist viel tiefer, als uns klar ist." [1]

Die Altersgruppe der etwa 10- bis 14-Jährigen bietet die vielfältigsten Gelegenheiten dafür, Kinder in Entscheidungen, die sie betreffen, mit einzubeziehen. Hier finden Eltern ein wunderbares Übungsfeld, in dem sie Einstellungen reflektieren und Umgangsweisen im Miteinander trainieren können, die sie dann spätestens in der nächsten Entwicklungsphase ihrer Kinder dringend benötigen werden.

Mit zunehmendem Alter der Kinder sollten Eltern kompromissbereit sein und das häufig provozierende Verhalten ihrer heranwachsenden Kinder nicht allzu persönlich nehmen. Eine Mutter erzählte mir, sie habe einmal irgendwo den Satz aufgeschnappt, das Gehirn von Kindern sei bis zum Ende der Pubertät „vorübergehend wegen Umbau geschlossen". Daran in Konfliktsituationen zu denken, habe ihr enorm geholfen, das Verhalten ihrer Kinder mit Abstand zu betrachten. Wichtig ist, sowohl den eigenen roten Faden in der Erziehung als auch den emotionalen Kontakt zum Kind nicht zu verlieren, vieles andere ist verhandelbar.

[1] Voelchert, M. in Juul, J.: Pubertät. München 2014, S. 7.

Sitzung 18

Die Pubertät oder die 14- bis 23-Jährigen

Einerseits ist diese Entwicklungsphase der Prüfstein für die Qualität der Eltern-Kind-Beziehung, andererseits bietet sie eine Riesenchance, die Beziehung zu den heranwachsenden Kindern ganz neu zu beginnen.
Dies gilt in besonderem Maße gerade für Trennungsfamilien, in denen sich die Rollen und das Selbstverständnis aller Beteiligten ohnehin neu definieren.

Anfang und Ende dieser Entwicklungsphase lassen sich nicht klar definieren. Aufgrund der großen Variationsbreite der individuellen Reifungsprozesse ist der Übergang zwischen mittlerer Kindheit und Jugend fließend. Der Beginn der Pubertät fällt in die Zeit zwischen dem 10. und dem 14. Geburtstag. Diese Entwicklungsphase verläuft bei Jungen und Mädchen unterschiedlich und ist insbesondere bei Jungen in der Regel erst mit etwa 23 Jahren abgeschlossen.

In den vergangenen Wochen habe ich mich bewusst umgesehen, wenn ich unterwegs war. Bei den Jugendlichen, denen ich begegnete, habe ich versucht, mir ein Bild von ihnen zu machen und ihr Alter einzuschätzen.

Der augenscheinlichste Unterschied zu allen vorausgegangenen Altersgruppen ist der, dass Jugendliche einem überall und zu jeder Tages- aber auch Nachtzeit begegnen. Sind sie allein, dann tragen die meisten einen Rucksack, haben Stöpsel im Ohr und blicken konzentriert auf ihr Handy. Sind sie mit Freunden unterwegs, scheinen sie über deren Anwesenheit hinaus niemanden wahrzunehmen, genauso wie jugendliche Liebespaare einander zugewandt und gleichfalls uninteressiert an dem sind, was um sie herum geschieht. Jugendliche, so mein erster bewusster Eindruck, scheinen einen eigenen Kosmos zu bewohnen, und es sieht so aus, als ob Erwachsene darin keine Rolle mehr spielen.

Im Gegensatz zur Altersgruppe der etwa 10- bis 14-Jährigen, die, bildlich gesprochen, ihre zunehmende Selbstständigkeit noch an der langen Leine ihrer Eltern ausprobieren, gibt es für die Selbstständigkeit von Jugendlichen keine zeitlichen und räumlichen Grenzen mehr. Sie nehmen an Schüleraustauschprogrammen teil, fliegen weit weg von der elterlichen Kontrolle ans andere Ende der Welt, um dort für ein Jahr in eine andere Kultur einzutauchen, sie verreisen selbstständig, planen ihre Wege und ihre Ziele, und sie suchen sich ihre Freunde und ihre Partner aus, ohne die Eltern an diesen Entscheidungen zu beteiligen.

In dieser Entwicklungsphase, dem Übergang zum Erwachsensein, zeigt sich, ob es den Eltern gelungen ist, eine tragfähige und von Respekt geprägte Beziehung zu ihren Kindern aufzubauen, denn spätestens jetzt gilt in Abwandlung des Untertitels eines Buches von Jesper Juul, dass „Erziehen nicht mehr geht"[1]. Aus entwicklungs-

[1] Juul, J.: Pubertät – Wenn Erziehen nicht mehr geht. München 2014.

psychologischer Sicht ist dies auch durchaus stimmig, denn eine der ganz großen Entwicklungsaufgaben für das Jugendalter ist die Ablösung von den Eltern.

Die Bedeutung der Gruppe der Gleichaltrigen erreicht während dieser Entwicklungsphase einen Höhepunkt. Sie ist es dann auch, die die Eltern ablöst, wenn es darum geht, Werte zu definieren, an denen sich das Verhalten der Jugendlichen sowie deren Weltanschauung orientieren.

Auf der körperlichen Ebene müssen Jugendliche einschneidende Veränderungen so verarbeiten, dass sie ihr Aussehen am Ende akzeptieren können. Sie müssen diese Veränderung, psychologisch betrachtet, in ein positives Selbstbild integrieren.

Im Gehirn von Jugendlichen finden bedeutsame neuronale Veränderungen statt, die ihr Denken und das Auswerten ihrer Erfahrungen bestimmen. Neurologen glauben, darin die Ursache dafür gefunden zu haben, dass es Jugendlichen vor allem im Konflikt mit ihren Eltern so schwerfällt, sich auf die sachlichen Aspekte zu konzentrieren. Stattdessen scheinen sie alle Aussagen emotional zu bewerten und im Zweifelsfall persönlich zu nehmen.

Dies ist für Trennungsfamilien besonders heikel, wenn die Erwachsenen sich zeitgleich mit ihren eigenen, überwältigenden Gefühlen auseinandersetzen müssen. Ideal wären hier Eltern, die den berühmten Fels in der Brandung der Pubertät bilden, anstatt – wie in Phase drei – selbst wie ein Baum im Wind bis an die Wurzeln bewegt zu sein. Doch auch in dieser herausfordernden Konstellation liegt eine wirklich große Chance für eine vertrauensvolle und tragende Beziehung zwischen Eltern und Kindern! Wenn die Erwachsenen in verantwortungsvollen Grenzen authentisch sind, erleben die heranwachsenden Kinder, dass auch ihre Eltern manchmal verunsichert und auf der Suche nach Lösungen sind. Das fördert den Respekt und bietet ein realistisches Modell für schwierige Zeiten.

Jugendliche finden ihre endgültige geschlechtliche Identität und Orientierung, und sie gehen erste Partnerschaften ein, in denen auch Sexualität ihren Platz hat. Daneben müssen sie sich mit ihrer beruflichen Perspektive auseinandersetzen, und sie erfahren dabei die Grenzen ihrer persönlichen Möglichkeiten.

All das ist stark verunsichernd und äußerst anstrengend, so dass es eigentlich niemanden wundern sollte, wenn das Schlafbedürfnis während dieser Entwicklungsphase wieder extrem zunimmt. Allerdings kollidiert dies mit den Verpflichtungen in Schule oder Ausbildung der 14- bis 18-Jährigen. Es gehört daher zum Alltag, dass Eltern ihre oftmals trägen, übernächtigten Kinder zum Aufstehen und zur Aktivität antreiben. Doch gerade Trennungseltern befürchten dann häufig, diese Müdigkeit könne Ausdruck einer auf die Trennung zurückzuführenden Depression oder eine an sie gerichtete Provokation sein. Vielleicht beruhigt es sie, wenn sie wissen, dass dieses Verhalten zunächst einmal nichts weiter ist als Ausdruck eines für die Pubertät typischen, chronischen Schlafmangels.

Die Pubertät ist eine Herausforderung, denn spätestens jetzt sind Eltern gezwungen, ihre Strategien im Umgang mit ihren jugendlichen Kindern immer wieder neu zu überprüfen und anzupassen, wenn sie weiterhin mit ihnen im Gespräch und im Kontakt bleiben wollen.

Eltern sind nach wie vor sehr wichtig für Jugendliche, allerdings haben sie es schwer, wenn sie rigide und autoritär mit Verboten und Strafen operieren. Dies gilt besonders für Alltagseltern in Trennungsfamilien. Vor allem dann, wenn die ausgleichen wollen, was ihrer Meinung nach beim Wochenendelternteil vernachlässigt wird, gefährden sie die Beziehung zu ihrem Kind. Möglicherweise fühlen sich Kinder dadurch für die „Vergünstigungen" beim anderen Elternteil bestraft, und das wird dann allzu leicht als grundsätzliche Missbilligung ihres Kontakts zum anderen Elternteil gewertet. Dies entspricht im Erleben eines Jugendlichen einem Loyalitätskonflikt, einem Konflikt, in dem ihm dann nichts anderes übrig zu bleiben scheint, als sich für ein Elternteil zu entscheiden – und das ist dann häufig der liberalere. Wesentlich besser ist es daher, den eigenen Standpunkt im Hinblick auf strittige Fragen wie Medien- und Alkoholkonsum oder Ausgehzeiten ganz klar zu formulieren und darauf hinzuweisen, dass diese Regeln im gemeinsamen Alltag nach wie vor gelten.

Einerseits ist diese Entwicklungsphase der Prüfstein für die Qualität der Eltern-Kind-Beziehung, andererseits bietet sie eine Riesenchance, die Beziehung zu den heranwachsenden Kindern ganz neu zu beginnen.

Dies gilt in besonderem Maße gerade für Trennungsfamilien, in denen sich die Rollen und das Selbstverständnis aller Beteiligten ohnehin neu definieren. Damit die Ablösung vom Elternhaus gelingt, müssen Eltern Jugendlichen vertrauen, ihnen nach und nach die Verantwortung für ihr Leben überlassen. Jugendlichen zu vertrauen bedeutet auch, dem eigenen Bemühen um das Kind zu vertrauen, also dem, was

Eltern ihren Kindern bis dahin mitgegeben haben. Erfahrungsgemäß hilft diese Erkenntnis Eltern sehr dabei, ihre heranwachsenden Kinder loszulassen.

Anders als in der Kindheit und noch viel radikaler als in der vorausgegangenen Entwicklungsphase wird es unmöglich, Jugendliche als eigenständige Macht im Trennungsgefüge zu übergehen. Eltern können nun keine Entscheidungen mehr über den Kopf ihrer Kinder hinweg treffen, auch wenn diese sich an deren Wohlergehen orientieren.

Jugendliche wollen die sie betreffenden Entscheidungen selber treffen, egal, ob es um ihre Ausbildung, ihre Freunde oder um die Gestaltung ihrer Freizeit geht. Sie üben sich in ihrer Selbstverantwortung und machen dabei natürlich Fehler, aus denen sie im Idealfall lernen, um es dann irgendwann einmal besser machen zu können. Auch, wenn es Eltern oft sehr schwerfällt, tatenlos mit ansehen zu müssen, dass Jugendliche zur Erreichung ihrer Ziele ganz offensichtlich völlig ungeeignete Strategien einsetzen – Jugendliche wollen auch diese Erfahrung selbst machen. Dennoch sind die Einstellungen und Überzeugungen der Eltern für Jugendliche extrem wichtig. Sie brauchen das Vertrauen und die Anerkennung ihrer Eltern nach wie vor.

Im Gespräch mit Jugendlichen bekommen die elterlichen Ich-Botschaften eine völlig neue Bedeutung, denn sie signalisieren die aufrichtige Bereitschaft von Eltern, ihre Gefühle, Sorgen, Ansichten und Erfahrungen mitzuteilen, ohne den Jugendlichen dazu zu verpflichten, sich dann auch dementsprechend zu verhalten. Ich-Botschaften machen ein Angebot, das der Jugendliche annehmen oder ausschlagen kann.

Auch wenn Eltern den Wunsch zur Selbstbestimmung respektieren, egal, ob es dabei um das morgendliche Aufstehen, um Kleidung oder um die Freizeit geht, können sie dennoch ihren Standpunkt und ihre Meinung deutlich machen. Eltern müssen dies sogar tun, um sich zu positionieren. Sie geben Jugendlichen damit eine Empfehlung, die sie mehr zu schätzen wissen, als man ihnen in der Regel anmerkt. Außerdem bieten sich Eltern dadurch als Unterstützung an, auf die Jugendliche zurückkommen können, wenn sie merken, dass ihre eigenen Strategien versagen. Ich-Botschaften sind ein gutes Mittel, um all dies zu ermöglichen.

Grundsätzlich entstehen Konflikte natürlich immer dann, wenn Eltern nach wie vor ihre Verantwortung wahrnehmen und ihren Kindern Grenzen aufzeigen. Wer keine Grenzen setzt, hat auch keine Konflikte.

Klassische Konfliktthemen zwischen Eltern und Kindern werden nun nicht selten zu Dauerbrennern zwischen getrennten Eltern. Man könnte eine ganze Liste mit typischen heiklen Themen anfertigen. Da geht es dann um Drogen, Piercings oder darum, dass die Eltern sich uneinig darin sind, ob ihre 15-jährige Tochter die Pille nehmen darf. Es geht um den Umgang mit Alkohol und Drogen und um die Zeiten, wann das Kind nach einer Feier zu Hause sein soll ebenso wie um Art und Orte der Freizeitgestaltung sowie das Engagement des Nachwuchses für Ausbildung oder Studium. Diese Konflikte während oder nach einer Trennung zum Ausgleich eigener Kränkungen zu missbrauchen, richtet auch bei Jugendlichen noch großen Schaden an.

Ideal ist es, wenn sich Eltern darauf verständigen können, die Entscheidungsmacht für diese wichtigen Fragen eindeutig dem Elternteil zu übertragen, bei dem die Kinder ihren Lebensmittelpunkt haben. Mein Eindruck ist, dass viele Eltern dies auch genauso handhaben. Und doch gibt es immer wieder auch Eltern, die Situationen wie die folgende beklagen:

Ihr Vater unterstützt, dass unsere Tochter raucht.

Unsere Tochter ist 17. Vor ein paar Wochen ist mir aufgefallen, dass sie raucht. Ich habe es am Geruch ihrer Kleidung bemerkt und sie zur Rede gestellt. Sie weiß genau, dass ich das ablehne. Ich war in meiner Jugend selbst Raucherin und bin froh, dass ich dieses Laster los bin. Unsere Tochter hat mir erzählt, dass ihr Vater das schon lange weiß und nichts dagegen hat. Er schenke ihr sogar hin wieder eine Schachtel Zigaretten, um ihr Taschengeldbudget zu entlasten.

Bei diesem Beispiel habe ich mir überlegt, wie ich mich in dieser Situation anstelle der Mutter verhalten würde. Mir war sofort klar, dass ich mich um Ich-Botschaften bemühen würde, die etwa so lauten müssten:

- *Ich mache mir Sorgen um deine Gesundheit.*
- *Ich bin selbst ehemalige Raucherin und weiß, wie schwer es ist, von den Zigaretten wieder loszukommen.*

- *Ich weiß, dass du fast erwachsen bist und das letzten Endes selbst wissen musst – aber mir fällt der Gedanke daran, dass du deine Gesundheit ruinierst, schwer.*
- *Ich ärgere mich unheimlich über das Verhalten deines Vaters, der dein Rauchen auch noch unterstützt.*
- *Ich werde dich nicht mit Zigaretten unterstützen.*
- *Ich muss das wohl so hinnehmen, auch wenn es mir nicht gefällt und ich mir Sorgen mache, aber ich hoffe natürlich, dass du das irgendwann selbst auch einsiehst und wieder mit dem Rauchen aufhörst.*

Nachdem Frau Steffens meine Überlegungen sehr plausibel fand, war ich einerseits ein bisschen stolz und auch beruhigt, eine brauchbare Strategie für zukünftige Zeiten im Köcher zu haben, aber ich spürte auch eine tiefe Machtlosigkeit, die mich traurig machte. Mir wurde klar, dass mein Einfluss auf die Kinder zwangsläufig und unwiederbringlich abnehmen wird. Ich kann also heute nur an einem guten Fundament arbeiten, das dann hoffentlich auch in der Zukunft trägt. Plötzlich verstehe ich den Satz, der mir bisher immer etwas merkwürdig erschienen war:

Kleine Kinder – kleine Probleme,
große Kinder – große Probleme!

Ich glaube, man braucht viel Vertrauen in seine Kinder. Wenn man daran glaubt, dass sie ihren Weg gehen und ihren Platz finden werden, dann fällt das Loslassen leichter.

In den meisten Familien wird das Rauchen oder der Umgang mit Alkohol und Drogen erst im Jugendalter bedeutsam. Doch es gibt auch wichtige Themen und Regeln, zu denen sich Eltern schon früher positioniert haben. Sind dies Themen, bei denen sich Eltern nicht einig waren und sich schließlich einer der beiden durchgesetzt hat, dann bekommen diese nach einer Trennung gerade im Jugendalter oft eine völlig neue Bedeutung, weil sie dann nämlich manchmal wieder auflodern und zu Konflikten führen – wie im folgenden Fall:

Unsere Absprachen interessieren meinen Ex nicht mehr

Seit unsere Tochter 14 ist, nervt sie mich damit, dass sie Ohrringe haben möchte. Ich bin, was die Behandlung von Krankheiten angeht, sehr homöopathisch und naturheilkundlich orientiert. Damit habe ich gute Erfahrungen gemacht. Mein Ex-Mann hat darüber immer nur gewitzelt, für ihn war das esoterische Spinnerei – aber er hat mir in Bezug auf die Kinder die Entscheidung überlassen.

Im Ohrläppchen verlaufen viele wichtige sogenannte Meridiane, Bahnen mit Akupunkturpunkten, die, wenn man sie mit einem Ohrloch für Ohrringe durchtrennt, niemals wieder zusammenwachsen. Sowohl unsere Tochter, als auch ihr Vater wissen ganz genau, dass sie sich erst Löcher machen lassen darf, wenn sie 16 ist. Das ist ein Alter, finde ich, wo man den Jugendlichen solche Dinge nicht weiter vorschreiben darf, auch, wenn ich es natürlich begrüßen würde, wenn sie dann freiwillig darauf verzichtet. Vor einer Woche nun ist das Mädchen, dessen 16. Geburtstag in wenigen Wochen ist, mit Ohrringen von einem Wochenende bei ihrem Vater zurückgekommen. Sie sagt, das sei eine Überraschung gewesen und ein Geschenk ihres Vaters. Mir sind die Tränen in die Augen geschossen, als ich das gesehen habe. Ich war fassungslos!

Ich glaube ihr, dass es nicht ihre Idee war und dass sie ihren Vater nicht darum gebeten hat. Sie wird ja ohnehin bald 16 und der Schaden ist nun nicht mehr rückgängig zu machen. Ich muss damit leben. Ich könnte ihren Vater vielleicht sogar wegen Körperverletzung belangen – aber was habe ich, was haben wir davon? Ich bin fest davon überzeugt, dass es seine Rache war, denn ich habe ihn vor einem Jahr verlassen, und diese Aktion ist nicht die erste, mit der er mir wehtut. Ich habe nur nicht damit gerechnet, dass er auf solch infame und verantwortungslose Weise unser Kind da hineinziehen würde.

Das Handeln dieses Vaters ist nicht deshalb problematisch, weil er in seinen Ansichten von denen seiner Ex-Partnerin abweicht, sondern weil er in diesem Konflikt die Initiative ergreift und seine Tochter damit geradezu zu einem Verhalten verführt, von dem er weiß, dass dies seine Ex-Frau treffen wird. Solche Provokationen überrumpeln einen Jugendlichen dazu, sich auf eine Seite zu stellen. Damit beschwören sie einen

Loyalitätskonflikt herauf. Die Folgen sind Schuldgefühle der Jugendlichen als vermeintlichen Nutznießern einer solchen Situation. Damit sind auch 16- und 17-Jährige noch ganz entschieden überfordert!

Doch in all diesen Fällen gilt, dass man den getrennten Partner nicht ändern kann. Wenn ein Gespräch und eine Einigung über Regeln und Verbote mit dem Ex-Partner nicht möglich sind, müssen Eltern in Angelegenheiten, die ihnen sehr wichtig sind, mit ihren jugendlichen Kindern selbst darüber sprechen – genauso, wie es sich Anna überlegt hat.

So wie Anna es für das Rauchen versucht hat, könnten Eltern auch allgemeiner formulieren, dass

1. ihr Kind ihnen wichtig ist.
2. es im Moment zwischen seinen Eltern Konflikte gibt, die sie nicht lösen können.
3. sie befürchten, die Uneinigkeit der Eltern könnte sich auch auf Entscheidungen auswirken, die ihr Kind betreffen.
4. sie zwar der Meinung sind, dass ihr Kind inzwischen vieles für sich selbst entscheiden kann, dass sie es jedoch darum bitten, in wichtigen Angelegenheiten, die etwa seine Gesundheit oder die Schule betreffen, mit ihnen zu sprechen und nicht im Alleingang mit dem anderen Elternteil Tatsachen zu schaffen.

Auf diese Weise erreichen Eltern, dass der Kontakt zu ihrem Kind nicht abbricht. Sie signalisieren, dass sie ihr Kind ernst nehmen und sich für sein Wohlergehen interessieren.

Ein starres und stures Beharren auf dem eigenen Standpunkt muss in einer solchen Situation scheitern. Dies drängt das Kind in einen Loyalitätskonflikt, indem es glaubt, sich für die eine oder die andere Position der kontroversen Standpunkte seiner Eltern entscheiden zu müssen, und das ist auch im Jugendalter noch eine starke Überforderung. Das Vertrauen zu jugendlichen Kindern basiert auf dem glaubwürdigen Respekt ihrer Eltern und deren Kompromissbereitschaft.

Der Soziologe Klaus Hurrelmann hat die emotionale Grundstimmung von Jugendlichen als „Sehnsucht" bezeichnet[2]. Das finde ich so treffend wie poetisch. Für das Miteinander von Eltern und Jugendlichen in Trennungssituationen ist es jedoch oft gerade dieses Grundgefühl, das maßgeblich für eskalierende Konflikte, Enttäuschungen und Missverständnisse verantwortlich ist.

---

[2] Hurrelmann, K.: Einführung in die Sozialisationstheorie. Weinheim/Basel 2006

Mein Eindruck ist, dass bei Jugendlichen aus Trennungsfamilien diese Sehnsucht auch deren Vorstellung von einer intakten Familie und von idealen Lebensumständen umfasst. Sie scheint sich häufig aus Serien und Doku-Soaps zu speisen, an deren Klischees sie dann ihre Alltagsrealität messen. Natürlich bietet diese Kunstwelt keine Orientierung dafür, wie sich Konflikte mit den Eltern lösen lassen, und natürlich identifizieren sich Jugendliche mit den Helden dieser Soaps, die sich eindeutig und strahlend gegen die Looser absetzen. Helden brauchen keine Frustrationen zu ertragen, sie müssen auch keine anstrengenden Kompromisse aushandeln, weil ihnen einfach alles wie von selbst gelingt. Auch Jugendliche aus intakten Familien lieben diese Serien, doch in Gesprächen mit frustrierten und unzufriedenen Jugendlichen aus Ein-Eltern-Familien habe ich den Eindruck gewonnen, dass ihr Maßstab, an dem sie das Zusammenleben in ihrer Alltagsfamilie messen, viele Ähnlichkeiten mit den Klischees dieser Soaps aufweisen und damit weit von einer realistischen Familie entfernt sind. Bei Konflikten mit dem Elternteil, bei dem sie leben, scheint dies dazu zu verführen, diesem die Schuld zu geben, wenn es zu Hause nicht so unbeschwert, fröhlich und konfliktfrei zugeht, wie es ihrer Sehnsucht entspricht. Solche Klischees scheinen die Tendenz zu verstärken, Verhältnisse zu idealisieren, die man im Alltag entbehren muss. Jugendliche, mit denen ich über ihre häuslichen Konflikte gesprochen habe, vermuteten jedenfalls einstimmig, dass es in „richtigen" Familien viel angenehmer zugehe, ohne dass sie auf Nachfragen konkrete Beispiele dafür hätten anführen können.

Betrachtet man diese unrealistischen Vorstellungen von einem harmonischen Familienleben im Zusammenwirken mit der entwicklungsbedingten Tendenz, Situationen überwiegend auf der Beziehungsebene zu beurteilen, dann könnte das erklären, warum Jugendliche aus Trennungsfamilien in Konflikten mit ihren Eltern die Verantwortung hierfür einzig dem alleinerziehenden Elternteil zuschreiben. Das könnte auch erklären, warum sie dann zuweilen jeden Respekt vermissen lassen.

Mein Kind hasst mich!

Ich weiß nicht mehr, was ich noch machen kann, denn meine Tochter scheint mich regelrecht zu hassen. Sie ist 16 und in einer Clique mit überwiegend etwas älteren Mädchen, die am Wochenende in eine Disco gehen und länger ausbleiben dürfen als sie. Das gibt jedes Mal Theater. Unsere Tochter begnügt sich nicht damit, sich aufzuregen und vielleicht auch mal mit den Türen zu knallen, sie beschimpft mich in einer Weise, die jeden menschlichen Respekt vermissen lässt. Nicht nur, dass sie drastische Schimpfwörter benutzt, sie gibt mir das Gefühl, eine Art Untermensch zu sein, ein sich wichtig machendes Ärgernis, dass eigentlich jede Existenzberechtigung verwirkt hat.

Dann kommen so Sachen wie: „Ist doch kein Wunder, dass Papa es mit dir nicht mehr ausgehalten hat – mit dir kann man es einfach nicht aushalten!", oder: „Alles musst du kaputt machen, das ist alles, was du kannst!" Letztens hat sie sich beklagt: „Warum muss ausgerechnet ich so eine Mutter haben?" Sie zieht sich völlig von mir zurück und ist dann oft über Tage beleidigt. Wenn ich sie in einer ganz banalen, alltäglichen Situation anspreche, faucht sie mich an: „Wie kannst du jetzt so freundlich tun, glaubst du, ich habe vergessen, wie du wirklich bist? Niemand ist so wie du und nur, weil ich mit dir alleine bin, muss ich das aushalten!" Ich habe das Gefühl, sie ist dabei, mir völlig zu entgleiten und zwar nur deshalb, weil ich ihr, was das Ausgehen betrifft, so hartnäckig eine Grenze setze, über die ich nicht mit mir verhandeln lasse.

Es gibt doch aber ein Jugendschutzgesetz, man wird sich als besorgte Mutter noch an Gesetze halten dürfen. Ich meine mich zu erinnern, dass zu meiner Zeit um 24 Uhr ohnehin alle Jugendlichen unter 18 aufgerufen wurden, die Disco zu verlassen.

Diese Mutter beschreibt, was ich schon von vielen alleinerziehenden Eltern gehört habe. In einem Konflikt, den Jugendliche als sehr existenziell empfinden, scheint der verbietende Elternteil mit seinem Verbot geradezu zu verschmelzen. Er ist dann irgendwann das verhasste Verbot, das als Schikane erlebt wird, mittels derer Mutter oder Vater sich vermeintlich geradezu sadistisch daran erfreuen, den Jugendlichen zu demütigen und zu entmündigen. Zwar kann das für Jugendliche aus intakten Familien punktuell genauso gelten, doch scheinen Jugendliche aus Trennungsfamilien in solchen Auseinandersetzungen verbal wesentlich weiterzugehen und auch nachtragender und hartnäckiger zu sein.

Dafür könnte das Fehlen der in Zwei-Eltern-Familien häufig anzutreffenden Elternsolidarität und -loyalität verantwortlich sein. Jugendlichen aus Ein-Eltern-Familien fehlt hier ein Korrektiv, das die aus Frust und Enttäuschung geborene Wut auf Mutter oder Vater relativiert.

Die Erfahrung von Jugendlichen aus intakten Familien könnte also lauten: „Auch, wenn ich stinksauer auf meine Mutter bin, so scheint mein Vater sie ja trotzdem zu lieben!" Somit verhindert die Wertschätzung des Vaters, dass die positiven Anteile der Mutter übersehen und vergessen werden. Außerdem hält der am Konflikt unbeteiligte Elternteil die Kommunikation aufrecht und setzt der entwicklungsbedingt verzerrten Wahrnehmung die Realität entgegen.

Der Alltag geht weiter. Es entstehen neue Situationen, in denen der Konflikt in den Hintergrund tritt. Vielleicht wird er sogar für einen Moment ganz vergessen, wenn man nach einer Auseinandersetzung beispielsweise zu dritt oder zu viert mit einem Geschwisterkind etwas ganz anderes, vielleicht sogar Amüsantes erlebt. Dieser Übergang zur Tagesordnung scheint sich in Ein-Eltern-Familien schwieriger zu gestalten – und Konflikte bekommen dann eine vergleichsweise überhöhte Bedeutung. Dies gilt in besonderem Maße für Einzelkinder von Alleinerziehenden.

Wenn es keinen loyalen Partner gibt, dann müssen Alleinerziehende diese Aufgabe selbst erfüllen. Dazu müssen sie ganz besonders sensibel ihre Selbstachtung und die Wahrung ihrer Grenzen im Blick behalten. Sich dabei gelegentlich professionelle Unterstützung zu suchen, ist hier ganz besonders sinnvoll, denn es ist im Überschwang der extremen Gefühle, die für die Pubertät bezeichnend sind, oft schwer, wieder realistische Verhältnismäßigkeiten herzustellen. Es ist schwierig zu sortieren, was den Stimmungsschwankungen des Kindes zuzuschreiben ist und was tatsächlich als berechtigte Kritik gewertet werden muss. Es ist schwer zu entscheiden, welche Erwartung gerechtfertigt ist und wo Kompromissbereitschaft angemessen wäre. Vor allem aber sollten Alleinerziehende ganz besonders sensibel darauf achten, dass sie sich in Situationen, die ihre Würde untergraben, sofort abgrenzen. Alleinerziehende müssen hier auch im Interesse ihrer Kinder lernen, gut für sich zu sorgen.

Neben Ein-Eltern-Familien, in denen es diese extremen Konflikte gibt, gibt es auch solche, in denen Konflikte grundsätzlich eher vermieden werden. Dort scheinen die Grenzen zwischen der Eltern- und der Kinderebene zugunsten eines eher freundschaftlichen Klimas zu verwischen. Grundsätzlich ist es erstrebenswert, sich während der Pubertät einer Auseinandersetzung auf Augenhöhe anzunähern. Schwierig ist es jedoch, wenn Konflikte aus der gegenseitigen Angst vor einem Beziehungsverlust vermieden werden – wenn also Eltern wichtige Themen vermeiden, aus Angst, den Jugendlichen an den anderen Elternteil zu verlieren und wenn Jugendliche Auseinandersetzungen scheuen, weil sie fürchten, das Elternteil könne sich dann von ihnen wie zuvor von seinem/r PartnerIn abwenden.[3]

Zusammenfassend lässt sich feststellen, dass für diese Altersgruppe typische und unvermeidbare Konflikte für Ein-Eltern-Familien eine wesentlich größere Herausforderung darstellen als für intakte Familien. Doch auch hier gilt, dass Eltern, die sich um Authentizität bemühen und ihren Kindern so unter Wahrung der Ebenen als Menschen mit Stärken und Schwächen begegnen, gute Chancen auf einen echten, respektvollen Kontakt zu ihren Kindern haben. Sie sind dann auch im Streit viel schwerer nur auf ihr versagendes und enttäuschendes Verhalten zu reduzieren.

Indem Eltern ihre Elternrolle bewusst ausfüllen und sich in Konflikten deutlich von der Ebene ihrer Kinder abgrenzen, vermitteln sie diesen damit die Sicherheit, dass sie als Konfliktpartner zur Verfügung stehen, ohne dass die Kinder um die Liebe ihrer Eltern fürchten müssen.

Ich hoffe, dass ich meinen Weg mit meinen Kindern weitergehen kann. Ich hoffe, dass sie ein realistisches Bild von mir haben, dass sie wissen, was mit mir geht und was nicht, dass sie aber auch wissen, dass ich nichts mache, um ihnen zu schaden. Ich hoffe, dass sie spüren und glauben, dass ich mich bemühe, sie mit ihren Bedürfnissen ernst zu nehmen und dass es mir keinen Spaß macht, wenn ich ihnen etwas verbieten muss.

Ich hoffe, dass – auch, wenn die Pubertät sie durcheinanderbringt – noch Spuren dieser „guten alten Zeit", von unserem gemeinsamen Weg dorthin, erhalten bleiben, dass diese immer wieder durchschimmern und ich daran anknüpfen kann.

Ich bin zuversichtlich, dass Anna dies gelingen wird. Wenn sich alleinerziehende Eltern von Anfang an auf sich selbst besinnen und lernen, zwischen ihren Belangen und denen ihrer Kinder zu unterscheiden, dann werden sie ihren Kindern in einer selbstbewussten und von Selbstachtung geprägten Haltung begegnen können, die auch Jugendliche spüren und ernst nehmen.

---

[3] Kreppner,K. und Ullrich, M.: Ablöseprozesse in Trennungs- und nicht Trennungsfamilien: Eine Betrachtung von konkretem Kommunikationsverhalten in Familien mit Kindern im frühen bis mittleren Jugendalter, in: Walper, S. und Schwarz, B., (Hrsg.), Kinder und Jugendliche in Trennungs- und Stieffamilien, München 1999

Wenn Kinder dann noch wissen, woran sie mit ihren Eltern sind, wenn sie sich geliebt, respektiert und grundsätzlich sicher fühlen, dann sind das die besten Voraussetzungen, um auch so manchen Sturm des Jugendalters gemeinsam zu überstehen.

Besonders fatal ist es hingegen, wenn Eltern vor dem Hintergrund ihrer ungelösten erwachsenen Konflikte versuchen, das Kind zu ihrem Verbündeten zu machen, denn damit verstärken sie die entwicklungsbedingte Tendenz zu polarisierendem Denken und zum übersteigerten Drama. Im schlimmsten Fall werden die einseitigen und unrealistischen Überzeichnungen, für die das Denken Jugendlicher so anfällig ist, zur subjektiven Realität. Es entsteht dann die absurde Verzerrung, dass das neurotische, unreflektierte Verhalten der Erwachsenen zur Normalität wird. Das Verrückte wird dann tatsächlich normal, das Normale ist entrückt. Deshalb ist es ausgesprochen gefährlich für die Entwicklung junger Menschen, wenn Entscheidungen über ihre Anliegen getroffen werden, um offene Rechnungen mit dem Ex-Partner begleichen zu können. Gott sei Dank ist die Mehrheit der getrennten Eltern da sehr besonnen, so dass das Beispiel mit den Ohrringen eher eine extreme Ausnahme beschreibt.

Jugendliche wünschen sich ideale Eltern, die sie unterstützen wie ein Baby, wenn sie das brauchen, und die ihnen die Freiheit eines Erwachsenen zugestehen, wenn sie sich das wünschen. Sie wünschen sich Eltern, die einen Kokon aus Sicherheit, Liebe und Vertrauen um den Jugendlichen weben, den er jederzeit abstreifen und in den er sich dann wieder verkriechen kann, einen Kokon, in dem es keine Enttäuschungen, keine Forderungen und Erwartungen gibt.

In Zeiten, in denen Konflikte um Ordnung, Disziplin, Grenzen und um Selbstbestimmung den Alltag mit dem alleinerziehenden Elternteil bestimmen, erscheinen dem Jugendlichen die Zeiten, die er mit dem anderen Elternteil verbringt, manchmal als eine verheißungsvolle Alternative, so wie im folgenden Fall eines 16-Jährigen.

Meine Mutter begreift einfach nicht, dass ich kein kleiner Junge mehr bin!

Meine Eltern haben sich getrennt, kurz bevor ich in die Schule kam. Ich habe dann bei meiner Mutter gelebt. Meine Mutter ist Lehrerin. Sie hat immer gearbeitet und ist im Gegensatz zu mir sehr organisiert und straight. Ich finde das schon sehr übertrieben. Was mich total nervt, ist, dass sie schon am Abend den Frühstücks-

tisch für den nächsten Tag deckt und ihre Tasche immer gepackt im Flur steht. Dasselbe erwartet sie natürlich auch von mir. Wie in ihrer vielzitierten Studenten-WG hat sie Listen angelegt mit Pflichten und Aufgaben, die ihrer Meinung nach regelmäßig und vor allem „gerecht" verteilt werden müssen. Als meine ältere Schwester auszog, blieb dann dieser ganze Kram an mir hängen. Wie ich das hasse! Ich bin doch kein kleiner Junge mehr, dem sie sagen kann, dass er sein Zimmer aufräumen und seinen „Ranzen" (hallo?!) am Abend für den nächsten Tag packen soll. Geht's noch? Ständig haben wir uns wegen ihres Ordnungsfimmels in die Haare gekriegt. Mein alter Herr ist da viel entspannter, der lässt mich machen und der traut mir auch mal was zu. Ich meine, okay, ich bin chaotisch – aber meine Noten, die sind okay – auch, wenn meine Arbeitsblätter unsortiert sind und Eselsohren haben.

Jedenfalls habe ich meinen Eltern dann vor einem Monat gesagt, dass ich zu meinem Vater ziehen will. Ich habe einfach keinen Bock mehr auf den ewigen Stress gehabt. Meine Mutter hat angefangen zu heulen, als ich ihr das sagte. Sie meinte, dass sie das total verletzt und dass sie das absolut ungerecht findet, denn schließlich hat sie sich doch all die Jahre gut um mich gekümmert. Ja, aber sie begreift einfach nicht, dass ich kein kleiner Junge mehr bin! Dann sprach sie davon, dass sie sich nicht erpressen lässt, und sie hat im Gespräch mit meinem Vater eine Probezeit von einem guten halben Jahr, bis zu den nächsten Zeugnissen, durchgesetzt. Wenn ich mich dann verschlechtert haben sollte, dann soll ich wieder zu ihr zurückziehen. Mich ärgert das total. Denn: Wer bin ich denn? Was mit mir ist, ist egal – Hauptsache die Noten stimmen, oder was? Find ich auch total blöd, dass mein Vater da mitmacht, echt!

Dieser Mutter ist es offenbar nicht gelungen, den absolut altersgerechten Wunsch ihres Sohnes nach einer eigenverantwortlichen Alltagsorganisation angemessen zu respektieren. Er hat das Gefühl, sie wolle ihm ihre Ordnungsvorstellungen überstülpen, obwohl keine sachlichen Gründe, wie etwa schlechte, auf mangelnde Ordnung zurückzuführende Schulleistungen, dafür sprechen.

Es ist für den Elternteil, bei dem ein Kind seinen Lebensmittelpunkt hat, oft schwer, mit der rasanten Entwicklung eines Kindes Schritt zu halten. Häufig braucht es einen

Krach oder Konflikte, damit gerade sehr behütende Eltern merken, dass ihr Kind in seiner Entwicklung so vorangeschritten ist, dass vertraute Regeln und Umgangsformen überholt und unbrauchbar geworden sind. Das scheint auch bei der Mutter aus dem Beispiel der Fall zu sein. Viele Eltern kennen das Gefühl, der Entwicklung ihrer Kinder immer ein Stück hinterherzuhinken, sei es, weil diese als Babys plötzlich ihren Rhythmus verändern, als Kindergartenkinder irgendwann Dinge alleine können oder im Grundschulalter dadurch überraschen, dass sie plötzlich Wege mit öffentlichen Verkehrsmitteln bewältigen, die ihre Eltern ihnen so noch nicht zugetraut hätten.

Genauso lässt sich auch das vehemente Aufbegehren eines Jugendlichen gegen die elterliche Fürsorge verstehen. Letztlich ist das nichts anderes als die Aufforderung, dass Eltern ihr erzieherisches Verhalten gründlich überprüfen und mit dem Kind in einen Dialog über seine veränderten Bedürfnisse und Möglichkeiten eintreten sollten.

Man könnte es so sehen, dass die Mutter es versäumt hat, die Unzufriedenheit ihres Sohnes so ernst zu nehmen, dass er dies hätte bemerken können. Es sieht so aus, als hätte sie die Chance verpasst, ihr Verhalten an seinen neuesten Entwicklungsfortschritt anzupassen, indem sie seinen Wunsch nach Eigenverantwortung respektiert. So sieht der Sohn schließlich keine andere Möglichkeit zu angemessener Selbstbestimmung, als zum Vater zu ziehen. Er betrachtet es offenbar als völlig aussichtslos, sich mit diesen Bedürfnissen bei seiner Mutter Gehör zu verschaffen.

Besonders problematisch finde ich, dass sie an die vereinbarte Probezeit beim Vater eine Bedingung knüpft, mit der sie ihr mangelndes Vertrauen zum Ausdruck bringt. Obwohl ihr Sohn bisher ein guter Schüler ist, lässt sie sich bei ihrem Vorschlag von der Befürchtung leiten, dass sich dies mit dem Umzug zum Vater ändern könnte. Wenn man die Situation aus der Perspektive des Jugendlichen betrachtet, so gibt seine Mutter ihm keinen Hinweis darauf, dass sie ihr eigenes Verhalten hinterfragt. Sie bietet keinerlei Anhaltspunkte dafür, dass der Junge mit ihr über Bedingungen eines weiteren Zusammenlebens verhandeln könnte. Im Gegenteil, sie vertritt starr ihre Position, indem sie davon spricht, sich nicht erpressen lassen zu wollen. Dies ist für den Umgang mit Jugendlichen in der Tat das denkbar ungeeignetste Werkzeug, um eine vertrauensvolle Beziehung aufzubauen.

Solange Eltern starr und autoritär auf die Durchsetzung ihrer Positionen bestehen, sehen Trennungskinder für sich oft nur noch die radikale Möglichkeit, aus der Alltagsbeziehung auszubrechen.

In Beratungsgesprächen beteuern Eltern oft, sie würden ihr Kind in vergleichbaren Konflikten sehr wohl ernstnehmen. Entscheidend ist hier jedoch, was bei Jugendlichen ankommt. Hier sind Fragen wie „Was genau wünscht du dir von mir?" sehr hilfreich.

Oh, mein Gott, wenn ich mir vorstelle, Maya oder Jakob würden sich von mir so sehr entfernen, dann wird mir jetzt schon angst und bange! Ich habe mir bisher noch nie so klar gemacht, dass Trennungskinder für sich natürlich im Konfliktfall immer auch die Möglichkeit sehen, zum anderen Elternteil zu ziehen. Es ist aber auch keine schöne Vorstellung, mich aus lauter Angst vor dieser Möglichkeit immer ihren Wünschen zu beugen. Das kann's ja auch nicht sein! Allerdings frage ich mich, ob es nicht vielleicht sogar unausweichlich ist, dass Trennungskinder irgendwann zum anderen Elternteil übersiedeln wollen – und sei es nur aus Neugier, um zu erfahren, wie der Alltag mit dem anderen ist.

2018 gab es rund 7,5 Mal mehr alleinerziehende Mütter als Väter[4], das bedeutet, 13 Prozent aller Alleinerziehenden sind Väter. Jüngere Kinder leben bis zum Schulbeginn deutlich häufiger mit der Mutter zusammen. Mit zunehmendem Alter der Kinder steigt der Anteil alleinerziehender Väter.

Eine Erklärung für den Umzug von Jugendlichen in den väterlichen Haushalt ist, dass die Trennung der Eltern auch Modellcharakter haben könnte, so dass Jugendliche darin eine Möglichkeit zur Konfliktlösung sehen.

Eltern sind gut beraten, den Umzug zum anderen Elternteil zunächst einmal schlicht als ein Ausprobieren einer naheliegenden Möglichkeit zu bewerten. Natürlich kann dies auch ein Hinweis darauf sein, dass es in der Beziehung zum heranwachsenden Kind – zumindest aus Sicht des Kindes - bedeutsame Konflikte gibt. Diese müssen je nach Lebensform und -umständen nicht zwangsläufig ausschließlich in der unmittelbaren Beziehung zueinander begründet sein.

Wenn es lediglich darum geht, auch einmal den Alltag mit dem anderen Elternteil zu erleben, kehren viele Jugendliche erfahrungsgemäß nach einiger Zeit zu ihrem ursprünglichen Lebensmittelpunkt zurück. Es liegt auf der Hand, dass sich auch der Alltag im Haushalt des anderen Elternteils deutlich von den entspannten Wochenenden

[4] Statistisches Bundesamt (2020): Haushalte und Familien 2018, Ergebnisse des Mikrozensus

unterscheidet. Väter gehen häufiger einer Vollzeitbeschäftigung nach als Mütter, so dass sie ihren Kindern zwangsläufig mehr Eigenverantwortung und Selbstständigkeit abverlangen. Sie mischen sich vielleicht weniger in die individuelle Ordnung oder Unordnung ein, jedoch dürften die Annehmlichkeiten in Form von Fahrdiensten, warmen Mahlzeiten oder der Perfektion, mit der viele Mütter für eine reibungslose Zirkulation frischer Wäsche sorgen, deutlich weniger werden. Meiner Erfahrung nach lässt vieles von dem, was zu Beginn des neuen Zusammenlebens noch als spannend und angenehm anders empfunden wird, mit der Zeit die Sehnsucht nach den vertrauten Verhältnissen wachsen.

Jugendliche brauchen so viel Struktur wie nötig und so viel Freiraum wie möglich. Eine verlässliche Alltagsstruktur ist häufig etwas, das sich Väter und Kinder – wenn sie nicht ein paritätisches Wechselmodell leben – erst einmal erarbeiten müssen.

Ideal ist es natürlich, wenn Eltern es schaffen, die Entscheidung eines Jugendlichen zu akzeptieren – wenn sie also diesen Schritt nicht als Niederlage beziehungsweise Sieg bewerten, sondern als Wunsch eines Kindes, den Alltag auch einmal mit dem anderen Elternteil zu erleben. Es geht um ein Ausprobieren, also darum, den Verdacht zu überprüfen, ob das Zusammenleben mit dem anderen Elternteil konfliktfreier sein könnte, als es aktuell möglich ist.

Sein Umzug zu seiner Mutter ist für mich ein emotionaler und wirtschaftlicher Totalschaden.

Meine Frau und ich, wir haben uns getrennt, als unser Sohn acht Jahre alt war, also vor acht Jahren. Wir haben uns im Streit getrennt, und verstritten sind wir leider bis heute. Das Kind ist bei mir geblieben, weil meine Ex-Frau aus beruflichen Gründen in die nur 50 Kilometer entfernten Niederlande gegangen ist. Sie hat dort gut verdient, und ich habe einen familienfreundlichen Arbeitgeber, so dass ich meine Vollzeitstelle auf halbtags reduzieren und die finanzielle Einbuße durch ihre Unterhaltszahlungen kompensieren konnte. Über diese einvernehmliche Regelung hinaus gab es während der gesamten zurückliegenden Zeit keine Verständigung über unsere Erziehungsmethoden. Jeder hat so sein Ding gemacht, und unser Sohn hat sich offenbar damit arrangiert. Aus irgendeinem Grund, einer inneren Stimme folgend oder was weiß ich, habe ich es vermieden, vor dem Kind schlecht über seine Mutter zu reden. Umgekehrt habe ich allerdings den Verdacht, dass sie vor ihm kein Blatt vor den Mund genommen hat. Das ist nur so ein Gefühl, beweisen kann ich das natürlich nicht. Seitdem er 16 ist, streiten wir fast täglich. Immer geht es um so Dinge wie Mithilfe im Haushalt oder darum, dass er sich mehr unter Leute trauen soll. Er hockt den ganzen Tag zu Hause, sieht Serien und beschäftigt sich mit seinem Handy, anstatt sich zu verabreden, und er hat an mich Erwartungen, die dem Abziehbild einer Vater-Sohn-Beziehung entsprechen. Ich habe mich manchmal gefragt, ob diese Erwartung einer Mischung dessen, was er in den Serien sieht, und realen Erfahrungen mit seiner Mutter entspringt. Die ist ja wirklich exklusiv nur für ihn da, wenn er an den Wochenenden bei ihr ist. Ich kann das so jedenfalls nicht leisten. Ich bin berufstätig, habe meinen Sport, eine neue Beziehung und auch noch den Haushalt, um den ich mich leider ausschließlich allein kümmern muss, da hier von meinem Sohn keine Unterstützung zu erwarten ist. Ich bin aus allen Wolken gefallen, als er mir mitteilte, er werde zu seiner Mutter ziehen, er habe die Nase voll von unseren ewigen Streitigkeiten, er brauche seine Kraft für die Schule, und so wichtig scheine er mir ja nun auch nicht zu sein.

Ich war traurig und wütend zugleich. Ich begriff nicht, dass es ihm ernst war. Er packte dann tatsächlich seine Sachen. Ich stand fassungslos im Flur. Wie in Trance sah ich zu, wie sich die Umzugskartons mit seinen Habseligkeiten dort zu stapeln begannen. Seine Mutter würde ihn abholen, das hatte ich wohl gehört, aber nicht begriffen. Ich weiß nicht warum, aber plötzlich hatte ich eine Wut auf diese Frau, die ganze Aktion kam mir so abgekartet und so heimtückisch vor, dass ich dachte, wenn die hier gleich auftaucht, vergesse ich mich und schlag sie nieder.

Ein Ruck ging dabei durch mich, und ich begann hektisch, die Kartons vor die Tür zu schaffen, um einer Begegnung mit ihr vorzubeugen. Das hat mein Sohn so gedeutet, dass es mir nicht schnell genug gehen konnte. Das ist völliger Blödsinn – aber davon ist er nicht zu überzeugen. Kurz bevor er ging, überreichte er mir einen Zettel mit den Worten: „Hier, das soll ich dir von Mama geben!" Darauf stand eine Kontonummer mit der Aufforderung, ihr zum nächsten Ersten sowohl das Kindergeld als auch Unterhalt zu überweisen. Erst da wurde mir auch der wirtschaftliche Schaden dieser Aktion klar. Ich werde meine Wohnung aufgeben müssen, die kann ich mir nun nicht mehr leisten. Meine Firma hat gerade erst einen Kollegen eingestellt, weil ich mich für ein weiteres Jahr zur Teilzeitarbeit verpflichtet habe.

Mal ganz abgesehen davon, dass wir das mit der Höhe des Kindesunterhalts klären müssen, traf mich diese Erkenntnis wie ein Schlag auf den Kopf! Ein seelischer und materieller Totalschaden. Wie können wir das jemals reparieren? Es ist, als wäre unser Sohn nicht nur in die nahen Niederlande, sondern auf einen anderen Kontinent gezogen, verschluckt von einer Welt, zu der ich keinen Zugang habe. Ich versuche mir klarzumachen, dass, auch, wenn er sich irgendwo zwischen Kindheit und Erwachsenwerden befindet, er doch auch noch ein Kind ist Vielleicht ist es nachvollziehbar, wenn ein Kind auch den Alltag mit seiner Mutter kennenlernen möchte, zumal dann, wenn der Alltag mit dem Vater von Auseinandersetzungen und Enttäuschungen geprägt ist. Trotzdem: Ich würde lügen, wenn ich sagen würde, dass ich nicht auch ganz schön sauer auf ihn bin! Wütend und traurig zugleich, irgendwie unheimlich verletzt.

Dieser Vater ist ein gutes Beispiel dafür, was Eltern in Trennungssituationen manchmal auch aushalten müssen, denn kein minderjähriger Jugendlicher aus einer intakten Familie hat die Möglichkeit, die Beziehung zu beiden Eltern von heute auf morgen derart radikal zu verändern, dass dies alle Bereiche der elterlichen Identität erschüttert. Nach dem Modell der fünf Säulen der Identität können wir in diesem Fall für beide Eltern eine fundamentale Veränderung im sozialen Bereich erkennen, denn es macht einen großen Unterschied, ob man nur am Wochenende oder im Alltag für die Versorgung von Kindern zuständig ist. Ein solcher Schritt verändert auch den Bereich von Arbeit und Leistung, weil die alltägliche Verantwortung für ein Kind entfällt oder hinzukommt, oder weil der neue Alleinerziehende Einkommenseinbußen aufgrund seiner familienfreundlichen Arbeitszeiten hat. Emotionale Konflikte, die mit dieser Veränderung einhergehen, wirken sich auch auf die Gesundheit aus, und schließlich verändern sich die materiellen Erfordernisse, weil es ein Unterschied ist, ob man allein oder zu zweit lebt. Auch sind für einen Single andere Werte von Bedeutung als für einen Alleinerziehenden, so dass im Extremfall an die Stelle von Unabhängigkeit und Abwechslung möglicherweise Fürsorge und Regelmäßigkeit treten müssen.

Hier zeigt sich, dass diejenigen Eltern einen großen Vorteil haben, die sich in dieser Krise miteinander verständigen können. Es hat sich meiner Erfahrung nach bewährt, eine Probezeit zu vereinbaren, einen überschaubaren Zeitraum, den alle Beteiligten gemeinsam festlegen und an dessen Ende das Kind ohne großen Gesichtsverlust in die ursprüngliche Familienkonstellation zurückkehren oder eben in der neuen verbleiben kann.

Meiner Erfahrung nach bleiben Jugendliche nahe der Volljährigkeit bis zu ihrem endgültigen Auszug aus einem elterlichen Haushalt eher bei ihrer Entscheidung, während sich jüngere Kinder häufiger dafür entscheiden, doch wieder zurückzukehren.
Ist der Auslöser für den Wunsch, zum anderen Elternteil überzusiedeln, ein Konflikt, dann stehen die Chancen für eine Klärung gut, wenn sich der verlassene Elternteil für die Position und Sichtweise des Kindes interessiert. Dies würde für die kontrollierende Mutter aus dem früheren Beispiel bedeuten, dass sie sich darum bemüht, seinem entwicklungsbedingten Wunsch nach mehr Selbstbestimmung entgegenzukommen.

Wahrscheinlich wäre der Konflikt mit ihrem Sohn gar nicht so eskaliert, wenn sie das Gespräch mit ihm gesucht hätte, um mit ihm über seine Anliegen zu verhandeln. Auch, wenn ein Vertrauensvorschuss gerade in diesem Alter wichtig ist, können Eltern ihr Entgegenkommen durchaus an Bedingungen knüpfen. Schön, wenn sich die Eltern wie in diesem Beispiel verständigen können. Das könnte dann etwa so klingen:

„Okay, wir können es versuchen, du kannst zu deinem Vater/zu mir ziehen

- aber nur, solange deine Schulnoten nicht darunter leiden.
- aber nur, solange du auch ein paar Aufgaben im Haushalt übernimmst, wenn ich dich darum bitte.
- aber erstmal nur bis Weihnachten, und dann setzen wir uns noch einmal zusammen und gucken, wie es uns damit geht."

Während der ausgehandelten Testphasen brauchen sich Eltern nicht zu verbiegen und ihre Haltung oder ihr Unbehagen zu verleugnen. Solange sie bei sich bleiben und über ihre Gefühle Auskunft geben, ist alles okay. Sie können sagen: „Ich habe dir zwar versprochen, dass ich dich nicht mehr wecke, aber das fällt mir total schwer, und es ärgert mich unglaublich, so tatenlos mit ansehen zu müssen, wie du Tag für Tag so spät das Haus verlässt, dass du immer wieder deinen Bus verpasst und zu spät in die Schule kommst."

Selbst wenn Eltern entgegen der getroffenen Vereinbarung in alte Verhaltensweisen zurückfallen, ist das kein Beinbruch, wenn sie es ihren Kindern etwa so erklären: „Entschuldige, ich merke selbst, dass ich mich schon wieder in deine Sachen eingemischt habe. Ich will das nicht mehr. Ich übe das, aber manchmal klappt es noch nicht so gut. Es ist so schwer, sich zu ändern. Jahrelang habe ich mich dafür verantwortlich gefühlt, weil du noch zu klein warst, um das allein zu entscheiden und nun muss ich das auf einmal ändern. Wenn es dir auffällt, vielleicht kannst du mich dann daran erinnern oder darauf aufmerksam machen?"

Im Grunde genommen machen Eltern in einer solchen Situation nichts anderes als das, was sie seit ihrer Trennung im Umgang mit ihren Kindern üben. So sollten sich die für die Pubertät so typischen Konflikte und Reibereien mit ihren Kindern eigentlich bewältigen lassen.

Schwieriger wird es immer dann, wenn, wie im folgenden Beispiel, Dritte an einem Konflikt beteiligt sind, etwa neue Partner.

Seitdem wir bei unserem Vater wohnen, verstehen wir uns super mit unserer Mutter!

Meine große Schwester, meine kleine Schwester und ich sind nach der Trennung unserer Eltern vor fünf Jahren bei unserer Mutter geblieben. Das war auch okay so, bis sie diesen neuen Typen kennengelernt hat. Der hat auch zwei Kinder, allerdings deutlich jünger als wir. Der Große ist neun und der kleine sieben Jahre alt. Das war an den gemeinsamen Wochenenden immer schon etwas nervig. Besonders für meine große Schwester, die dann mit auf die Kleinen aufpassen sollte. Wir haben oft richtig langweilige und blöde Sachen unternommen, total öde. Der neue Mann unserer Mutter hat einen Bauernhof in so einem Kaff in der Pampa und als unsere Mutter uns vorschlug, dass wir zusammen dorthin ziehen, weil dort genug Platz für uns alle ist, waren wir natürlich nicht gerade begeistert. Wir haben uns breitschlagen lassen, weil sie uns eine Monatsfahrkarte versprochen haben, so dass wir jederzeit in unsere Stadt zu unseren Freunden fahren könnten. Wir mussten allerdings die Schule wechseln. Für mich war das zwar blöd, aber ich hätte sowieso eine Klasse wiederholen müssen, so dass es einfach ein anderer Neuanfang war – und meine kleine Schwester konnte direkt auf das neue Gymnasium gehen, denn die kam gerade in die fünfte Klasse. Ganz doof war das für meine große Schwester. Die ist dann auch noch in eine superblöde Klasse gekommen, wo sie sich gar nicht wohlgefühlt hat. So viel Platz wie versprochen war in dem neuen

Haus auch nicht, und die schönsten Zimmer waren schon für die Kleinen reserviert. Überhaupt ging es dauernd nur noch um die Kleinen. Ständig sollten wir Rücksicht nehmen oder aufpassen.

Unser Vater war nach der Trennung zu seiner neuen Freundin in die Großstadt gezogen. Wir waren jedes zweite Wochenende bei ihm. Da war es cool. Wir konnten eine Menge Sachen machen, die in dem Kaff, aber auch bei uns zu Hause, nicht möglich waren. Irgendwann gab es dann einen solchen Krach zwischen dem Neuen und meiner großen Schwester, dass sie unseren Vater anrief und sagte, dass sie zu ihm komme, weil es einfach nicht mehr auszuhalten war. Der war echt cool und ist gleich losgefahren, um ihr auf halber Strecke entgegenzukommen. Jedenfalls hab ich es dann auch nicht mehr ausgehalten bei meiner Mutter und diesem Typen, und nun wohnen wir schon fast zwei Jahre bei meinem Vater und seiner Freundin. Die sind viel entspannter. Vor allem gibt es dort keine kleinen Kinder – und der erneute Schulwechsel hat sich auf jeden Fall gelohnt, schon allein, um aus diesem Kaff herauszukommen! Meine große Schwester hat jetzt eine richtig coole Klasse, sagt sie.

Meine Mutter war erst ziemlich fertig, aber dann hat sie, glaube ich, doch kapiert, dass das für uns nicht anders ging. Besonders gut finde ich, dass sie jetzt manchmal an den Wochenenden zu uns kommt, also nicht zu uns nach Hause, aber zu uns in die Stadt. Unsere kleine Schwester wohnt dann bei uns und meine Mutter im Hotel. Dann unternehmen wir ganz coole Sachen – und alles ist wieder ein bisschen so wie früher.

Hier ist nicht die grundsätzlich schlechte Beziehung zur Mutter dafür verantwortlich, dass die Kinder beim Vater leben wollen. Den Ausschlag für diesen Wunsch der größeren Geschwister geben vielmehr die Lebensumstände: der neue Partner, seine kleinen Kinder, der Umzug aufs Dorf. Die Mutter hat sich offenbar für ihren neuen Partner entschieden und dafür in Kauf genommen, dass zwei ihrer Kinder zu ihrem Vater ziehen. Andererseits scheint sie die räumliche Trennung von ihren Kindern dazu zu nutzen, wieder eine eigenständige, von ihrem Partner und dessen Kindern unabhängige Beziehung zu ihnen aufzubauen und zu pflegen. So gesehen profitieren sie und die Kinder auch von der neuen Konstellation. Es sieht so aus, als hätten auf diese

Weise alle miteinander einen Weg gefunden, der ihren Bedürfnissen entspricht. Für mich ist dieses Beispiel deshalb bemerkenswert, weil es deutlich macht, dass die Entscheidung von jugendlichen Kindern, hier oder dort leben zu wollen, nicht an den Grundfesten ihrer Beziehung zu den Eltern rütteln muss.

Diese Trennungskinder dürfen die Erfahrung machen, dass der Umzug zum Vater nicht das Ende ihrer sicheren Beziehung zur Mutter ist, obwohl sie genau das bei ihren Eltern erleben mussten. Deutlicher können sie nicht erfahren, dass ihre Beziehung zu den Eltern eine ganz andere ist als die der Erwachsenen untereinander.
Sie machen die Erfahrung, dass sich die Mutter weiterhin um sie bemüht, und ihre Wünsche und Bedürfnisse in der neuen Konstellation ganz anders berücksichtigt als ihr das vorher im alltäglichen Zusammenleben möglich war. Spätestens mit Erreichen ihrer Volljährigkeit wird sich so vermutlich zeigen, dass die beiden großen Geschwister die Beziehung zu beiden Eltern eigenverantwortlich steuern und gestalten werden.

Mir ist mal wieder klar geworden, wie wenig es bringt, wenn man sich in seinem Handeln zu sehr von gesellschaftlichen Erwartungen und Tabus leiten lässt. Und ein solches Tabu ist es ja wohl, wenn eine Mutter ihre Kinder ziehen lässt, weil ihr das Zusammenleben mit ihrem neuen Partner wichtiger ist. Diese Entscheidung wird ihr vermutlich nicht leichtgefallen sein und trotzdem bringt sie für alle Beteiligten große Erleichterung. Die Jugendlichen entgehen dem ständigen Streit mit dem neuen Partner und dem Gefühl, hinter dessen Kindern zurückstecken zu müssen. Sie können in der Großstadt leben, die sie dem Leben auf dem Dorf vorziehen, ganz so, wie es ihrem Alter entspricht, und die Beziehung zur Mutter wird nicht weiter durch Rahmenbedingungen belastet, die den Bedürfnissen ihrer Kinder zuwiderlaufen. Dazu fällt mir die erste Zeile des Gedichts vom Anfang unserer Gespräche wieder ein: „Deine Kinder sind nicht deine Kinder, sie sind die Söhne und Töchter der Sehnsucht des Lebens nach sich selbst."

Da ist es wieder, das große Wort der Jugendzeit: Sehnsucht! Ich sollte öfter mal daran denken, dass mir meine Kinder nicht gehören, dann ist es vielleicht auch nicht so wichtig, ob sie den Alltag ihrer letzten Jugendjahre bei mir oder bei Markus verbringen wollen. Wichtig ist doch nur, dass wir den wirklichen Kontakt zueinander nicht verlieren, denn das ist es, worauf es ankommt zwischen Eltern und Kindern.

Während die vorausgegangenen Entwicklungsphasen davon bestimmt waren, sich an den Eltern als den Erwachsenen zu orientieren, müssen Jugendliche nun selbst ihren Platz in der Erwachsenenwelt finden und gestalten. Dazu gehört auch der Umgang mit den Dingen, die bis dahin Erwachsenen vorbehalten waren, wie zum Beispiel Alkohol, Drogen, Sexualität, Geld und Medien. Dies beeinhaltet ein enormes Konfliktpotenzial, da neben den Eltern immer häufiger die Ansichten Gleichaltriger zu diesen Themen ausschlaggebend für das eigene Verhalten werden.

Für Trennungsfamilien stellt diese Entwicklungsphase häufig eine besondere Nagelprobe dar, weil sie die Polarisierung in einen restriktiven (strengen und behütenden) und einen permissiven (erlaubenden und zur Selbstständigkeit ermutigenden) Elternteil begünstigt. Außerordentlich herausfordernd ist es, wenn diese Entwicklungsphase mit der dritten, die Erwachsenen extrem verunsichernden Trennungsphase zusammenfällt und/oder wenn sich die Eltern nicht auf Erziehungsstandards einigen können.

Wenn sich Eltern jedoch auch in dieser Entwicklungsphase um Abgrenzung der Erwachsenenebene, um eine authentische, verantwortungsvolle Kommunikation bemühen, dann bietet gerade diese manchmal zwangsläufig schwierige Zeit eine große Chance für die nachhaltige Anpassung und Neugestaltung der Eltern-Kind-Beziehung unabhängig vom anderen Elternteil. Jugendliche beeindruckt es sehr, wenn sie erleben, dass auch ihre Eltern manchmal unsicher sind und nicht sofort eine Lösung für ihre Probleme parat haben.

Bei unversöhnlichen Uneinigkeiten zwischen den Eltern ist es für den/die Einzelne/n wichtig anzuerkennen, dass sie nicht beeinflussen können, wie der/die andere das Zusammenleben mit den gemeinsamen Kindern gestaltet. Jugendliche dieses Alters können sehr gut unterscheiden, welche Standards jeweils gelten und lernen so sogar Vor- und Nachteile möglicher Gegensätze kennen. Bei allen Uneinigkeiten ist es dennoch sinnvoll, wenn Eltern einen Weg finden, Informationen über beispielsweise Klassenarbeiten, Nachhilfe, Trainingszeiten und Gesundheit auszutauschen, damit die Trennung Jugendlichen kein Schlupfloch dafür bietet, sich ihrer altersgerechten Verantwortung zu entziehen.

Sitzung 19

Abschied und Neubeginn

Ich habe tatsächlich abgeschlossen mit unserem gemeinsamen Leben als Liebespaar, und ich habe mich daran gewöhnt, dass ich kaum beeinflussen kann, wie Markus die Beziehung zu unseren Kindern gestaltet.

Inzwischen sind fast vier Jahre vergangen, vier Jahre, in denen die Gespräche in der Beratungsstelle zu einem festen Bestandteil in meinem neuen Leben geworden sind, wenn auch in stetig abnehmender Häufigkeit. Kurz vor unserem letzten Treffen war ich zu einem Geburtstag eingeladen gewesen, auf der eine Rede vorgetragen wurde, die Charly Chaplin zugeschrieben wird. Ich war so berührt von diesen Worten, dass ich wie gebannt lauschte und sie mir zu merken versuchte. Bei nächster Gelegenheit habe ich mir aufgeschrieben, was ich behalten habe:

Als ich mich endlich mochte, so wie ich bin,
mich verstand und mit mir Frieden schloss,
als ich mich annehmen konnte, so wie ich bin,
da begriff ich, dass mein Platz immer genau da ist, wo ich gerade bin.
Denn nun kann ich mir und dem Leben vertrauen.

Als ich mich endlich mochte, so wie ich bin,
mich verstand und Frieden mit mir schloss,
als ich mich annehmen konnte, so wie ich bin,
wurde mir klar, dass ich im Einklang mit meiner eigenen Wahrheit leben muss.
Ich darf meine Gefühle ernst nehmen und Schmerz wie Leid als Warnung verstehen, dass ich gegen meine Überzeugung handele.
Wenn ich gesund sein möchte, muss ich authentisch sein.

Als ich mich endlich mochte, so wie ich bin,
mich verstand und Frieden mit mir schloss,
als ich mich annehmen konnte, so wie ich bin,
habe ich mich meinem eigenen Leben zugewandt,
anstatt mir ein anderes zu wünschen.
Meine Sehnsucht darf ich seitdem als Herausforderung zum Wachsen begreifen. So bin ich reifer geworden.

Als ich mich endlich mochte, so wie ich bin,
mich verstand und Frieden mit mir schloss,
als ich mich annehmen konnte, so wie ich bin,
da konnte ich Momente des Nichtstuns genießen, anstatt jede freie Minute mit Zukunftsplänen zu füllen.

Ich darf tun, woran ich Spaß und Freude habe.
Ich erlaube mir, in meinem eigenen Tempo zu leben, zu lieben und zu lachen.
So lerne ich mich immer besser kennen, weil ich ehrlich zu mir selbst bin.

Als ich mich endlich mochte, so wie ich bin,
mich verstand und Frieden mit mir schloss,
als ich mich annehmen konnte, so wie ich bin,
konnte ich mich von allem Ballast befreien. Ich umgebe mich nicht mehr mit Menschen und Dingen, die mir nicht guttun, setze mich keinen Situationen mehr aus, in denen ich nicht ich selbst sein kann.
Ich habe verstanden, dass „gesunder Egoismus" nichts anderes als Selbstliebe ist.

Als ich mich endlich mochte, so wie ich bin,
mich verstand und Frieden mit mir schloss,
als ich mich annehmen konnte, so wie ich bin,
wurde es immer unwichtiger für mich, Recht zu haben,
und ich habe mich immer weniger geirrt.
Ich glaube, es ist Demut, die Dinge zu nehmen wie sie sind,
anstatt daran herumzuzerren, damit sie werden, wie ich sie haben will.

Als ich mich endlich mochte, so wie ich bin,
mich verstand und Frieden mit mir schloss,
als ich mich annehmen konnte, so wie ich bin,
da konnte ich damit beginnen, im Heute zu leben, anstatt in der Vergangenheit zu gründeln oder mich um die Zukunft zu sorgen. Ich habe erkannt, dass ich Bewusstheit nur im Augenblick erlangen kann.

Als ich mich endlich mochte, so wie ich bin,
mich verstand und Frieden mit mir schloss,
als ich mich annehmen konnte, so wie ich bin,
da wurde mir klar, dass es mich krank macht, wenn ich einzig auf meinen Verstand und die Vernunft höre.
Erst wenn mein Herz sich mit meinem Verstandverbindet,
entsteht das, was ich heute Herzensweisheit nenne.

Wenn wir alle unser Leben nach diesen Grundsätzen ausrichten, dann müssen wir keine Konflikte und Sorgen mit uns selbst und anderen mehr fürchten, weil sie uns lehren, dass all dies unsere Entwicklung vorantreibt und Neues entsteht – so wie im Universum neue Welten entstehen, wenn Sterne aufeinander knallen. So ist das Leben!

Ich habe verstohlen geweint, als ich diese Rede zum ersten Mal gehört habe. Seitdem trage ich sie immer bei mir. Manchmal krame ich sie hervor, um sie noch einmal zu lesen, und jedes Mal finde ich hier all das zusammengefasst, was mir inzwischen so wichtig ist. Es ist, als beschriebe Chaplin da meinen Weg zu mir selbst. Diesen Weg, den ich einst waidwund und bis in die Grundfesten meiner Existenz erschüttert angetreten habe. Anfangs musste mich dieses Ungetüm von Ohrensessel auffangen. Den brauchte ich mit der Zeit jedoch immer weniger, weil ich nach und nach in mir selbst einen sicheren Ort gefunden habe, in den ich hineinhorchen und wo ich Antworten auf meine Fragen bekommen kann.

Ich erinnere mich noch genau daran, welchen Mut es erfordert hat, die bis dahin wöchentlichen Treffen nach anderthalb Jahren auf einen vierzehntägigen Rhythmus zu reduzieren. Ich war zu dem Zeitpunkt zwar angekommen in meinem neuen Leben, innerlich aber fühlte ich mich noch unsicher. Meine Wunden waren verheilt, die Haut war aber noch sehr verletzlich und meine Angst, sie könnten bei der kleinsten Verletzung wieder aufreißen, war unermesslich groß.

Umso erstaunter war ich dann, als ich feststellte, dass die größeren Abstände zwischen unseren Treffen völlig ausreichten, auch, weil sich mein Alltag in dem Maße mit Unternehmungen und Terminen zu füllen begann, wie meine Selbstsicherheit wuchs.

Die Kinder werden immer selbstständiger. Jakob ist inzwischen so alt wie Maya, als ich nichtsahnend in dieser Beratungsstelle strandete. Beide haben den Sport für sich entdeckt, Maya das Reiten und Jakob spielt mit Begeisterung Handball im Verein. Neben der Schule haben sie somit einige Termine, und manchmal unternehmen sie auch Fahrten, Maya mit ihren Reiterfreundinnen und Jakob mit seiner Handballmannschaft. Im Sommer verbringt Maya jetzt schon seit zwei Jahren zusammen mit einigen Freundinnen eine Woche ganz ohne Eltern auf einem Reiter-

hof. Tja, da wird jemand groß und löst sich von beiden Eltern.

Ganz aufgeben möchte ich unsere Gespräche immer noch nicht. Seit einem Jahr treffen wir uns nur noch sporadisch. Mir hilft das Gefühl, dass da, wenn ich es brauchen sollte, der gute alte Ohrensessel noch bereitsteht.

Auch das Tanzen mit meinem alten Tanzpartner markiert einen Meilenstein auf meinem Weg. Ich hatte in den Jahren vor der Trennung völlig vergessen, wie es ist, wenn man für die Zeit von ein oder zwei Stunden ganz aufgeht in dem, was man macht. Wenn man alles andere vergisst und die kleinen Erfolge des Augenblicks ewig zu dauern scheinen. Das Tanzen bot mir die vergessene Chance, mich auszuklinken aus allem, was mein Alltag sonst so mit sich bringt. Hier war ich wieder nur noch Anna und nicht Mutter, nicht verlassene Ehefrau, nicht Tochter, nicht Schwester, nicht Kollegin, einfach Anna – zu Hause in meinem Körper, im Einklang mit der Musik.

Je mehr ich mich von Markus lösen konnte, desto mehr verlor sich auch das Gerüst eines Familienrhythmus' mit seinen Unterscheidungen zwischen Alltag und Wochenenden sowie dieses Gefühl, auf Markus' Feierabend ausgerichtet und geeicht zu sein. In meiner Firma wurde mir die Betreuung für ein Projekt angeboten – eine schöne Herausforderung, die ich früher abgelehnt hätte, weil das ohne Arbeit am Wochenende und nach Feierabend nicht zu schaffen ist. Jetzt habe ich mich darauf eingelassen, und es macht mir großen Spaß, mich in meinen freien Stunden abends oder in den Zeiten, wenn die Kinder bei Markus sind, damit zu beschäftigen. Es ist toll, weil es mir die Möglichkeit gibt, etwas ganz Neues auszuprobieren und zu zeigen, was ich kann! Ich habe das Gefühl, mehr im Einklang mit meinem eigenen Rhythmus leben zu können, das fühlt sich an wie Freiheit.

Ich bekam Lust darauf, auch mal Dinge auszuprobieren, die ich bis dahin niemals in Betracht gezogen hätte. Und ich weiß nicht, ob es vielleicht doch so etwas wie Schicksal oder höhere Mächte gibt, denn so bin ich schließlich in einer Laientheatergruppe gelandet. Ich! Anna, der es immer so schwerfiel, aus sich herauszugehen! Diese Anna kniet nun auf der Bühne und schreit als Marktweib ihren Kummer gen Himmel, dass die Wände der Probebühne nur so wackeln!

Dort habe ich vor einem halben Jahr Jeff kennengelernt und mich nach und nach ganz schön in ihn verknallt. Jeff ist Künstler. Er hält sich mit Kursen an der Volkshochschule über Wasser, weil er von seiner Malerei nicht leben kann, also ein Mann, den ich, ganz Papas Tochter, vor gar nicht allzu langer Zeit nicht mal eines Blickes gewürdigt hätte: „Kind, wie soll dieser Mann denn mal eine Familie ernähren, der kann ja nicht mal richtig für sich selber sorgen!"

Mal ganz davon abgesehen, dass Jeff jemand ist, der ziemlich gut in der Lage ist, für sich selbst zu sorgen, wenn auch in einem deutlich weiteren Sinne als mein Vater dies versteht, so will ich niemanden weniger in meinem Leben, als einen Mann, der uns seinen Stempel aufdrückt, weil er ja schließlich unsere Familie versorgt!

Als Jeff uns drei das erste Mal besucht hat, war ich aufgeregter als an dem Tag, als ich meinen Eltern meinen ersten Freund vorstellte. Die Kinder registrierten einfach alles, und es hagelte Fragen wie: „Mama, warum hast du dich denn so hübsch gemacht?", oder: „Warum lachst du denn so komisch?!", und Jakob baute sich schließlich vor mir auf und verlangte energisch: „Ich will aber nicht, dass der hier einzieht, dieser Jeff!" Das hat mich wirklich umgehauen, wie die da das Gras wachsen hörten! Mir hat das alles mal wieder klargemacht, dass Kinder atmosphärisch so viel mitkriegen, dass man nur staunen kann.

Als ich den Kindern zum ersten Mal von Jeff erzählt hatte, fragte Jakob sofort: „Soll das jetzt dein neuer Mann sein?" Ich habe ihm erzählt, dass ich mir das im Moment noch gar nicht vorstellen kann. „Jetzt finde ich ihn einfach nett und bin gerne mit ihm zusammen!", habe ich ihm gesagt und hätte damit die Frage nach der Perspektive dieser Beziehung gern ganz und gar ausgeklammert, aber es geht einfach nicht, als Mutter solche Dinge ganz unverbindlich auf sich zukommen zu lassen. Die Kinder verlangen Erklärungen, wollen das, was da geschieht, einordnen. Das verlangt von einem selbst, dass man sich ziemlich schnell darüber klar wird, ob es ein Mann überhaupt wert ist, dass man ihn mit nach Hause bringt.

Neulich habe ich mich mit Markus in der Stadt getroffen. Ich wollte die Kinder nach einem Wochenende bei ihm übernehmen. Das hat sich angeboten, weil ich dort in der Nähe einen Termin hatte und Markus mit den Kindern Sportschuhe aussuchen war. Markus hatte sein neues Kind dabei – ich muss bei diesem Gedanken immer noch kichern: Raphael Maria Emanuel!!! Sie standen am Brunnen, Maya und Jakob zeigten dem Kleinen, wie sie mit ihren Händen im Wasser patschten. Was das in mir auslöste, konnte ich zunächst selbst nicht fassen, denn – Markus tat mir leid!!! Wirklich, da war Mitleid in mir, das mich so sehr erstaunte, dass ich es erst selbst nicht glauben konnte.

Er tat mir wirklich richtig leid, denn dieses Leben, das er da mal schnell gegen das mit uns eingetauscht hat, das möchte ich inzwischen so ganz und gar nicht mehr zurückhaben! Da bin ich mir ganz sicher. Ich freue mich über jeden Schritt, den meine Kinder in Richtung Selbstständigkeit tun, bin froh, wenn ich, wie es eine Freundin einmal ausdrückte, immer öfter „frei ausschreiten" kann. Ich freue mich darüber, wieder ein normales Schritttempo aufnehmen und Dinge tun zu können, bei denen ich die Kinder nicht gebrauchen kann.

Ich freue mich über die kinderfreien Wochenenden mit Jeff, an denen er mich manchmal mitnimmt in seine Künstlerwelt oder wir Ausflüge machen, Städtetrips, auf denen ich mich wieder jung fühle, frei und manchmal sogar ein bisschen verrückt – einfach so, weil es uns Spaß macht! Das, was früher mein Leben war, erscheint mir heute so schwer, so erwachsen, so getaktet, so vernünftig und so furchtbar ernst.

Ich möchte auf gar keinen Fall in absehbarer Zeit mit einem Mann zusammenleben; unvorstellbar für die Anna von vor vier Jahren!

Ich habe tatsächlich abgeschlossen mit unserem gemeinsamen Leben als Liebespaar, und ich habe mich daran gewöhnt, dass ich kaum beeinflussen kann, wie er die Beziehung zu unseren Kindern gestaltet. Maya und Jakob können entgegen all meiner Ängste ganz gut zwischen dem unterscheiden, was sie bei ihren Eltern jeweils erwartet, und es ist schön zu erleben, wie sicher sie sich ihrer Beziehung zu jedem von uns sind.

Das Erstaunlichste für mich ist jedoch, zu spüren, wirklich zu fühlen:
Markus Supermann ist nun Geschichte!

Schlusswort

Anna hat erlebt, was ich Eltern verspreche, die sich im Zuge einer Trennung mit ihrer Krise auseinandersetzen. Ausgehend von der bangen Frage, was sie tun kann, damit ihre Kinder keinen Schaden nehmen, ist sie unversehens mit sich selbst konfrontiert: Mit ihren enttäuschten Erwartungen, ihrem gescheiterten Lebensentwurf, ihrem Bedürfnis dazuzugehören, ihrem Wunsch nach Beständigkeit und der seit Generationen immer gleichen Hoffnung, die Kinder sollten es einmal besser haben.

Völlig unabhängig vom konkreten Familienmodell, von Geschlecht und sexueller Orientierung ist die „heile" Familie ein Idealbild, eine Leinwand, auf die wir all diese Sehnsüchte projizieren – etwas, das sich durch die Geburt des ersten Kindes quasi selbst erschafft, sich von Vorstellungen leiten lässt, die sich aus unserer eigenen Kindheit speisen, so wie sich unsere Eltern an ihrer Kindheit orientierten.

Bewährtes wollen wir weitergeben und erhalten, Erlittenes vermeiden, vieles anders, besser machen. Ganz so, als sei die Familie ein Versprechen, das wir nur einzulösen bräuchten.

Dabei überblicken wir nicht, welche enormen psychischen Anforderungen die Gründung einer Familie an die Persönlichkeiten stellen; wenn nämlich aus Individuen, die miteinander eine Partnerschaft eingehen, Eltern mit ganz neuen Aufgaben werden, konfrontiert nicht nur mit ihren persönlichen Ansprüchen, sondern auch mit einem enormen gesellschaftlichen Erwartungsdruck.

Wir sind nicht gerüstet für die Revier- und Verteilungskämpfe um persönliche Freiräume bei gleichzeitiger Verantwortung für die gemeinsamen Kinder und dafür, das Schiffchen unserer Paarbeziehung auch weiterhin so zu pflegen, dass Wind und Wetter ihm nichts anhaben können.

Kein Wunder also, dass der auf ein lebenslanges Versprechen angelegte Traum so häufig früh zerplatzt.

Die Sehnsucht nach Familie speist sich in erster Linie aus Vorstellungen – auch solchen von uns selbst. Wir sind zu einem hohen Einsatz bereit: Wir stecken zurück, wir übernehmen Verantwortung. Bis dann bei knapp der Hälfte aller Elternpaare ein Punkt erreicht wird, an dem aus der Bereitschaft zur Anpassung an die Erfordernisse die Notwendigkeit wird, sich zu verbiegen. Sich zu verbiegen, weil Kompromisse nicht möglich sind und Teamwork scheitert. Es fehlen individuelle Konzepte im Miteinander, um unvermeidliche Konflikte zu lösen und den verbleibenden Freiraum für die persönliche Entfaltung fair zu verteilen.

Wenn ich mir dann, so wie Anna es getan hat, Unterstützung und Begleitung suche, um die Scherben meines Lebensentwurfes zu sortieren und neu zusammenzusetzen, dann habe ich – auch das zeigt Annas Beispiel – die Chance zu einem Quantensprung in meiner persönlichen Entwicklung. Ich habe die Chance, mein Leben so zu gestalten, dass es sich an mir, an meinen Möglichkeiten und Bedürfnissen orientiert, anstatt mich in eine verheißungsvolle Vorstellung zu quetschen, die, so wie ich es versucht habe, gar nicht zu mir passt.

Die psychologische Aufarbeitung einer Trennung kann zu gar keinem anderen Ergebnis führen, weil die Begleitung unserer Kinder umso besser gelingt, je authentischer und uns unserer selbst bewusst wir die Beziehung zu ihnen gestalten.

Und genau darin liegt der große Gewinn bei einer Elterntrennung.

Manchmal muss es eine Trennung sein, damit wir uns von einengenden Vorstellungen und Erwartungen verabschieden können und mutig unseren eigenen Weg finden, um gemeinsam mit unseren Kindern genau die lebenslange Verbindung zu schaffen, von der wir mit der ersten Schwangerschaft zu träumen begonnen haben.

Literatur

Aichhorn, A. (1951): Verwahrloste Jugend. Bern

Aichhorn, A. (1970): Psychoanalyse und Erziehung. München und Basel

Ayres, J. A. (2016): Bausteine der kindlichen Entwicklung. Berlin

Baake, D. (1994): Die 13- bis 18-Jährigen. Weinheim

Baake, D. (1995): Die 6- bis 12-Jährigen. Weinheim

Backman, F. (2015): Oma lässt grüßen und sagt, es tut ihr leid. Frankfurt a.M.

Bernfeld, S. (1981): Sisyphos oder die Grenzen der Erziehung. Frankfurt a.M.

Bettelheim, B. (1980): Erziehung zum Überleben. Stuttgart

Berne, E. (1970): Spiele der Erwachsenen. Hamburg

Boie, K. (1991): Kein Tag für Juli. Weinheim und Basel

Brecht, B. (1992): Werke. Große kommentierte Berliner und Frankfurter Ausgabe, Band 8: Stücke 8. Bertolt-Brecht-Erben. Berlin

Dornes, M. (2000): Die emotionale Welt des Kindes. Frankfurt a.M.

Erikson, E. H. (1966): Identität und Lebenszyklus. Frankfurt a.M.

Erikson, E. H.(1965): Kindheit und Gesellschaft. Stuttgart

Feldman R. et al (2012): Sensitive parenting is associated with plasma oxytocin and polymorphisms in the OXTR and CD38 genes. Biological Psychiatry.

Fthenakis, W. E./ Minsel, B. (Hrsg.): BMSFJ (2002): Die Rolle des Vaters in der Familie. Stuttgart/Berlin/Köln

Freud, A. (1968): Wege und Irrwege in der Kinderentwicklung. Stuttgart

Freud, A./ Burlingham, D. T. (1982): Heimatlose Kinder. Frankfurt a.M.

Freud, S.(1953): Abriss der Psychoanalyse. Frankfurt a.M.

Freud, S. (1923): Das Ich und das Es. Leipzig

Freud, S. (1983): Vorlesungen zur Einführung in die Psychoanalyse. Frankfurt a.M.

Gibran, K. (1925): Der Prophet. München

Gordon, T. (1989): Familienkonferenz. München

Grossmann, K. E. / Grossmann, K. (2020): Bindung und menschliche Entwicklung: John Bowlby, Mary Ainsworth und die Grundlagen der Bindungstheorie. Stuttgart

Hagemann-White, C. (1979): Frauenbewegung und Psychoanalyse. Basel

Havighurst, R. (1972): Developmental Tasks and Education. New York/London

Harris, T. A. (1976): Ich bin o.k. Du bist o.k. Hamburg

Hüther, G. (2016): Männer: Das schwache Geschlecht und sein Gehirn. Göttingen

Hurrelmann, K. (2006): Einführung in die Sozialisationstheorie. München

Juul, J. (2014):	Pubertät – Wenn Erziehen nicht mehr geht. München
Juul, J. (2019):	Dein kompetentes Kind. Hamburg
Kästner, E. (1984):	Das doppelte Lottchen. Hamburg und Wien
Kast, V. (2000):	Sich einlassen und loslassen: Neue Lebensmöglichkeiten bei Trauer und Begleitung. Freiburg
Kast, V. (2001):	Trauern – Phasen und Chancen des psychischen Prozesses. Freiburg
Klein, M. (1932):	Die Psychoanalyse des Kindes. Wien
Kohut, H. (1981):	Narzissmus. Frankfurt a.M.
Lindgren, A. (1977):	Lotta kann fast alles. Hamburg
Luban-Plozza, B. (2009):	Gestern – Heute – Morgen. Narcotics Anonymus Worldservices incorporated – NARSKD e.V. Darmstadt
Mahler, M. (1978):	Die psychische Geburt des Menschen. Frankfurt a.M.
Mahler, M. (1972):	Symbiose und Individuation. Stuttgart
Miller, A. (1979):	Das Drama des begabten Kindes. Frankfurt a.M.
Müller, E./ Friedrichs, J. (2015):	Paris statt Hartz 4. Einsfestival
o. V.	o. T.; online unter www.achtsamkeit-hd.de/achtsamkeit.html, zuletzt abgerufen am 16. Februar 2022
Perls, F. (1969):	Gestalt-Therapie in Aktion. Stuttgart
Petzold, H. (2012):	Identität. Wiesbaden
Piaget, J. (1999):	Theorien und Methoden der modernen Erziehung. Frankfurt a.M.
Rahm, D. et al. (1993):	Einführung in die Integrative Therapie. Paderborn
Redl, F. (1978):	Erziehung schwieriger Kinder. München
Redl, F./ Wineman, D. (1979):	Kinder, die hassen. München
Rogge, J. (1998):	Pubertät. Loslassen und Haltgeben. Reinbek bei Hamburg
Rosenberg, Marshall B. (2001):	Gewaltfreie Kommunikation. Paderborn
Medienpädagogischer Forschungsverbund Südwest (Hrsg.) (2017):	FIM-Studie 2016. Familie, Interaktion, Medien. Untersuchung zur Kommunikation und Mediennutzung in Familien. Stuttgart
Richter, H. E. (1978):	Die Gruppe. Hamburg
Richter, H. E. (1969):	Eltern, Kind, Neurose. Hamburg
Richter, H. E. (2012):	Patient Familie. Gießen
Schulz von Thun, F. (2010):	Miteinander reden: 1 bis 4. Reinbek bei Hamburg

Spitz, R. A. (1969): Vom Säugling zum Kleinkind. Stuttgart

Spitz, R. A. (1957): Nein und Ja. Die Ursprünge der menschlichen Kommunikation. Stuttgart

Statistisches Bundesamt (Hrsg.) (2020): Haushalte und Familien 2018, Ergebnisse des Mikrozensus. Wiesbaden

Statistisches Bundesamt (Hrsg.) (2021): Datenreport 2021, Kap. 2 Familie, Lebensformen und Kinder. Wiesbaden

Walper, S./Schwarz, B. (Hrsg.) (1999): Kinder und Jugendliche in Trennungs- und Stieffamilien, München

Winnicott, D. (2002): Reifungsprozesse und fördernde Umwelt. Gießen

Danksagung

Zuallererst danke ich meinen beiden wunderbaren Kindern! Danke, dass Ihr so wohlwollend ertragt, wie Eure Mutter sich auf ihre alten Tage noch einmal so weit aus dem Fenster lehnt und kluge Sachen schreibt, die sie manches Mal selbst nicht beherzigt hat.

Danke auch an meinen Mann, der mich immer wieder ermutigt und als Kinderarzt im fachlichen Austausch unterstützt hat.

Danke an meine lieben Freundinnen Beate, Margret, Irmtraut (mit t!), die mein Manuskript als Allererste in der Hand hatte und drangeblieben ist und an die liebe Rena für ihre tollen Grafiken. An Jutti, Angelika, Maren, Sandra und Claudia für ihre Ermutigung und den Support, an meine geduldige Cousine Sabine, an Dörte und die beiden Rainers. Steffi danke ich für das Loch in der Hecke und für die Fotos, heißen Dank an die liebe Lucie! Für die fachliche UND persönliche Unterstützung geht mein Dank an Birgit, Karin und Anja – und ein dickes Dankeschön für die großartige Toni, ohne die es meinen Blog und das ganze Social-Media-Gedöns so nicht gäbe!

Und last but not least danke, danke an die Montagsgruppe!

...und natürlich vielen, vielen Dank an Christian Wobst von der edition claus, der diesem Buch so engagiert auf die Welt geholfen hat!

KATHRIN HOHMANN
GEMEINSAM DURCH DIE WUT
Wie ein achtsamer Umgang mit kindlichen Aggressionen die Beziehung stärkt
edition claus
wertvoll für alle, die Kinder begleiten
19,90 € (D)
20,50 € (AT)
Miniposter im Format DIN A5
einzeln oder im Set mit 8 Postern erhältlich
Set mit 16 Karten DIN A6
AFFIRMATIONEN
Kindheits-pädagogin Kathrin Hohmann hilft, Wut und Agressionen zu verstehen

Foto: Fee Ronja Schineis-Brönner

weitere Fortbildungsbücher für alle, die Kinder begleiten

edition-claus.de

Zum Lindenhof 9
09212 Limbach-Oberfrohna
Telefon +49 - (0)3722 4088687
info@claus-verlag.de